HOPITAUX CIVILS,

HOSPICES ET SECOURS A DOMICILE

DE LA VILLE DE PARIS.

SUPPLÉMENT

AU

CODE ADMINISTRATIF.

SUPPLÉMENT

AU

CODE ADMINISTRATIF

DES

HOPITAUX CIVILS,

HOSPICES ET SECOURS A DOMICILE

DE LA VILLE DE PARIS.

Années 1822, 1823, 1824.

A PARIS,

DE L'IMPRIMERIE DE MADAME HUZARD (NÉE VALLAT LA CHAPELLE),

IMPRIMEUR DES HOSPICES CIVILS DE PARIS, RUE DE L'ÉPERON, N°. 7.

1825.

CONSEIL GÉNÉRAL D'ADMINISTRATION

DES HOPITAUX, HOSPICES CIVILS ET SECOURS DE LA VILLE DE PARIS.

SÉANCE du 20 octobre 1824.

LE CONSEIL GÉNÉRAL,

Sur la proposition d'un de ses Membres,

ARRÊTE :

Il sera dressé immédiatement par les soins du Secrétaire général, et sous la direction de M. le Comte BIGOT DE PRÉAMENEU, un *Supplément au Code*.

Ce Supplément, qui contiendra les réglemens survenus depuis le premier janvier 1822, sera imprimé à *quatre cents* exemplaires.

Les matières y seront rangées par ordre chronologique.

Signé BRETON , *Vice-Président.*

Visé par M. le Conseiller d'État, Préfet de la Seine, le 28 octobre 1824.

Pour extrait conforme :

Le Secrétaire général des Hospices,

Signé VALDRUCHE.

TABLE CHRONOLOGIQUE

DES

RÉGLEMENS

CONTENUS

DANS LE SUPPLÉMENT AU CODE DES HOPITAUX.

a.

DATES des Réglemens.	Numéros des Réglemens.	TITRES DES RÉGLEMENS.	Pages.

Réglemens omis dans le Code des Hôpitaux et dans le Supplément.

FIN DE LA TABLE CHRONOLOGIQUE.

SUPPLÉMENT

AU

CODE ADMINISTRATIF

DES

HOPITAUX CIVILS,

HOSPICES ET SECOURS A DOMICILE

DE LA VILLE DE PARIS.

(N°. 1.) Extrait d'une Lettre de M. le Préfet de Police, *adressée à la Commission des Hospices, le 28 décembre 1821(1), faisant envoi d'un tableau nosographique des maladies qui peuvent être cause de mort.*

« Les progrès de l'art médical ayant rendu incomplet le tableau
» nosographique des maladies qui, depuis 1808, sert à la formation
» des états de décès dans Paris, l'autorité supérieure a laissé le soin à
» mon prédécesseur d'en faire rédiger un nouveau, et après avoir con-
» sulté le Conseil de salubrité, M. le comte Anglès a donné son ap-
» probation à celui dont j'ai l'honneur de vous transmettre des exem-
» plaires, que je vous prie de faire distribuer, sans délai, dans les
» Hospices, en prescrivant aux Docteurs ou Officiers de santé chargés
» de vérifier les décès de s'y conformer exactement, à compter du
» premier janvier 1822 (2). »

28 décembre
1821.

---

(1) Cette lettre n'est parvenue à l'Administration que dans les premiers jours du mois de janvier 1822.

(2) Voyez le n°. 4 du *présent Supplément* et, pour la tenue des registres de décès dans les Hôpitaux, et la déclaration aux officiers de l'état civil, le *Code des Hôpitaux,* tome 2, N°. 2360 et suivans.

3.

I

TABLEAU NOSOGRAPHIQUE DES MALADIES QUI PEUVENT ÈTRE CAUSE DE MORT.

ORDRE 1er.

CLASSE Ire.

FIÈVRES.

Fièvres inflamm. (angioténiques) .. {continue. / rémittente. / intermittente.

Fièvres bilieuses (méningo-gastriq.) {continue. / rémittente. / intermittente {quotidienne. / tierce. / double-tierce / quarte. / émitritée.

Choléra-morbus.

Fièvres muqueuses (adéno-méningées)............ {continue. / rémittente. / intermittente.(*Indiq. le type.*)

Fièvres putrides (adynamiques)... {continue. / rémittente. / intermittente. (*Idem*)

Fièvres malignes (ataxiques)...... {continue. / rémittente. / intermittente, *dite* pernicieuse. (*Idem.*)

ORDRE 2e.

Fièvre lente nerveuse.
Fièvre cérébrale.
   nostalgie.

ORDRE 3e.

Fièvres pestilentielles (adéno-nerveuses)................ {peste du Levant. / fièvre jaune d'Amérique. / typhus contagieux ou peste des camps ; fièvre des hôpitaux ou des prisons.

Fièvres hectiques. (*En indiquer la cause connue ou plus probable.*)

ORDRE 1er.

CLASSE IIe.

INFLAMMATIONS
ou
PHLEGMASIES.

Inflammations de la peau et du tissu cellulaire.

Erysipèle......... {simple. / phlegmoneux.
Zona ou zorter.
Phlegmon.
Clou ou furoncle.
Anthrax.
Charbon.
Pustule maligne... {contagieuse. / non contagieuse.

Petite-vérole (variole).
Petite-vérole volante (varicelle) compliquée.
Rougeole.
Pemphigus.
Scarlatine.
Miliaire.
Urticaire compliquée.

ORDRE 2ᵉ.

Inflammations des membranes muqueuses.

Aphthes. . . . . { ordinaires.
{ muguet des enfans.

Angine. . . . . . { tonsillaire.
{ gutturale.   } simple.
{ laryngée.   } gangréneuse.
{ trachéale.

Croup.

Catarrhe. . . . . { catarrhe pulmonaire.
{ stomachal (gastrite).
{ intestinal (entérite).
{ diarrhée catarrhale.   } aigu, chronique.
{ dysenterie.
{ catarrhe de la vessie.

Inflammation du col de la vessie.

ORDRE 3ᶜ.

Inflammations des membranes séreuses.

Phrénésie (arachnoïdite).
Pleurésie.
Péricardite.
Péritonite ou inflammation du bas-ventre { ordinaire.
{ puerpérale.

ORDRE 4ᵉ.

Inflammations des organes glandulaires et parenchymateux.

INFLAMMATION { des parotides. . (parotide).
{ de la langue. . . (glossite).
{ du cerveau. . . . (céphalite).
{ du poumon. . . . (péripneumonie) { fausse.
{ vraie ou essent.
{ du cœur. . . . . . (cardite).
{ du foie. . . . . . . (hépatite).
{ des reins. . . . . . (néphrite).
{ de la matrice. . (métrite).

ORDRE 5ᵉ.

Inflammations des tissus musculaire, fibreux et synovial.

Rhumatisme. . . . . { aigu.
{ chronique.

Goutte. . . . . { régulière.
{ irrégulière.

SUITE DE LA
CLASSE IIᵉ.

INFLAMMATIONS
ou
PHLEGMASIES.

I .

(4)

CLASSE IIIe.

HÉMORRHAGIES.

ORDRE 1er.

Hémorrhagie artérielle... { par rupture de l'artère.
{ ou sa blessure. (*Indiquer l'artère.*)

ORDRE 2e.

Hémorrhagie veineuse.... { par rupture ou par blessure de la
{ veine. (*Indiquer la veine.*)

ORDRE 3e.

Hémorrhagies four-
nies par les vais-
seaux capillaires,
- hémoptysie.................... active.
- hémoptysie.................... passive.
- hématémèse. .... *idem.*
- mélæna........................ *idem.*
- flux hémorrhoïdal............ *idem.*
- saignement de nez.. (épistaxis) *idem.*
- pissement de sang.. (hématurie) *idem.*
- perte utérine.... { aménorrhée.
{ ménorrhagie.

CLASSE IVe.

NÉVROSES.

ORDRE 1er.

Névroses des fonctions cérébrales.

Apoplexie.
Catalepsie.
Epilepsie.
Hypochondrie.
Mélancolie.
Suicide.
Manie.
Démence.
Idiotisme.
Hydrophobie.... { spontanée.
{ contagieuse.

ORDRE 2e.

Névroses de la locomotion.

Tétanos...................... { traumatique.
{ des nouveau-nés.
{ vermineux.
{ moral.

Convulsions.
Danse de Saint-Gui ou Wit.
Paralysie.... { complète..... — hémiplégie.
{ incomplète... — paraplégie.

ORDRE 3e.

Névroses des fonctions nutritives.

Spasme de l'œsophage.
Vomissement.
Boulimie.
Coliques.. { simple.
{ métallique.
Ileus ou miserere.

ORDRE 4ᵉ.

Névroses de la respiration et de la circulation.

SUITE DE LA CLASSE IVᵉ.

NÉVROSES.

Coqueluche.

Asphyxie. . . . . { par immersion. par strangulation. par gaz délétère. (*Indiquer le gaz.*)

Palpitation.
Syncope.

ORDRE 5ᵉ.

Névroses de la génération.

Priapisme.
Nymphomanie.
Hystérie.

CLASSE Vᵉ.

LÉSIONS ORGANIQUES.

Syphilis.
Scorbut.

Squirrhe et cancer . . . . { interne. . . . . externe. . . . . } { *Indiquer le siége de la maladie ou la partie affectée.*

Phthisie pulmonaire.
Phthisie mésentérique (carreau des enfans).
Scrophule.
Rachitis.
Jaunisse (ictère).

Engorgement ou obstruction { du foie. . . . . de la rate. . . . . . . du pancréas. . . . . } { *Indiquer la nature connue ou présumée de l'obstruction.*

Anévrysme. { interne. . . . . . { du cœur. . . . . des grosses artères } externe. . . . . . { vrai — primitif. faux — consécutif. } } *Désigner l'artère*

Varices. (*Indiquer le siége.*)
Hémorrhoïdes.
Hydropisie.
Hydrocéphale.
Hydrorachis.
Hydrothorax.
Hydropéricarde.
Ascite.
Anasarque.
Hydropisie enkystée.

CLASSE VIe.

CORPS ÉTRANGERS.

- Affection vermineuse.
- Concrétion biliaire.
- Concrétions urinaires . . . .
  - rénale.
  - vésicale.
  - urétrale.
- Corps étrangers venus du dehors. (*Indiquer le siége et la nature.*)

CLASSE VIIe.

CONTUSIONS.

- Du cerveau.
- De la moëlle épinière.
- Des viscères thoraciques et abdominaux. (*Indiquer le viscère.*)
- Des parties molles et des os. (*Indiquer la partie et l'os.*)

CLASSE VIIIe.

COMMOTIONS.

- Du cerveau.
- De la moëlle épinière.
- Des viscères thoraciques et abdominaux. (*Indiquer le viscère.*)

CLASSE IXe.

PLAIES.

- Par instrument
  - piquant . . . .
  - tranchant . . . .
  - contondant . . . . . .
- Par arme à feu . . . .

  Indiquer le siége de la plaie et les parties blessées ; sur la tête ou le tronc, si elle est pénétrante ou non.

- Par morsure . . . .

  Indiquer le siége et désigner l'animal.

- Par arrachement . . . .
- Par déchirement . . . .

  Indiquer la partie.

CLASSE X^e.

ULCÈRES.

- Scrophuleux, variqueux, chancreux, etc.

  Indiquer le siége, désigner l'espèce.

CARIE.

- Vénérienne, scorbutique, cancéreuse, etc.

  Indiquer l'os, désigner l'espèce.

CLASSE XIe.

FISTULES.

- Urinaire, salivaire, etc. (*Désigner l'espèce.*)

CLASSE XIIe.

TUMEURS.

ORDRE 1er.

Tumeurs des parties molles.

- Loupes.
- Polypes.
- Sarcomes.
- Fongus.
- Fongus hématode.
- Tumeurs blanches.
- Tumeurs anomales.

  Indiquer le siége.

ORDRE 2e.

Tumeurs des parties dures.

SUITE DE LA CLASSE XIIe.

TUMEURS.

Exostoses.
Ostéosarcome.
Spina ventosa.
Spina bifida.
Pédartrocasse.

} *Indiquer le siége.*

CLASSE XIIIe.

DÉPLACEMENS.

ORDRE 1er.

Des parties molles. { hernies étranglées, { par inflammation { *Indiquer l'espèce de hernie, d'après le siége et la nature des parties qui la composent.* hernie diaphragmatique { par engorgement

Chute de la matrice, du vagin, du rectum, rétroversion de la matrice.

ORDRE 2e.

Des parties dures ou luxations. { luxation. (*Indiquer l'espèce.*) luxation spontanée. (*Indiquer le siége.*)

CLASSE XIVe.

FRACTURES.

Simples.
Composées.
Compliquées.

} *Indiquer l'os ou les os.*

CLASSE XVe.

RUPTURES.

} *Indiquer la partie.* (Molles ou osseuses.)

CLASSE XVIe.

ABCÈS ET ÉPANCHEMENS.

Abcès inflammatoires. { de cause interne ou sans cause connue. suite de couches ou critiques.. } *Indiquer le siége.*

Abcès froids. (*Indiquer le siége.*)
Abcès dans un viscère. (*Indiquer le viscère.*)

Épanchemens { de pus. de sang. de matières alimentaires. de matières stercorales. } *Indiquer la cavité splanchnique.*

CLASSE XVIIe.

VICES DE CONFORMATION.

Inperforations.
Divisions et adhésions contre nature } *Indiquer les parties.*
Becs-de-lièvre.
Mutilations (*Indiquer l'espèce.*)

CLASSE XVIII.

GANGRÈNE
ou
MORT DES PARTIES

Par excès d'inflammation.
Spontanée (sans cause connue).
Sénile.
Par compression.
Par le froid.
Par le blé ergoté.
Scorbutique.
Pourriture d'hôpital.
Par suite d'une affection organique
du cœur.

Indiquer le siége.

Brûlure. (*Indiquer le siége et l'étendue.*)
Opérations. (*Dire quelle opération.*)
Accouchemens. mort dans l'accouchement, ou à la suite. *Indiquer la cause si elle est connue.*
Enfans morts-nés ou venus avant terme.
Monstruosités.

(N°. 2.) Arrêté du Ministre de l'intérieur, *du 11 janvier 1822, donnant à la Maison de retraite, à Montrouge, la dénomination d'*Hospice de la Rochefoucauld (1).

11 janvier 1822.

« L'Administration des Hospices de Paris est autorisée à donner
» à la Maison de retraite de Montrouge la dénomination d'Hospice de
» la Rochefoucauld. »

(N°. 3.) Lettre de M. le Préfet de Police, *adressée à la Commission des Hospices, le 14 janvier 1822, sur les hydrophobes admis dans les Hôpitaux.*

14 janvier 1822.

« Je viens d'être prévenu que tout récemment une jeune fille de six
» ans, appartenant à un employé de l'octroi, est morte avec des signes

---

(1) Voyez le *Code des Hôpitaux*, tome 2 , N°. 2105.

» évidens d'hydrophobie à l'Hospice du nom de Jésus (1), où son père
» l'avait conduite pour consulter sur les causes d'accès convulsifs dont
» cette enfant s'était trouvée attaquée quinze jours après avoir été mordue
» par un chien.

» Je viens de prendre des mesures pour faire rechercher ce chien , et
» pour assurer la destruction des chiens errans dans le quartier de
» Popincourt, où l'événement est arrivé. Je vous serais fort obligé de
» me faire connaître les détails que vous auriez recueillis sur la mort
» de la jeune fille dont il s'agit. Il serait même beaucoup à désirer que,
» pour multiplier les documens propres à accélérer l'exécution des dis-
» positions susceptibles de détruire les causes premières d'aussi funestes
» accidens , mon administration fût avertie immédiatement, chaque
» fois que des individus atteints ou présumés atteints d'hydrophobie
» sont admis dans les Hospices. J'espère , Messieurs, que vous voudrez
» bien avoir la bonté de donner à ce sujet les instructions nécessaires à
» MM. les Agens de Surveillance. »

(N°. 4.) Lettre de M. le Préfet de Police , *du 8 mars 1822,
demandant que le tableau nosographique des maladies qui
peuvent être cause de mort soit suivi dans les Hôpitaux
et Hospices* (2).

« L'intention de l'Administration, en adoptant le *nouveau tableau*   8 mars 1822.
» *nosographique dont j'ai eu l'honneur de vous adresser des exemplaires*
» *vers la fin du mois dernier,* a été de perfectionner les tableaux de
» mortalité , et de réunir dans un ordre plus méthodique des rensei-
» gnemens précieux pour l'art médical et l'hygiène publique ; un
» pareil résultat ne peut être atteint qu'autant que les personnes char-
» gées de vérifier les décès désignent avec précision les numéros de

---

(1) Enfans-Malades, rue de Sèvres.
(2) Voyez le N°. 1 du *présent Supplément.*

3.

2

» la classe et de l'ordre de chaque maladie , et l'indiquent avec la dé-
» nomination technique qui lui est donnée sur la nouvelle noso-
» graphie.

» Comme j'ai remarqué sur les états qui me sont parvenus des divers
» Hospices la plus grande inexactitude , j'ai cru devoir, Messieurs ,
» vous en prévenir, pour que vous vouliez bien faire à ce sujet de nou-
» velles recommandations à MM. les Agens de Surveillance. »

(N°. 5.) Arrêté du Conseil général des Hospices, *du 13 mars 1822 , portant que les reconnaissances du Mont-de-Piété trouvées dans les Hôpitaux et Hospices , après le décès des indigens , seront à l'avenir déposées aux Archives* (1).

13 mars 1822.

« Les reconnaissances du Mont-de-Piété , appartenant aux indigens
» admis dans les Hôpitaux et Hospices , trouvées à leur décès , et qui
» sont recueillies suivant l'usage par les Agens de Surveillance, pour être
» adressées à l'Administration , ne seront plus à l'avenir annulées ,
» conformément aux dispositions de l'arrêté du Conseil, du 17 juin 1818.

» Ces reconnaissances seront dorénavant déposées sur inventaire et
» conservées aux Archives de l'Administration pour y avoir recours au
» besoin.

» L'arrêté dudit jour, 17 juin 1818, est en conséquence rapporté. »

---

(1) Voyez le *Code des Hôpitaux,* tome 2, N°. 2462 et suivans.

(N°. 6.) Arrêté du Conseil général des Hospices, *du* 20 mars 1822, *sur le remboursement des rentes* (1) *dues par l'Administration*.

« Le remboursement ordonné par les arrêtés du Conseil des 17 mars » 1819 (2) et 17 juin 1821 (3) et par ordonnance du 8 septembre 1819 (4) » continuera d'avoir lieu pour celles des rentes qui sont proprement » des charges foncières de l'Administration et qui n'ont pas pour objet » l'exécution de fondations pieuses ou charitables.

» Le service des rentes affectées à ces fondations est maintenu. »

20 mars 1822.

(N°. 7.) Lettre de M. le Préfet de la Seine, *adressée, le* 2 avril 1822, *au Conseil général des Hospices, pour l'exé-cution de l'ordonnance du Roi, du 8 août 1821, concernant les travaux de bâtimens*.

« L'ordonnance du 8 août 1821 (5) avait déféré aux Préfets le droit » d'autoriser les réparations, reconstructions et constructions des bâti- » mens appartenant aux Hospices lorsque la dépense des travaux ne s'é· » lèverait point au-delà de vingt mille francs, le département de la Seine » avait été seul excepté de cette disposition. En demandant au Ministre la » régularisation de travaux considérables que vous aviez entrepris sans » autorisation préalable, j'avais insisté pour que la nouvelle mesure fût » appliquée à Paris. Son Excellence a accueilli ma demande et réalisé mon » vœu. L'ordonnance du 31 octobre (6) a fait participer mon département

2 avril 1822.

---

(1) Voyez le *Code des Hôpitaux*, tome 1, N°. 445 et suivans.
(2) *Idem*, N°. 472 et suivans.
(3) *Idem*, N°. 477 et suivans.
(4) Cette ordonnance autorisait le remboursement de diverses parties de rentes.
(5) Voyez le *Code des Hôpitaux*, tome 1, N°. 591.
(6) *Idem*, N°. 592.

2.

» à une délégation de pouvoir dont sa proximité de l'autorité supérieure
» l'avait d'abord fait exclure, mais dans laquelle l'importance de l'Adminis-
» tration, et l'urgence que réclament dans quelques cas plusieurs parties
» de son service, l'ont ensuite fait comprendre.

» Je me félicite, Messieurs, de cette concession, qui abrégera de beau-
» coup les formalités auxquelles étaient soumis les projets que vous font
» concevoir votre bienveillance pour les malheureux, et votre active solli-
» citude pour tout ce qui a rapport à leurs intérêts et à leur bien-être. Le
» Conseil peut être persuadé que je seconderai ses vues avec l'empresse-
» ment dû à l'exécution de ses utiles entreprises, et que je ferai disparaître
» toutes les entraves qui pourraient l'arrêter.

» Dans ce but, je crois utile, Messieurs, de tracer une marche fixe et
» uniforme, qui évite à l'Administration un vague et une incertitude qui
» pourraient nuire à son action. C'est dans les lois antérieures que je pui-
» serai le principe des différentes mesures, dont vous apprécierez les avan-
» tages et dont, j'espère, l'Administration éprouvera d'heureux résultats.

» En premier lieu, Messieurs, le Conseil sentira la nécessité de faire
» connaître, par un mémoire expositif et détaillé, les vues qui ont déter-
» miné les constructions à exécuter toutes les fois qu'elles s'élèveront au-
» dessus d'une somme de deux mille francs ; les moyens de pourvoir à la
» dépense qu'elles doivent occasionner, et les plans et devis des travaux
» à faire. Ces dispositions, Messieurs, ne sont pas nouvelles, le décret du
» 1er. novembre 1805 (10 brumaire an XIV) les prescrit (1). C'est une
» chose sage, utile pour le service et honorable au Conseil de les faire
» revivre, puisqu'elles éclairent l'Administration générale, et qu'elles
» font connaître, outre l'amélioration que vous voulez introduire, les motifs
» charitables qui l'ont provoquée.

» Lorsque le Ministre approuvait les constructions dont il s'agit, le
» Conseil des Bâtimens, qui y est attaché, était appelé à en examiner
» les projets. Ayant à la Préfecture un Conseil d'Architectes, qui, pour
» mon département, a des attributions analogues, j'aurais pu lui déférer
» le même examen; mais je n'aurai recours à ce moyen que dans

---

(1) Voyez le *Code des Hôpitaux*, tome 1, n°. 586.

» des cas fort rares, et lorsque l'importance de l'affaire exigera qu'elle
» soit profondément étudiée par beaucoup d'hommes de l'art. Dans tous
» les autres cas, je m'en rapporte, Messieurs, aux lumières des archi-
» tectes de votre Administration : j'invite, en conséquence, le Conseil
» de vouloir bien leur demander, sur chaque construction à faire, un
» avis motivé, qui sera joint à la délibération du Conseil.

» Vous savez également, Messieurs, que, suivant le décret de bru-
» maire, les travaux à exécuter par les Administrations publiques doivent
» être mis en adjudication d'après les formes qu'il détermine. Ces
» formes sont conservatrices des intérêts des pauvres et servent à prou-
» ver que des travaux autorisés, parce qu'ils ont été jugés utiles, se-
» ront exécutés avec l'économie qu'on doit apporter à leur exécution.
» Je sais toutefois que dans plusieurs cas l'on ne sentirait que les in-
» convéniens de ce mode de procéder. Il est des circonstances où le
» moindre retard pourrait devenir préjudiciable, je désirerais alors,
» Messieurs, que le Conseil m'informât des motifs qui empêchent de
» recourir à l'adjudication, et me donnât le détail, soit des travaux qui
» sont faits par des entrepreneurs, soit de ceux qui doivent avoir lieu
» par économie, en indiquant les dépenses qu'ils occasionneront res-
» pectivement.

» Quant aux travaux d'entretien, de constructions et de réparations,
» qui ne dépassent point la somme de deux mille francs, ils peuvent,
» conformément à l'art. 16 de l'ordonnance (1), être entrepris sans au-
» torisation préalable; je demande seulement au Conseil que les délibé-
» rations ordinaires soient accompagnées de tous les détails propres à
» faire connaître les motifs et la nécessité des travaux.

» Le Conseil verra sans doute avec satisfaction, par les détails dans
» lesquels je viens d'entrer, que de nouvelles facilités lui sont données
» pour opérer dans ses établissemens toutes les améliorations que lui ins-
» pire sa bienfaisance. »

---

(1) Voyez le *Code des Hôpitaux*, tome 1, N°. 594.

(N°. 8.) Arrêté du Conseil général des Hospices, *du* 3 *avril* 1822, *concernant la réception des toiles nécessaires aux Hôpitaux et Hospices* (1).

3 avril 1822.

Art. 1er. « A l'avenir, les toiles, dont la fourniture aura été adjugée » pour satisfaire aux besoins des établissemens de la première Division, » seront livrées à l'atelier de Filature de l'Administration (2).

Art. 2. » Le Directeur de cet établissement recevra ces toiles; il s'as- » surera de leur identité avec les échantillons qui auront servi aux » adjudications; il refusera celles qu'il aura reconnues pour n'être pas » recevables, et les fera remplacer sur-le-champ.

Art. 3. » Il veillera à ce que toutes les clauses des cahiers des charges, » en ce qui concerne la qualité, les dimensions, les quantités et les dé- » lais fixés pour les fournitures, soient rigoureusement exécutées : à cet » effet, il pressera les fournisseurs de remplir leurs engagemens et rem- » placer les toiles qu'il aura refusées; il rendra compte au Membre de » la Commission administrative des retards apportés dans les fournitures, » des efforts qu'il aura faits pour les prévenir, et des obstacles qu'il » pourra rencontrer dans l'accomplissement des obligations souscrites » par les fournisseurs.

Art. 4. » Le Directeur pourra, si les fournisseurs l'exigent, donner des » certificats pour les toiles qu'il aura jugées être conformes aux échantil- » lons; mais les réceptions ne seront définitives qu'après qu'elles au- » ront été agréées par celui de ses Membres que le Conseil général jugera » à propos de désigner, et par celui de la Commission administrative : » celui-ci sera prévenu par le Directeur, du moment où les fourni- » tures auront été complétées en marchandises jugées admissibles.

Art. 5. » Lorsque les fournitures auront été adoptées, le Membre de la » Commission administrative en préviendra les Économes, afin qu'ils

---

(1) Voyez le *Code des Hôpitaux*, tome 2, N°. 2784.

(2) Voyez *Idem*, tome 2, N°. 3293.

» fassent enlever les quantités destinées à leurs maisons respectives, et
» le Directeur leur fera connaître les noms des adjudicataires, et les prix
» des toiles, afin que ceux-ci puissent rédiger leurs récépissés et passer
» leurs écritures. Les récépissés comptables seront adressés au Direc-
» teur, qui en fera la remise aux adjudicataires, en échange des cer-
» tificats qu'il aura pu leur délivrer.

Art. 6. » Le Directeur vérifiera le métrage des pièces, et fera faire telles
» coupures qui seront nécessaires pour satisfaire aux besoins de chaque
» établissement.

Art. 7. » Le Membre de la Commission administrative appellera le Di-
» recteur pour assister à l'apposition des étiquettes et du cachet sur les
» échantillons qui devront servir aux adjudications, et pour reconnaître
» les signes extérieurs qui leur seront particuliers; il l'appellera pour
» assister aux adjudications, et le chargera du soin d'acheter les échan-
» tillons qui seront nécessaires.

Art. 8. » Immédiatement après les adjudications, les échantillons qui
» y auront servi seront remis au Directeur par le Bureau du Secrétariat,
» qui lui remettra aussi des copies des cahiers des charges, des procès-
» verbaux d'adjudication, et de l'état de répartition des toiles entre les
» divers établissemens. »

(N°. 9.) **Arrêté du Conseil général des Hopitaux, du 17 avril 1822, concernant la réintégration des pièces retirées des Archives de l'Administration (1).**

Art. 1er. « Dans la quinzaine qui suivra le présent arrêté, l'Ins-
» pecteur des biens ruraux et l'Arpenteur-Géomètre de l'Administration
» rétabliront, tant aux Archives qu'au Bureau du Domaine, la totalité

17 avril 1822.

---

(1) Voyez le *Code des Hôpitaux*, tome 1, N°. 55 et suivans.

» des pièces et documens qu'ils en ont extraits ; il en sera de même des
» lettres, missives et autres pièces à eux renvoyées par le Membre de
» la Commission, pour affaires incidentes.

   » Celles de ces pièces que le Membre de la Commission jugera leur
» être nécessaires pour les travaux dont ils restent chargés leur seront
» remises de nouveau, sur leurs récépissés détaillés.

   Art. 2. » A l'avenir, la réintégration générale des pièces dans les
» dépôts dont elles auront été extraites aura lieu dans le cours du mois
» de janvier de chaque année.

   Art. 3. » Il sera rendu compte au Conseil de l'exécution des disposi-
» tions qui précèdent : pour cette fois, dans sa séance du 22 mai pro-
» chain, et par la suite, dans la première séance du mois de février de
» chaque année. »

(N°. **10.**) Ordonnance du Roi, *du 22 mai 1822, relative
à l'adjudication des réparations, constructions et reconstructions à la charge des départemens* (1).

22 mai 1822.

   Art. 1er. « Pourront désormais être adjugées et exécutées sur la simple
» approbation des Préfets, les réparations, constructions et reconstruc-
» tions à la charge des départemens, lorsque la dépense des travaux à
» entreprendre ne s'élèvera pas au-dessus de vingt mille francs, et
» qu'elle pourra être faite en totalité sur le produit des centimes affectés
» aux dépenses variables ou facultatives.

   Art. 2. » Il n'est rien changé aux autres règles concernant les travaux
» et les dépenses des départemens, lesquelles règles continueront à rece-
» voir leur exécution pleine et entière. »

---

(1) Voyez le *Code des Hôpitaux*, tome 1, N°. 586 et suivans et le N°. 7 du
présent Supplément.

(N°. 11.) Arrêté du Conseil général des Hospices, *du 22 mai 1822, concernant les devoirs et attributions de l'Arpenteur du domaine rural des Hospices* (1).

Art. 1er. « L'Arpenteur du domaine rural des Hospices continuera 22 mai 1822.
» d'exécuter, sous la direction du Membre de la Commission chargé du
» Domaine, les opérations qui lui sont prescrites tant par l'arrêté du
» 18 mars 1818 que par l'instruction y annexée.

» Il devra, en outre et sous la même direction, 1°. dresser, lors de
» l'adjudication du bail de chaque ferme ou lot de terre, des états de
» lieux constatant les plantations par nombre, âge et essence, pour les
» arbres isolés, et par superficie et nombre de bâtimens, pour les lisières
» et bouquets de bois faisant partie des baux, les haies, les fossés à
» rigoles, les servitudes actives et passives, etc.

2°. » Vérifier et régler, chaque année, dans les formes qui seront pres-
» crites par le réglement à intervenir, les travaux exécutés dans les
» fermes et autres propriétés de l'Administration situées hors Paris.

3°. » Faire toutes les opérations de bornages partiels et les procès-
» verbaux, plans et autres travaux relatifs aux expertises dont il pourra
» être chargé au nom de l'Administration; suivre en son nom et de
» concert avec ses officiers ministériels les demandes en revendication et
» autres, formées dans l'intérêt de l'Administration; fournir à ces offi-
» ciers les renseignemens qu'il aura pu recueillir à l'appui des droits
» des Hospices.

4°. » Concourir à la correction des travaux d'analyse et d'application
» des titres de propriété, les conférer avec les opérations qu'il aura dû
» faire sur le terrain, et les remettre avec ses annotations au Membre
» de la Commission chargé du Domaine.

---

(1) Voyez le *Code des Hôpitaux*, tome 1, N°. 408 et suivans.
*A la fin de l'année 1823, la place d'Arpenteur-Géomètre de l'Administration a été
supprimée.*

3.   3

5°. » Dresser tous les procès-verbaux de bornage et en général tous
» les actes formant titre pour l'Administration en double minute, et
» remettre l'une des minutes au Membre de la Commission, qui la fera
» déposer dans les Archives :

» Le tout, sans pouvoir prétendre à aucune autre indemnité que celles
» qui sont ci-après déterminées.

Art. 2. » L'Arpenteur recevra, tant pour traitement fixe que pour indem-
» nité de frais de voyages, levée de plans, etc., une somme annuelle de
» deux mille quatre cents francs, qui sera payée ; savoir, dix-huit cents
» francs dans la forme prescrite par l'article 7 de l'arrêté du 18 mars
» 1818 ; six cents francs à l'expiration de chaque année sur certificat
» du Membre de la Commission, constatant que les travaux exécutés
» pendant l'année ont été vérifiés et réglés par l'Arpenteur.

» Il lui est alloué deux cents francs pour frais de bureaux, qui seront
» payés par douzième et par mois en même temps que la première
» partie du traitement fixe.

» Il recevra en outre les rétributions proportionnelles ci-après :

» Pour opérations d'arpentage, reprise et délivrance des terres aux
» fermiers, deux francs cinquante centimes par hectare ;

» Pour opération de bornage, trois francs par hectare ;

» Pour état de lieux des terres, un centime pour franc du prix de loca-
» tion, suivant l'appréciation de la première année.

» Pour copie de plans-terriers, faite sur la demande par écrit de
» l'Administration, dix centimes par parcelle, y compris frais de
» cartonnage et collage pour la réunion, en un atlas, des copies de
» plans de chaque terrier ;

» Pour copies non authentiques et également requises par l'Adminis-
» tration, de titres ou autres pièces, cinquante centimes par rôle con-
» forme au modèle adopté par le Conseil.

» Ces rétributions proportionnelles ne seront payées à l'Arpenteur
» que sur certificat du Membre de la Commission chargé du Domaine,
» constatant que les travaux pour lesquels elles ont été allouées sont
» exécutés dans les formes et accompagnés des renseignemens pres-
» crits, tant par le présent arrêté que par celui du 18 mars 1818, et
» l'instruction y annexée.

Art. 3. » Les frais judiciaires, les déboursés autorisés par l'Adminis-
» tration et non compris dans les allocations précédentes, les frais de
» timbre et d'enregistrement des plans et procès-verbaux d'arpen-
» tage et de bornage, et les frais d'achat et de plantations des bornes
» ou arbres corniers, seront acquittés par l'Administration.

Art. 4. » La retenue pour la caisse des pensions sera prise sur la totalité
» du traitement fixe, c'est-à-dire, sur une somme de deux mille quatre
» cents francs.

Art. 5. » Il est enjoint au Membre de la Commission chargé du Do-
» maine de rendre compte au Conseil de l'exécution des opérations or-
» données tant par le présent arrêté que par l'arrêté et l'instruction du
» 18 mars 1818, notamment en ce qui concerne l'arpentage, la reprise
» et la délivrance des terres lors du renouvellement des baux, etc., et
» de lui proposer la désignation spéciale d'un autre Arpenteur, pour pro-
» céder à celles de ces opérations qui n'auraient pas été exécutées dans
» les délais prescrits, et ne pourraient pas être faites en temps utile par
» le Géomètre de l'Administration.

Art. 6. » Au moyen des rétributions allouées par le présent arrêté, la
» prime accordée par l'arrêté du 18 mars 1818 (1), pour réintégration
» dans le Domaine des Hospices de terre et morceaux de terre usurpés,
» est et demeure supprimée,

» Le Conseil se réservant d'allouer, s'il le juge convenable, soit pour
» les expertises en cas de terminaison utile des affaires qui en feront
» l'objet, soit pour les découvertes et rentrées en possession de terres
» usurpées, des gratifications proportionnées à l'importance des résultats
» obtenus.

Art. 7. » Les primes auxquelles l'Arpenteur pourrait prétendre pour
» découvertes faites avant le 1er. avril dernier lui seront payées sur
» certificat du Membre de la Commission, en produisant par lui :

1°. » Un procès-verbal d'arpentage constatant, soit que la pièce
» réintégrée par ses soins ne faisait point, avant sa découverte, partie
» de la possession des Hospices, soit que la pièce dont il a recouvré
» une portion était alors d'une contenance inférieure ;

(1) Voyez le *Code des Hôpitaux*, tome 1, N°. 411.

3.

2°. » Le certificat du fermier constatant l'étendue de la possession
» actuelle, telle qu'elle a été établie par les soins de l'Arpenteur;
» 3°. Un procès-verbal de bornage, signé de toutes les parties inté-
» ressées, et qui confirme irrévocablement le droit de propriété de
» l'Administration.

Art. 8. » Les rétributions de l'Arpenteur, telles qu'elles sont fixées
» par le présent arrêté, lui seront payées à partir du 1er. avril dernier. »

(N°. 12.) Extrait d'une Lettre du Ministre des Finances,
*adressée, le 2 août 1822, à M. le Vice-Président du
Conseil général des Hospices, sur les sommes versées au
Trésor pour le payement des mois de nourrices* (1).

2 août 1822

« D'après les conventions arrêtées entre mon prédécesseur et l'Admi-
» nistration des Hospices, relativement aux mandats que le Trésor délivre
» à cette Administration sur les receveurs-généraux pour le paiement
» des mois de nourrices, il doit être bonifié au Trésor, à la fin de chaque
» trimestre, une commission d'un tiers pour cent sur les sommes ver-
» sées au Trésor pour ce service. »

(N°. 13.) Arrêté du Conseil général des Hospices, *du
7 août 1822, concernant les rétributions à payer aux
Vérificateurs des travaux de bâtimens des Hospices* (2).

7 août 1822.

Art. 1er. » La rétribution à payer aux Vérificateurs des travaux de
» bâtimens est fixée, à partir du 1er. octobre 1820, à neuf du mille
» pour toutes espèces de travaux; de telle sorte cependant, que la

---

(1) Voyez le *Code des Hôpitaux*, tome 1, N°. 1548 et suivans.
(2) Voyez *Idem*, N°. 625 et suivans.

» masse de cette rétribution n'excède pas annuellement huit mille francs,
» et qu'elle ne soit pas moindre de cinq mille francs.

» Ladite rétribution sera évaluée sur le montant des devis autorisés,
» ou des factures, qui auront été vérifiés et réglés.

Art. 2. « Dans le cas où la masse annuelle de la rétribution allouée
» par l'article précédent dépasserait la première somme qui y est déter-
» minée, ou n'atteindrait pas la seconde, l'une ou l'autre de ces sommes
» serait, suivant le cas, répartie entre les quatre Vérificateurs au marc
» le franc des travaux ou fournitures réglés par chacun d'eux, mais
» toujours en prenant pour base le montant des devis autorisés ou des
» factures.

Art. 3. » Il sera fait, par chaque trimestre, une répartition partielle au
» taux de neuf pour mille, des sommes à payer aux Vérificateurs pour
» honoraires.

» A cet effet, le dernier jour du second mois qui suivra l'expiration
» de chaque trimestre, les Vérificateurs remettront dans les divisions
» respectives un état conforme au modèle annexé au présent, et indi-
» quant toutes les pièces qui leur auront été envoyées dans le courant
» du trimestre. Ces états, après avoir été vérifiés dans les divisions et
» certifiés par les Membres de la Commission, seront transmis à la
» Comptabilité par l'Administrateur du Domaine, qui demeure chargé
» d'opérer la liquidation.

Art. 4. » Si à l'époque déterminée par l'article précédent pour la
» remise des états trimestriels, toutes les pièces qui y sont portées,
» n'avaient pas été renvoyées à l'Administration vérifiées et réglées,
» elles ne seraient comprises dans la liquidation que pour les trois-quarts
» de leur montant réel. Cette mesure est de rigueur, et ne pourra re-
» cevoir d'exception que dans le cas d'un empêchement indépendant
» de la volonté des Vérificateurs, et dûment reconnu et constaté par le
» Membre de la Commission (1).

---

(1) Un arrêté du Conseil général des Hospices, du 21 août 1822, porte que celui
du 7 août 1822, concernant les rétributions allouées aux vérificateurs des bâtimens
des Hospices, sera exécuté à la rigueur et dans toutes ses dispositions.

Art 5. » Afin de prévenir autant que possible les retards prévus par
» l'article qui précède, les dispositions suivantes seront exécutées avec
» la plus grande exactitude.

1°. » Les attachemens et autres pièces nécessaires à la vérification et
» au réglement seront annexés aux mémoires qu'ils concernent, et
» transmis à l'Administration par les Inspecteurs. Les mémoires pour
» lesquels il aura dû être pris attachement, et qui seront remis dans les
» bureaux sans que ce renseignement y soit joint, y demeureront en
» dépôt et ne seront envoyés aux Vérificateurs que lorsque l'attachement
» sera parvenu à l'Administration.

2°. » Toutes les fois qu'il sera fait aux Vérificateurs un envoi de pièces,
» ces pièces devront être accompagnées d'un état, au bas duquel le
» Vérificateur donnera un reçu, qu'il datera et signera. Cet état sera
» ensuite remis à l'Administration, et servira à déterminer l'époque à
» laquelle les pièces auront dû être renvoyées dans les bureaux.

Art. 6. » Si, d'après la liquidation annuelle qui devra être établie
» sur la remise des états du quatrième trimestre, le montant total des
» rétributions n'atteignait pas ou dépassait l'un des termes extrêmes
» fixés par l'art. 1ᵉʳ., la répartition ordonnée par l'art. 2 serait opérée,
» et il serait payé à chacun des Vérificateurs la somme nécessaire pour
» former, avec celles qu'il aurait déjà touchées dans le courant de l'an-
» née, le montant de sa part proportionnelle dans la liquidation générale.

» Si cependant, dans le cas qui vient d'être prévu, les paiemens tri-
» mestriels faits à l'un des Vérificateurs dépassaient la somme qui doit
» lui revenir, il lui serait fait, sur les premiers paiemens à effectuer en sa
» faveur, une retenue équivalant aux sommes qu'il aurait perçues en
» trop. »

(Suit le modèle de l'état.)

MODÈLE DE L'ÉTAT TRIMESTRIEL A FOURNIR PAR LES VÉRIFICATEURS.

Etat des devis et factures de travaux ou de fournitures faites dans les propriétés des Hospices, dépendant de la   Division, qui ont été envoyés dans le courant du trimestre 18   à M.   , Vérificateur, pour être vérifiés et réglés.

Numéro d'ordre d'autorisation.	Désignation des Établissemens ou Propriétés pour lesquelles les Travaux ou Fournitures ont été faits	Noms des Entrepreneurs	Nature des Travaux ou Fournitures.	Date des Arrêtés d'autorisation.	Montant des devis autorisés ou des Factures.	Date de l'envoi au Vérificateur.	Date du renvoi à l'Administration	Sommes à comprend. dans la liquidation	Observations.

(N°. **14.**) Arrêté du Conseil général des Hospices, *du 7 août 1822, donnant procuration au Commissaire-Priseur de l'Administration des Hospices, pour requérir la levée des scellés apposés sur les effets des personnes admises dans les Hospices pour cause d'aliénation mentale.*

7 août 1822.

« Le Membre de la Commission administrative chargé des Domaines
» est autorisé à donner à M. Charriot, Commissaire-Priseur de l'Adminis-
» tration, toutes procurations pour requérir auprès de MM. les Juges-de-
» Paix de Paris et des deux arrondissemens ruraux du département de
» la Seine, la levée des scellés apposés sur les effets appartenant à des per-
» sonnes admises dans les Hospices pour cause d'aliénation mentale, ou
» dépendant de successions dans lesquelles se trouveraient intéressés des
» mineurs ou orphelins admis dans les Hospices. »

(N°. **15.**) Arrêté du Conseil général des Hospices, *du 14 août 1822, concernant le recensement de la population indigente de Paris (1).*

14 août 1822.

Art. 1ᵉʳ. « Le Membre de la Commission chargé de la quatrième Divi-
» sion fera faire, de concert avec les Bureaux de Charité, un nouveau
» recensement de la population indigente.

» A cet effet, il sera nommé des Commissaires, qui s'entendront avec
» les Agens Comptables de chaque Bureau, et prendront les jours et les
» heures qui seront indiqués par les Administrateurs ou Commissaires
» de Charité, pour procéder au recensement, en se servant, comme
» renseignemens, des états nominatifs qui ont été fournis, et des vérifi-
» cations qui ont été faites.

____

(1) Voyez le *Code des Hôpitaux*, tome 2, N°. 3229 et suivans.

» Les Commissaires seront choisis, parmi les employés de l'Adminis-
» tration, par le Membre de la Commission, sous l'approbation du
» Membre du Conseil chargé de la surveillance des Bureaux de Charité.

Art. 2. » La population sera relevée sur des bulletins, qui contien-
» dront les noms, prénoms, etc., suivant les classifications ordon-
» nées par les articles 22, 23 et 24 de l'arrêté du Ministre de l'inté-
» rieur, du 19 juillet 1816 (1).

» Ces bulletins seront faits doubles, et signés par le Commissaire du
» Bureau de Charité et par celui de l'Administration.

» L'un des doubles restera au Bureau entre les mains de l'Agent
» Comptable, l'autre sera déposé à la quatrième Division.

Art. 3. » Au fur et à mesure des mutations qui surviendront, il en
» sera donné connaissance à la quatrième Division, dans les formes et
» aux époques qui seront ultérieurement déterminées (2).

Art. 4. » Il sera statué définitivement sur les secours mensuels
» accordés aux vieillards et aux aveugles, et sur la demande formée en
» faveur des grands infirmes, par la décision qui sera prise, avant la
» fin de l'année, pour la nouvelle répartition des fonds entre les Bureaux
» de Charité (3).

Art. 5. » L'ordre pour la répartition des lits à nommer dans les
» Hospices sera maintenu, et continuera de se faire conformément
» aux dispositions des arrêtés du Conseil, des 14 décembre 1803
» et 23 janvier 1805 (4).

---

(1) Voyez le *Code des Hôpitaux*, tome 2, N°. 3230 et suivans.

(2) *Idem*, N°. 3235.

(3) Voyez ci-après l'arrêté du Conseil général des Hospices, du 18 décembre 1822,
N°. 32 ; et le *Code des Hôpitaux*, tome 2, N°. 3246.

(4) Voyez le *Code des Hôpitaux*, tome 1, N°. 1822 et suivans.

(N°. 16.) Arrêté du Conseil général des Hospices, *du 21 août 1822, sur le mode de livraison des médicamens dans les divers établissemens par la Pharmacie centrale* (1).

21 août 1822.

Art. 1er. « A compter du 1er. octobre prochain, la Pharmacie cen-
» trale fera transporter, à ses frais risques et périls, tant aux Hospices
» et Hôpitaux qu'aux Bureaux de Charité, tous les médicamens qui
» seront demandés par ces établissemens.

Art. 2. » Les expéditions seront faites sur un état double, dont l'un
» signé à la Pharmacie centrale, sera laissé à l'Agent chargé de la récep-
» tion, et l'autre, qui sera signé par ce dernier, sera déposé à la comp-
» tabilité de la Pharmacie centrale.

Art. 3. » Les transports auront lieu trois jours de la semaine.

» Le commis qui accompagnera les transports surveillera les pesées,
» assistera à la vérification des envois, fera signer les états, et dirigera
» l'arrangement des médicamens sur le chariot de l'Administration.

Art. 4. » La Pharmacie centrale est autorisée à faire disposer un
» chariot convenable pour la facilité et la sûreté des transports. »

(N°. 17.) Arrêté du Conseil général des Hospices, *du 21 août 1822, sur la livraison des médicamens aux Bureaux de Charité par la Pharmacie centrale, et sur les préparations qui peuvent être faites dans les pharmacies desdits Bureaux* (2).

21 août 1822.

Art. 1er. « Tous les remèdes composés seront fournis exclusivement
» par la Pharmacie centrale aux Bureaux de Charité de la ville de Paris.

---

(1) Voyez le *Code des Hôpitaux*, tome 2, N°. 3157 et suivans.
(2) Voyez le *Code des Hôpitaux*, tome 2, N°s. 3159 et 3244.

Art. 2. » On ne pourra préparer dans les pharmacies des Bureaux de
» Charité que les objets suivans :

Tisanes.   Cataplasmes.
Potions.   Linimens.
Petit-lait.   Digestifs.
Sucs.   Eaux distillées.
Gargarismes.   Eaux aromatiques.
Médecines.

Art. 3. » Les sangsues, le miel, la graisse, les huiles, les plantes
» sèches, les fleurs, les bois, les graines, les racines, les gommes,
» les résines, l'eau-de-vie, l'esprit de vin, et généralement toutes les
» substances pour lesquelles la Pharmacie passe des marchés pour l'an-
» née, seront fournis au prix coûtant; il y sera ajouté six pour cent
» pour les frais de transport, de conservation, d'avaries, de pesage,
» de registres, etc.

Art. 4. » La Pharmacie centrale continuera à ajouter douze pour cent
» pour les frais de manutention, sur les médicamens composés qu'elle
» fournira aux Bureaux de Charité.

Art. 5. » Tous les transports se feront aux frais de la Pharmacie cen-
» trale, et ils auront lieu au plus tard trois jours après que la demande
» aura été formée. »

N°. (18.) Arrêté du Ministre de l'intérieur, *du 27 août*
1822, sur le service de santé à l'Hôpital de la Pitié (1).

Art. 1er. « Le service de santé de l'Hôpital de la Pitié sera divisé en   27 août 1822,
» trois départemens, dont deux de médecine et un de chirurgie.

Art. 2. » Les départemens de médecine seront confiés à deux méde-
» cins ordinaires, et celui de chirurgie à un chirurgien de seconde classe. »

---

(1) Voyez le *Code des Hôpitaux*, tome 1, N°. 976.

4.

(N°. **19.**) Arrêté du Conseil général des Hospices, *du 18 septembre 1822, qui fixe le prix de la manutention et du transport du pain fabriqué à Scipion pour les Bureaux de Charité* (1).

18 septem. 1822.

« A partir du 1er. octobre prochain et jusqu'à ce qu'il en soit au-
» trement ordonné, les frais de manutention et transport dus par les
» Bureaux de Charité qui auront fait confectionner leur pain par la
» Boulangerie générale, seront liquidés sur le pied de cinq francs par
» sac de farine qui aura été manutentionné et transporté à partir de
» ladite époque. »

(N°. **20.**) Arrêté du Conseil général des Hospices, *du 25 septembre 1822, sur le choix des orphelins appelés à jouir des actions de la Caisse de Survivance* (2).

25 septem. 1822.

Art. 1er. « Le Membre de la Commission chargé de la seconde Divi-
» sion fera dresser, par l'Agent de Surveillance de l'Hospice des Orphe-
» lins, une liste des enfans des deux sexes les plus valides de cette maison.
Art. 2. » Cette liste sera arrêtée définitivement par celui de ses
» Membres qui a la surveillance supérieure de l'Hospice.
Art. 3. » Les noms des candidats, qui devront être choisis en nombre
» égal dans la division des garçons et dans celle des filles, seront trans-
» crits ensuite sur des billets, qui seront roulés et déposés dans deux urnes.
Art. 4. » Les cinq premiers billets tirés de chacune de ces urnes indi-
» queront les cinq titulaires de chaque sexe à présenter à la Caisse de
» Survivance.

---

(1) Voyez le *Code des Hôpitaux*, tome 2, N°. 2652 et suivans.
(2) Voyez le *Code des Hôpitaux*, tome 1, N°. 279.

Art. 5. » Toutes ces formalités ayant été constatées par un procès-
» verbal, en présence des Membres de la Commission chargés des
» deuxième et troisième Divisions, il en sera mis une expédition sous les
» yeux du Conseil avec les extraits de naissance des candidats, et un
» certificat énonçant leur admission.

Art. 6. » Le Conseil statuera ultérieurement sur le mode de présen-
» tation desdits candidats à l'Administration de la Caisse de Survivance.

(N°. 24.) Arrêté du Conseil général des Hospices, *du
18 octobre 1822, sur les fonctions, obligations et honoraires des Avoués de l'Administration* (1).

Art. 1er. « L'Avoué de l'Administration près le Tribunal de première 18 octobre 1822.
» instance sera tenu d'assister aux conférences du Comité consultatif, et
» de se rendre à l'Administration, Bureau du Domaine, toutes les fois
» qu'il en sera requis.

Art. 2. » Chaque affaire qu'il sera chargé de suivre au nom des Hos-
» pices sera inscrite sur un registre, ouvert à cet effet au Bureau du
» Domaine, et il fera tenir, dans son étude, un double de ce registre, qui
» sera transporté, les premier et troisième lundis de chaque mois, à l'Ad-
» ministration, pour être conférés avec celui du Bureau du Domaine.

Art. 3. » Ces registres, qui présenteront séparément une analyse suc-
» cincte de chaque affaire contentieuse suivie par le Bureau du Do-
» maine, devront contenir à la suite et d'après leurs dates l'extrait
» sommaire des divers actes auxquels elle aura donné lieu, ainsi que
» les incidens survenus pendant le cours des instances. L'état sommaire
» des poursuites faites au nom du Receveur sera en outre transcrit sur
» les registres de quinzaine en quinzaine.

(1) Voyez le *Code des Hôpitaux*, tome 1, N°. 583.

Art. 4. » Le registre tenu par la Division du Domaine sera déposé
» sur le bureau du Conseil pendant la durée de ses séances.

Art. 5. » Lorsqu'une affaire sera terminée, soit par l'intervention d'un
» jugement définitif, soit par le désistement de la partie adverse,
» l'Avoué devra en informer, au plus tard dans la huitaine, par écrit,
» l'Administration, et indiquer l'époque à laquelle il produira son état
» de frais, et rétablira le dossier dans le Bureau.

Art. 6. » Toutes les demandes de remboursement de frais qui ne
» seront faites qu'après l'apurement par le Conseil de Préfecture des
» comptes de l'exercice auquel l'affaire se rattachera, comme ayant été
» jugée pendant son cours, se trouveront irrévocablement frappées de
» déchéance.

Art. 7 » Conformément à l'arrêté du 1er. août 1804 (13 thermidor
» an 12) (1), l'Administration ne paiera à l'Avoué de première instance
» que ses déboursés, lorsqu'elle aura été condamnée aux dépens, ou
» que les dépens auront été compensés.

Art. 8. » Dans le cas où l'exécution d'un acte ou d'un jugement contre
» un débiteur ne produirait qu'une somme insuffisante pour l'acquit de
» la créance en capital, intérêts et frais, les dépens dus à l'Avoué
» seront payés par privilège, seulement quant à ses déboursés; à l'égard
» du surplus, l'Avoué n'en sera payé que par contribution, et au pro-
» rata des sommes que l'Administration recouvrera pour son compte.

Art. 9. » Lorsqu'une contestation sera terminée par transaction, et
» qu'une des conditions sera l'obligation pour l'Administration d'ac-
» quitter les frais, il ne sera payé à l'Avoué que ses déboursés.

Art. 10. » Ces dispositions seront également exécutées par l'Avoué de
» l'Administration près la Cour royale.

» Elles seront applicables aux poursuites dirigées par le Receveur.

Art. 11. » Enfin, lorsque l'Administration aura été condamnée aux
» dépens dans une affaire, ou que les dépens seront compensés, les
» frais qui n'auront pu être taxés par le juge le seront, à la diligence
» de l'Avoué de l'Administration, par sa chambre : à cet effet, le

---

(1) Voyez le *Code des Hôpitaux,* tome 1 , n°. 583.

» Membre de la Commission est autorisé à lui donner tout pouvoir
» nécessaire.

Art. 12. » En cas de remplacement de l'un des Avoués de l'Adminis-
» tration par suite de décès, démission ou autrement, l'arrêté portant
» nomination ne sera transcrit au procès-verbal qu'après que l'officier
» désigné aura souscrit l'engagement de se conformer à toutes les dis-
» positions du présent arrêté, et de renoncer à toute répétition d'émo-
» lumens autres que ceux qui lui seront alloués par les articles 7, 8, 9 et
» 10, ci-dessus. »

(N°. 22.) Arrêtés du Conseil général des Hospices, *des
18 octobre et 27 novembre 1822, qui autorisent la formation
d'un approvisionnement de réserve en blé* (1).

L'arrêté, du 18 octobre 1822, avait porté la réserve à quarante mille
18 octobre et 27
novembre 1822.
quintaux métriques.

Celui du 27 novembre 1822 a réduit l'approvisionnement à trente mille
quintaux.

(N°. 23.) Arrêté du Conseil général des Hospices, *du
30 octobre 1822, qui renouvelle la défense d'apporter des
alimens aux malades dans les Hôpitaux* (2).

« Il sera incessamment apposé, par les soins des Membres de la Com- 30 octobre 1822.
» mission administrative, des affiches aux portes des Hôpitaux pour re-
» nouveler la défense d'apporter aux malades des alimens préjudiciables
» à leur guérison. »

---

(1) Voyez le *Code des Hôpitaux,* tome 2, N°s. 2733 et 2734 (cahiers des charges
pour l'achat et la conservation des blés).

(2) Voyez le *Code des Hôpitaux*, tome 1, N°. 922.

(N°. 24.) Arrêté du Conseil général des Hospices, *du 30 octobre 1822, sur les certificats à délivrer aux élèves internes en médecine et en chirurgie des Hôpitaux* (1).

30 octobre 1822.

« Dans les premiers jours du mois de janvier de chaque année, le » Membre de la Commission chargé du Service de Santé présentera au » Conseil la liste des élèves internes sortant des Hôpitaux.

» Cette liste contiendra deux colonnes ; la première indiquera le nom » des élèves internes qui se seront rendus recommandables par leur » exactitude à remplir tous leurs devoirs ; et la deuxième, celui de ceux » qui auraient pu donner des sujets de plaintes, soit par leur conduite » dans l'Hôpital, soit par leur inexactitude dans les soins qu'ils de- » vaient aux malades, soit par leur négligence à tenir à jour leur » registre d'observations.

» Ces deux listes seront insérées au procès-verbal de la séance du » Conseil où elles lui auront été lues.

» Les élèves internes qui appartiendront à la première colonne » recevront des certificats, qui leur seront délivrés par le Vice-Président ; » ceux qui seront portés sur la seconde ne pourront en obtenir qu'avec » la mention de la plainte écrite en regard de leur nom.

» Extrait de la liste sera remis aux Membres du Conseil chargés des » divers Hôpitaux, et affiché pendant un mois dans le principal local de » chaque établissement. »

---

(1) Voyez le *Code des Hôpitaux*, tome 2, N°. 2912 et suivans.

(N°. 25.) Arrêté du Conseil général des Hospices, *du 6 novembre 1822, sur les moyens de constater l'absence des employés par cause de maladie.*

6 novembre 1822.

« Lorsqu'un employé de l'Administration, ou de l'un des établisse-
» mens qui en dépendent, s'absentera de son bureau pour cause de
» maladie pendant plus d'un mois, le Membre de la Commission qui a
» la surveillance du bureau ou de l'établissement en donnera avis aux
» Médecins du Bureau central d'Admission, qui seront invités à se trans-
» porter au domicile de l'employé pour constater la nature et la gravité
» de la maladie.

» Les certificats des Médecins du Bureau central seront transmis par
» les Membres de la Commission à l'Ordonnateur général, qui, suivant
» les cas, ordonnancera ou suspendra le paiement des appointemens.

» Lorsque l'absence se prolongera au-delà de deux mois, il en sera
» fait rapport au Conseil par les Membres de la Commission.

» Les Directeurs ou Agens de Surveillance des maisons devront in-
» former les Membres de la Commission de l'absence des employés atta-
» chés à leur établissement. »

(N°. 26.) Arrêté du Conseil général des Hospices, *du 13 novembre 1822, concernant les vaccinations établies dans les Hôpitaux* (1).

13 novembre 1822.

Art. 1er. « Il sera établi des vaccinations dans les Hôpitaux ; elles
» auront lieu, tous les jours, de dix à onze heures du matin (2).

---

(1) Voyez le *Code des Hôpitaux,* tome 2, N°. 3377 et suivans.

(2) Cette mesure a été provoquée par M. le Préfet de la Seine.

3.   5

Art. 2. « Les enfans et les personnes qui les amèneront seront reçus
» dans la salle de consultation ; ce sera aussi dans cette salle que se fera
» l'inoculation de la vaccine.

Art. 3. » Le Médecin sédentaire de chaque Hôpital sera chargé de
» cette opération ; dans ceux où il n'y aura point de Médecin sédentaire,
» elle sera faite par le Médecin ou Chirurgien ordinaire ou, en l'absence
» de ceux-ci, par le plus ancien des élèves internes.

Art. 4. » Les Médecins chargés de la vaccination se procureront les
» enfans dont ils auront besoin pour commencer cette opération de
» bras à bras, et la continuer ainsi de suite, en faisant revenir les enfans
» qu'ils auront vaccinés.

Art. 5. » Les Agens de Surveillance enverront, chaque semaine, aux
» Membres de la Commission administrative l'état nominatif des in-
» dividus qui auront été vaccinés, avec indication de l'âge, du sexe et
» du domicile de chacun.

Art. 6. » Tout ce qui sera nécessaire à l'inoculation de la vaccine sera
» fourni gratuitement.

Art. 7. » Si l'enfant ou la personne qui l'aura amené a besoin d'ali-
» mens, il leur en sera donné.

» Les distributions pour un adulte ne pourront excéder vingt-cinq
» décagrammes de pain, treize décagrammes de viande cuite, ou l'équi-
» valent en légumes ou fromage, etc., et douze centilitres de vin ; il
» pourra être donné du bouillon ou du lait aux enfans.

» Cette dépense sera portée sur l'état des distributions extraordinaires
» de chaque mois, pour être visée par le Membre de la Commission
» administrative. »

(N°. 27.) Arrêté du Conseil général des Hospices, *du 13 novembre 1822, sur l'admission des étrangers aux concours des élèves en médecine, en chirurgie et en pharmacie des Hôpitaux.*

« Les élèves étrangers peuvent, comme les élèves nationaux, con-
» courir et être admis à occuper les places d'élèves en médecine, en
» chirurgie, ou en pharmacie, dans les Hôpitaux et Hospices (1). »

13 novembre
1822.

~~~~~~~~~~~~~~~~~~~~~~~~~~~~~~~~~~~~~~

(N°. 28.) Arrêté du Conseil général des Hospices, *du 13 novembre 1822, sur le classement des indigens secourus à domicile (2).*

Art. 1er. « Le Membre de la Commission de la quatrième Division
» est chargé du classement des indigens, il présentera au Conseil le ré-
» sultat de cette opération.

Art. 2. » Seront considérés comme surchargés d'enfans, aux termes
» de l'article 23 de l'arrêté ministériel, les chefs de famille qui auront
» au moins trois enfans au-dessous de l'âge de douze ans (3).

Art. 3. » Les infirmités qui donnent droit aux secours annuels sont
» celles qui sont incurables, et de nature à empêcher habituellement
» l'indigent de travailler suffisamment pour assurer son existence (4).

Art. 4. » Les indigens qui ont complété, dans ce moment, leur
» soixantième année, seront, pour cette fois seulement, placés dans la
» classe des secours annuels.

13 novembre
1822.

---

(1) Cet arrêté est motivé sur ce que le mérite seul doit déterminer le choix des Membres du Jury.

(2) Voyez le *Code des Hôpitaux*, tome 2, N°. 3229.

(3) Voyez le *Code des Hôpitaux*, tome 2, N°. 3231.

(4) Voyez l'énumération de ces infirmités, ci-après, page 38.
~~~~~~~~~~~~~~~~~~~~~~~~~~~~~~~~~~~~~~

Art. 5. » Le Membre de la Commission sera chargé de faire connaître
» à MM. les Maires et Administrateurs des Bureaux de Charité les
» motifs qui ont déterminé, de la part du Conseil, les dispositions por-
» tées dans le présent arrêté, et de se concerter avec eux pour établir,
» conformément à la décision ministérielle , et d'une manière uniforme ,
» les classemens qui auront lieu, à l'avenir, par suite des admissions
» successives des indigens aux secours.

Art. 6. » Le même Membre de la Commission sera chargé spéciale-
» ment de rappeler à MM. les Administrateurs des Bureaux de Charité
» qu'aucune admission aux secours et aucune inscription sur les con-
» trôles des indigens ne peuvent avoir lieu sans une délibération prise
» par le Bureau de Charité assemblé, et qu'il doit être fait mention
» sommaire de ces admissions aux procès-verbaux des séances (1). »

(N°. 29.) Résumé *des diverses Dispositions et Instructions
relatives à l'inscription et au classement des indigens secourus à domicile, et au mode de constater les mutations
dans la population indigente , approuvé par le Conseil
général des Hospices , le 13 novembre 1822.*

13 novembre
1822.

« Conformément à l'article 21 de l'arrêté ministériel du 19 juillet
» 1816 (2), il doit être tenu, dans chaque Bureau de Charité, un *Livre*
» ou *Contrôle des indigens*, et il doit être dressé, pour chacun des indigens
» admis aux secours, des *Bulletins* qui contiendront tous les renseigne-
» mens particuliers relatifs à chaque ménage.

» Les indigens inscrits doivent être divisés en deux classes : dans
» l'une sont placés ceux qui, par leur âge, leurs infirmités et la position
» de leur famille, ont droit à des *secours annuels;* dans l'autre sont
» inscrits ceux qui ne reçoivent que des *secours temporaires.*

---

(1) Voyez le *Code des Hôpitaux*, tome 2, N°s. 3233 et 3234.
(2) Voyez *Idem* , N°. 3229.

» Suivant la même décision ministérielle, aucun indigent ne peut
» être secouru sans avoir été admis aux secours, et inscrit au livre ou
» contrôle des pauvres en vertu d'une délibération du Bureau de Charité.

Admission aux secours sur délibération du Bureau de Charité.

» Il doit être fait mention sommaire de ces admissions aux procès-
» verbaux des séances.

» Quand une admission a été prononcée par le Bureau, l'Agent Comp-
» table dresse pour l'indigent admis un bulletin contenant ses nom, pro-
» fession, etc., avec indication de la date et du lieu de la naissance du
» chef de ménage, de sa femme s'il est marié, et de la naissance de
» leurs enfans âgés de moins de douze ans. (Modèles nos. 1, 2 et 3 (1).)

» Ce bulletin est fait en triple exemplaire : l'un, pour le Bureau de
» l'Agent Comptable ; le deuxième, pour l'Administrateur de la division
» du domicile de l'indigent ; et le troisième, pour l'Administration des
» Hospices.

» Les indigens sont *classés* lors de la formation des bulletins.

Classement des indigens.

» Conformément aux articles 22 et 23 de l'arrêté ministériel (2) et
» aux décisions du Conseil général des Hospices, on comprend parmi
» les indigens secourus annuellement :

» Les aveugles, les paralytiques, les cancérés, les grands infirmes,
» les vieillards ayant plus de soixante-cinq ans accomplis ;

» Les chefs de famille surchargés d'enfans, c'est-à-dire ayant au
» moins trois enfans au-dessous de douze ans.

» Les autres indigens sont compris dans la classe des secours temporaires.

» Les infirmités graves qui donnent droit aux secours annuels sont les
» infirmités incurables et celles qui sont de nature à empêcher habituel-
» lement les indigens de travailler suffisamment pour assurer leur
» existence.

» Ces infirmités sont constatées par les Médecins du Bureau de Cha-
» rité avant l'inscription, les certificats de ces Médecins demeurent
» annexés à la minute du bulletin déposée au Bureau de Charité.

» Les principes adoptés par les Médecins du Bureau central d'admis-

___

(1) Voyez ci-après, pages 43, 44 et 45.
(2) Voyez le *Code des Hôpitaux*, tome 2, Nos. 3230 et 3231.

» sion pour les distinctions à faire entre les diverses infirmités et mala-
» dies servent de règle pour ces certificats (1).

» Les bulletins des indigens ayant droit aux secours *annuels* sont de
» *couleur verte.*

» Ceux des indigens désignés pour les secours *temporaires* sont de cou-
» *leur jaune.* (Modèles nos. 2 et 3.)

Formation du
livre
ou contrôle
des indigens.

» Immédiatement après la délibération du Bureau et la formation des
» bulletins définitifs, les indigens sont inscrits *au Livre ou Contrôle des*
» *indigens.*

» Lorsque le nouveau recensement dont s'occupe, dans ce moment,
» l'Administration des Hospices de concert avec les Bureaux de Charité
» sera terminé, et que les indigens auront été classés, il sera établi
» dans le Bureau de la quatrième Division de l'Administration des Hos-
» pices, pour chaque arrondissement, un nouveau livre ou contrôle des
» indigens. (Modèle n°. 4.)

» Les indigens anciennement admis aux secours, et dont l'existence
» aura été vérifiée et constatée à leur domicile, seront portés d'abord
» sur ce livre.

» Ce contrôle sera remis à chaque Bureau, et sera ensuite continué
» par les Agens Comptables, qui y porteront successivement les indigens
» nouvellement admis aux secours par délibération du Bureau, à mesure
» de leur admission.

---

(1) Les individus qui sont affectés des maladies ou infirmités ci-après dénommées
sont regardés comme infirmes incurables par les Médecins du Bureau central d'admission, savoir :

Tremblement général. — Impotence rhumatismale goutteuse, suite de luxation, etc.
— Paralysie incurable complète ou incomplète. — Incontinence d'urine ou des ex-
crémens. — Anévrysme du cœur ou des gros troncs artériels. — Asthme chronique ou
suffocant. — Hydropisies enkystées. — Rachitisme, déformation de la poitrine, du
bassin ou des membres. — Dartres rongeantes incurables. — Difformités d'un aspect
repoussant ou qui rendent l'indigent inapte au travail. — Hernies volumineuses ou
difficiles à contenir. — Privation d'un membre. — Surdité complète. — État de
sourd-muet. — Idiotisme. — Épilepsie. — Cancers incurables. — Cécité complète
incurable, ou faiblesse de la vue assez grande pour empêcher l'indigent de se livrer
à aucun travail.

» Les indigens seront inscrits sur ce livre, sous une seule et *même série*
» *de numéros*, à mesure de leur admission aux secours, quels que
» soient leur classe et le quartier ou la division qu'ils habitent dans
» l'arrondissement.

» Les numéros du contrôle des indigens sont portés sur chaque bulletin.

» Les bulletins des indigens sont recueillis dans chaque Bureau par
» *quartiers* et *divisions*, et par rues. Ils sont rangés par ordre alphabé-
» tique pour chaque rue ; il y a dans chaque division autant de cou-
» vertures ou chemises que de rues, d'où il résulte que lorsqu'une
» même rue se trouve divisée entre plusieurs Commissaires, il n'y a
» néanmoins qu'une seule et même chemise qui contient les bulletins
» de tous les indigens de cette rue.

» Pour faciliter les vérifications et les recherches des indigens inscrits *Répertoire par*
» au contrôle, il sera établi en outre, dans chaque arrondissement, *un* *fiches mobiles.*
» *répertoire par fiches mobiles*, qui seront rangées par ordre alphabé-
» tique rigoureux. (Modèle n°. 5 (1).)

» L'Agent Comptable envoie à l'Administration des Hospices, dans les
» cinq premiers jours de chaque mois, *un extrait du Livre ou Contrôle*
» *des indigens*, contenant les noms de ceux admis aux secours pendant
» le mois précédent.

» Il y joint des copies certifiées des nouveaux bulletins relatifs à ces
» indigens.

» Toutes les fois qu'un indigent inscrit au contrôle des pauvres décède, *Mutations,*
» ou est admis dans un Hospice, ou sort de l'arrondissement par suite *décès, sorties*
des indigens de
» de déménagement, l'Agent Comptable raie cet indigent du contrôle *l'arrondissem.*
» et l'inscrit en outre sur un livre particulier, appelé *Livre de sortie des* *Ouverture d'un*
livre de sortie.
» *indigens*. (Modèle n°. 6 (2).)

» Dans les cinq premiers jours de chaque mois, l'Agent Comptable
» transmet au Bureau de la quatrième Division des Hospices un extrait
» de ce livre de sortie, contenant les noms des indigens sortis ou rayés
» dans le cours du mois précédent.

» Les bulletins des indigens rayés du contrôle sont retirés de suite par

---

(1) *Voyez* ci-après, page 47.

(2) *Voyez* ci-après, page 48.

» les Agens Comptables des collections de bulletins, et recueillis *par*
» *ordre alphabétique* dans les Archives du Bureau, pour y avoir recours
» au besoin.

» MM. les Administrateurs et Commissaires de Charité sont instam-
» ment priés d'informer de suite les Agens Comptables des déménage-
» mens, décès, sorties et mutations de toute nature qui viendront à leur
» connaissance.

» L'indigent qui voudra déménager et sortir de l'arrondissement
» devra en prévenir l'Administrateur de son quartier, qui le raiera de
» ses listes. Le bulletin de cet indigent, devenant, dans ce cas, inutile
» à l'Administrateur, il le remettra à l'indigent après l'avoir *bâtonné*
» *comme nul*, et y avoir noté le changement de domicile. — L'indigent
» le portera à l'Agent Comptable, qui l'inscrira *au livre de sortie*, visera
» ce bulletin et fera au bas ou au dos de ce même bulletin les anno-
» tations nécessaires. Ce bulletin, ainsi bâtonné et visé, sera porté par
» l'indigent à l'Agent Comptable du Bureau de son nouveau domicile.

» Ces formes dispenseront les Bureaux des divers certificats délivrés
» jusqu'à ce jour dans ces circonstances, elles auront de plus l'avantage
» de présenter au nouvel Administrateur tous les renseignemens qui
» lui sont nécessaires sur le ménage qu'il aura à secourir.

» La minute du bulletin de l'indigent sortant sera retirée des chemises
» ou collections de l'Agent Comptable, et placée aux Archives du Bu-
» reau dans l'ordre alphabétique, ainsi qu'il a été dit plus haut.

» Au moyen de l'ancien bulletin, l'Administrateur du nouveau domi-
» cile de l'indigent sera à portée de prendre des informations et de pro-
» poser au Bureau l'*admission* ou la *non-admission* de cet indigent aux
» secours.

» Lorsqu'un indigent changeant de demeure passe d'une division dans
» une autre division du même arrondissement, il en fait aussi la déclara-
» tion à l'Administrateur de sa division, qui raie cet indigent de ses
» contrôles, mentionne la déclaration sur le double du bulletin existant
» entre ses mains, et envoie l'indigent avec le bulletin ainsi annoté au
» Bureau de l'Agent Comptable.

» L'Agent Comptable change sur *le bulletin-minute* l'indication du
» quartier, de la division, de la rue, y fait les autres modifications qui

» peuvent être utiles. Il le refait même entièrement s'il est nécessaire,
» et il envoie copie du bulletin ainsi modifié à l'Administrateur du nou-
» veau domicile.

» Si l'indigent change de demeure sans changer de division, il donne
» connaissance de ce changement à l'Administrateur de la division, qui
» est prié d'en informer l'Agent Comptable, afin qu'il tienne écriture
» du changement.

» Les *mutations intérieures* seront en outre consignées sur des feuilles
» à ce destinées, conformes à la formule. (Modèle n°. 7.) (1).

Feuilles de mutations intérieures.

» Copies de ces feuilles de mutations intérieures seront envoyées, dans
» les cinq premiers jours de chaque mois, au Bureau de la quatrième
» Division de l'Administration des Hospices.

» Il est presque inutile de faire observer que l'indigent, malgré ses
» déménagemens à l'intérieur, conserve son numéro d'inscription au
» contrôle des indigens pendant tout le temps qu'il demeure dans l'ar-
» rondissement, cette manière d'opérer ayant été suivie dans la plu-
» part des Bureaux de Charité.

» Il est important que MM. les Administrateurs et les Agens Comp-
» tables soient informés très-exactement des décès des indigens, afin que
» leur radiation ait lieu sur les contrôles, et que les distributions des
» secours destinés à ces indigens ne soient pas continuées abusivement
» à des personnes qui pourraient les réclamer en leur nom après leur
» décès; ce qui est arrivé fréquemment. Les demandes d'inhumation
» gratuite et les registres de l'état civil donneront à l'Agent Comptable
» les moyens d'être informé de la plupart des décès à domicile.

Décès.

» L'Administration des Hospices prendra les moyens nécessaires pour
» que les décès qui auront lieu dans les Hôpitaux parviennent à la con-
» naissance des Bureaux.

» Lorsqu'un indigent, chef de ménage, veuf sans enfans, ou céliba-
» taire, vient à décéder, il est rayé du contrôle des pauvres, et inscrit
» de suite par l'Agent Comptable au *livre de sortie*, et son bulletin est
» retiré des cartons et chemises.

---

(1) Voyez ci-après, page 49.

3   6

» Le ménage est rayé de même si l'indigent, étant veuf, laisse, à son
» décès, des enfans auxquels les secours ne sont pas continués.

» Si un homme veuf, ou une femme veuve, laisse, à son décès, un ou
» plusieurs orphelins auxquels le Bureau juge convenable de continuer
» des *secours temporaires*, ces orphelins sont inscrits sous des numéros
» nouveaux comme chefs de ménage, en vertu d'une délibération parti-
» culière du Bureau.

» Si un homme marié, chef de ménage, vient à décéder, le ménage
» entier est rayé sur les contrôles et porté en conséquence au *livre de sortie.*

» — Le bulletin de ce ménage est supprimé, et il est formé un nouveau
» bulletin au nom de la veuve, qui est inscrite nominativement au con-
» trôle des indigens *sous un numéro nouveau*, si toutefois elle réunit les
» conditions exigées par les réglemens.

» L'Agent Comptable fait ces écritures d'ordre sans qu'une délibération
» spéciale du Bureau soit nécessaire.

» Dans le cas du décès d'une femme mariée ayant son mari inscrit
» comme chef de ménage, l'Agent Comptable fera note de ce décès sur
» le bulletin du ménage. — Il inscrira la femme décédée au livre de
» sortie, et fera mention du décès sur le contrôle des indigens, en y por-
» tant dans la colonne à ce destinée le n°. du livre de sortie sous lequel
» le décès aura été enregistré.

» Le livre de sortie renverra de même au n°. sous lequel le ménage
» aura été inscrit au contrôle des indigens.

Naissances et décès des enfans.

» Les naissances des enfans, leurs décès et leurs sorties, à l'âge de
» douze ans, de la classe des indigens secourus, seront constatés d'après
» un mode particulier, qui sera ultérieurement déterminé.

Les mouvemens de la population indigente seront arrêtés chaque trimestre.

» Au moyen du contrôle des indigens et du livre de sortie, il sera éta-
» bli, à la fin de chaque trimestre, dans tous les arrondissemens un état
» ou *mouvement de la population* indigente *par ménages* et *par individus*,
» conformément à la formule. (Modèle n°. 8.) (1).

---

(1) Voyez ci-après, page 50.

MODÉLE N°. 1.

Administration générale des Hospices et Secours à domicile de Paris.

BUREAU DE CHARITÉ
du
ARRONDISSEMENT.

Quartier

Division

N°. D'INSCRIPTION.

Date de l'inscription.

(*) Mentionner les dates de naissance des enfans, en commençant par les plus âgés.
Indiquer si les enfans ont été vaccinés ou s'ils ont eu la petite-vérole, et s'ils vont aux écoles.

BULLETIN D'INSCRIPTION.

Rue

N°.

SECOURS (1)

(1) Annuels ou Temporaires.

NOM ET PRÉNOMS DU CHEF DE MÉNAGE.	Nombre des Enfans au-dessous de 12 ans.		DATES des Naissauces.	Observations.
	Garçons.	Filles.		
N				
Né à dép. d				
Marié à				
Née à dép. d				
Profession du chef de ménage,	(*)			

Renseignemens particuliers relatifs au Ménage.

Prix du Loyer........   fr.   Nombre de chambres
Infirmités...........
Secours de Vieillards ou d'Aveugles.

Si l'indigent change de domicile et sort de l'arrondissement, il devra, avant de déménager, se présenter à l'Agent Comptable du Bureau de Charité de l'arrondissement qu'il quitte, avec son bulletin d'inscription, qui lui sera remis *annulé* par l'Administrateur de sa division.

L'Agent Comptable mettra son visa et fera les annotations nécessaires au *verso* de ce bulletin, qui sera porté par l'indigent à l'Agent Comptable du Bureau de Charité du nouveau domicile.

6.

(44)

MODÈLE No. 2.

BUREAU DE CHARITÉ
du
ARRONDISSEMENT.

Administration générale des Hospices et Secours à domicile de Paris.

BULLETIN D'INSCRIPTION.

No.

SECOURS ANNUELS.

Quartier

Rue

Division

No. D'INSCRIPTION.

Date de l'inscription.

NOM ET PRÉNOMS DU CHEF DE MÉNAGE.	Nombre des Enfans au-dessous de 12 ans.		DATES des Naissances.	Observations.
	Garçons.	Filles.		
N Né à dép. d Marié à Née à dép. d	…		…	
Profession du chef de ménage,	(*)			
	.	.	.	
	.	.	.	
	.	.	.	
	.	.	.	

(*) Mentionner les dates de naissance des enfans, en commençant par les plus âgés.

Indiquer si les enfans ont été vaccinés ou s'ils ont eu la petite vérole, et s'ils vont aux écoles.

Renseignemens particuliers relatifs au Ménage.

Prix du Loyer.......   fr.   Nombre de chambres

Infirmités..........

Secours de Vieillards ou d'Aveugles.

Si l'indigent change de domicile et sort de l'arrondissement, il devra, avant de déménager, se présenter à l'Agent Comptable du Bureau de Charité de l'arrondissement qu'il quitte, avec son bulletin d'inscription, qui lui sera remis *annulé* par l'Administrateur de sa division.

L'Agent Comptable mettra son visa et fera les annotations nécessaires au *verso* de ce bulletin, qui sera porté par l'indigent à l'Agent Comptable du Bureau de Charité du nouveau domicile.

MODÈLE Nᵒ. 3.

Administration générale des Hospices et Secours à domicile de Paris.

BUREAU DE CHARITÉ
du
ARRONDISSEMENT.

BULLETIN D'INSCRIPTION.

Nᵒ.

SECOURS TEMPORAIRES.

Quartier

Rue

Division

Nᵒ. D'INSCRIPTION.

Date de l'inscription.

NOM ET PRÉNOMS DU CHEF DE MÉNAGE.	Nombre des Enfans au-dessous de 12 ans.		DATES des Naissances.	Observations.
	Garçons.	Filles.		
N				
Né à dép. d	…		…	
Marié à				
Née à dép. d	⋮		…	
Profession du chef de ménage,	(*)		…	
	.	. .	…	
	. .	. .	…	
	.	. .	…	
	. .	.	…	
	.	. .	…	

(*) Mentionner les dates de naissance des enfans, en commençant par les plus âgés.

Indiquer si les enfans ont été vaccinés ou s'ils ont eu la petite vérole, et s'ils vont aux écoles.

Renseignemens particuliers relatifs au Ménage.

Prix du Loyer.......   fr.   Nombre de chambres

Infirmités. ....

Secours de Vieillards ou d'Aveugles.

Si l'indigent change de domicile et sort de l'arrondissement, il devra, avant de déménager, se présenter à l'Agent Comptable du Bureau de Charité de l'arrondissement qu'il quitte, avec son bulletin d'inscription, qui lui sera remis *annulé* par l'Administrateur de sa division.

L'Agent Comptable mettra son visa et fera les annotations nécessaires au *verso* de ce bulletin, qui sera porté par l'indigent à l'Agent Comptable du Bureau de Charité du nouveau domicile.

MODÈLE No. 4.

REGISTRE POUR L'INSCRIPTION DES PAUVRES ADMIS AUX SECOURS.

Nos. d'admis. aux secours.	NOMS des indigens chefs de Ménage.	DEMEURES.		INDIVIDUS COMPOSANT LES MÉNAGES.				TOTAL des individus par Ménage.	DATES des admissions aux secours		Nos. du Registre de Sortie et Décès.	Observations.
		RUES.	Nos.	Hom.	Fem.	Enfans au-dessous de 12 ans. Garç.	Filles.		Annuels	Temporaires.		

MODÈLE N°. 5.

BULLETIN POUR FORMER LE RÉPERTOIRE.

<table>
<tr><td colspan="3">Noм
Prénoms</td></tr>
<tr><td>N°.
d'inscription.</td><td></td><td>Arrond^t.</td></tr>
<tr><td colspan="3">Demeures successives.</td></tr>
<tr><td>RUES.</td><td>N^{os}.</td><td>Divisions.</td></tr>
</table>

MODÈLE N°. 6.

REGISTRE POUR LA RADIATION DES PAUVRES.

| N°. d'ordr. | Dates des Sorties | NOM ET PRÉNOMS des indigens. | DEMEURES. | | Ménages. | SORTIES. | | | | TOTAL des individus | N°s. du Registre d'entrée ou d'admission aux secours. | MOTIFS DES SORTIES. |
| | | | | | | ADULTES. | | ENFANS. | | | | |
			RUES.	N°.		Hom.	Fem.	Garç.	Filles			
												Indiquer si la sortie a lieu par suite de décès, déménagement, placement dans les hospices, ou autres causes.

(49)

MODELE Nº. 7.

MUTATIONS INTÉRIEURES DE DOMICILE.

ÉTAT DES INDIGENS qui ont changé de domicile pendant le cours du   18   sans quitter l'arrondissement.

Nota. On comprend dans cet état, 1º. les changemens de demeure de rue à rue, dans la même division ; 2º. les changemens d'une division à une autre dans le même arrondissement.

NOM ET PRÉNOMS des CHEFS DE MÉNAGE.	Numéros du contrôle des Indigens.	DEMEURES ANCIENNES.			DEMEURES NOUVELLES.			DATES des Déménagemens.	Observations
		RUES.	Divisions.	Nos.	RUES.	Divisions.	Nos.		

3   7

ADMINISTRATION GÉNÉRALE
DES HOSPICES ET SECOURS A DOMICILE
DE PARIS.

MODELE N°. 8.

BUREAU DE CHARITÉ
du   arrondissement.

MOUVEMENT DE LA *POPULATION* indigente du arrondissement, pendant le   18 établi d'après les registres d'entrées et de sorties des indigens.

	Nombre de Ménages.	NOMBRE D'INDIVIDUS composant les Ménages.				
		ADULTES.		ENFANS au-dessous de 12 ans.		Total des individus.
		Homm.	Femm.	Garç.	Filles.	
EXISTANS le 1er. 182						
ENTRÉS pendant le cours d 182 { Nouveaux admis.						
Venant d'autres arrondissemens.						
TOTAL des Existans et des Entrés...................						
SORTIS pendant le cours d 182 { Chefs de ménages décédés.						
—— admis dans les Hospices..						
Ménages passés dans d'autres arrondissemens.............						
—— rayés pour diverses causes.						
RESTANS le 182						

Certifié véritable le présent mouvement.

Paris, le   182

L'Agent Comptable,

Vu par nous MAIRE-PRÉSIDENT du Bureau de Charité.

(N°. 30.) Extrait de l'Arrêté du Conseil général des Hospices, *du 11 décembre 1822, concernant la répartition des secours entre les Bureaux de Charité.*

Art. 3. « A compter du 1er. janvier 1823, les répartitions de secours » en nature et en argent qui seront faites par le Conseil général entre » les différens Bureaux de Charité seront établies d'après le nombre » effectif des ménages indigens portés dans l'état général pour chacun des » arrondissemens.

11 décembre 1822.

Art. 4. » Ne seront pas compris dans la disposition de l'article précédent » les fonds destinés aux vieillards et aveugles, et ceux qui sont alloués » pour frais de bureau et loyers de maisons de secours et d'écoles. »

(N°. 31.) Le Conseil général des Hospices a décidé, le 11 décembre 1822, que les épileptiques de Bicêtre et de la Salpêtrière ne pouvaient obtenir, comme les autres indigens, la permission de sortir deux fois par mois (1).

(N°. 32.) Arrêté du Conseil général des Hospices, *du 18 décembre 1822, sur la répartition des secours en argent aux vieillards et aveugles assistés par les Bureaux de Charité* (2).

Art. 1er. « La somme de cent quatre-vingt-sept mille francs portée au » budget pour secours aux vieillards et aveugles continuera à avoir cette » destination et à être distribuée, à raison de trois francs, aux indigens

18 décembre 1822.

___

(1) Voyez le *Code des Hôpitaux*, tome 1, N°. 1887.
(2) Voyez le *Code des Hôpitaux*, tome 2, N°. 3246.

» aveugles, de trois francs aux vieillards qui auront atteint leur soixante-
» quinzième année, et de six francs aux octogénaires.

Art. 2. » Nul ne pourra être admis à ce secours que par une délibéra-
» tion spéciale du Bureau, et en produisant, les vieillards, leur acte de
» naissance; les aveugles, un certificat du Bureau central d'admission,
» qui constate leur cécité complète.

Art. 3. » Il sera tenu dans chaque Bureau des registres particuliers, où
» les vieillards et les aveugles admis seront inscrits sous une série régu-
» lière de numéros (1).

Art. 4. » Tous les ans, avant la fin de l'année, l'état des vieillards
» et aveugles recevant le secours sera vérifié et constaté par le Bureau
» de Charité, qui jugera, d'après la situation de chaque individu, s'il doit
» ou non être maintenu sur la liste.

Art. 5. » Les Bureaux de Charité feront aux vieillards et aveugles
» domiciliés dans leur arrondissement l'avance du secours qui leur est
» attribué, et qui sera remboursé sur les états mensuels fournis et certi-
» fiés par les Bureaux.

» Le nom de chaque indigent y sera porté avec son numéro d'inscrip-
» tion au registre particulier, la date de sa naissance, de son admission,
» et s'il est aveugle, du certificat du Bureau central.

Art. 6. » Si le fonds de cent quatre-vingt-sept mille francs porté au
» budget pour le secours spécial n'est pas employé en totalité, la somme
» restée libre sera répartie entre les Bureaux, comme les fonds de secours
» généraux. »

---

(1) Voyez les modèles qui suivent immédiatement.

ADMINISTRATION GÉNÉRALE
DES HOSPICES ET SECOURS A DOMICILE
DE PARIS.

SECOURS SPÉCIAUX.

BUREAU DE CHARITÉ
du   arrondissement.

ANNÉE 182

Mois d

ÉTAT DES VIEILLARDS INDIGENS ayant atteint leur   année, à chacun desquels il a été accordé un Secours spécial extraordinaire et mensuel de   fr., pour le mois d   182 , conformément aux dispositions de l'arrêté du Conseil général des Hospices, du 18 décembre 1822.

NUMÉROS		DATES de l'admission aux Secours spéciaux.	NOM ET PRÉNOMS DES INDIGENS.	DATES de NAISSANCE	DEMEURES.		SOMMES à PAYER.	Observations.
d'admission aux Secours spéciaux.	du Contrôle des Indigens				Rues.	Nos.		

ADMINISTRATION GÉNÉRALE
DES HOSPICES ET SECOURS A DOMICILE
DE PARIS.

SECOURS SPÉCIAUX.

BUREAU DE CHARITÉ
du ˮ arrondissement.

ANNÉE 182

ÉTAT DE DIVERS INDIGENS INFIRMES à chacun desquels un secours spécial extraordinaire et mensuel a été accordé définitivement en exécution de l'arrêté du Conseil général des Hospices, du 23 juillet 1823.

| NUMÉROS | | NOM ET PRÉNOMSS | DATES | DEMEURES. | | SOMMES | NATURE |
d'ordre du Registre.	du Contrôle des indigens.	DES INDIGENS.	de NAISSANCE.	RUES.	Nᵒˢ.	à PAYER.	DES INFIRMITÉS et OBSERVATIONS.

ADMINISTRATION GÉNÉRALE
DES HOSPICES ET SECOURS A DOMICILE
DE PARIS.

BUREAU DE CHARITÉ
du   arrondissement.

ANNÉE 182

SECOURS SPÉCIAUX.

*ÉTAT DES INDIGENS AVEUGLES dont l'état de cécité com-
plète a été reconnu par les Médecins du Bureau central
d'admission, et à chacun desquels il a été accordé un
Secours spécial extraordinaire et mensuel de trois francs
pour le mois d   182   , conformément aux
dispositions de l'arrêté du Conseil général des Hospices,
du 18 décembre 1822.*

NUMÉROS		NOM ET PRÉNOMS	DATES	DATES	DEMEURES.		SOMMES	Observations.
d'admission aux Secours spéciaux.	du Contrôle des indigens.	DES AVEUGLES.	de NAISSANCE.	des certificats des Médecins du Bureau central.	RUES.	Nos.	à PAYER.	

BULLETIN POUR FORMER LE RÉPERTOIRE DES SECOURS SPÉCIAUX.

SECOURS
SPÉCIAUX.

(1)

NOM

PRÉNOMS

Date et lieu
de naissance.   né à   Dépt. d
                 le   17

N°. du Registre des secours   N°. du Contrôle
        spéciaux.   des indigens.

ARRONDISSEMENT.

Demeures successives.

RUES.	N°s.	Divisions.

Renseignemens particuliers.

(1) Ce Cadre est destiné à indiquer la position de l'individu, qui est ou
octogénaire, ou *septuagénaire,* ou *aveugle,* ou *infirme.*

ADMINISTRATION GÉNÉRALE
DES HOSPICES ET SECOURS DE PARIS.

BUREAU DE CHARITÉ
du   arrondissement.

Quartier d

Division.

M.   Administrateur.

MM.{   }Commissaires.

Mmes.{   } Dames
de charité.

RÉSULTATS DU RECENSEMENT

DES INDIGENS ADMIS AUX SECOURS SPÉCIAUX.

ANNÉE 182

ÉTAT NOMINATIF DES INDIGENS Admis aux Secours spéciaux, qui n'ont point été trouvés aux domiciles indiqués par les Registres et Etats de payement relatifs à ces Secours.

CLASSE des INDIGENS.	N^os. des Registres	NOMS des INDIGENS.	DEMEURES ANCIENNES.		RENSEIGNEMENS REÇUS LORS DU RECENSEMENT.	RÉSULTAT DÉFINITIF des Informations prises.
			RUES.	N^os.		

3.   8

(N°. 33.) Arrêté du Conseil général des Hospices , *du 18 décembre 1822, sur les préparations et fournitures de médicamens par la Pharmacie centrale* (1).

18 décembre
1822.

Art. 1er. « A compter de ce jour, il ne sera fourni par la Pharmacie » centrale que les drogues et médicamens compris dans le Codex.

Art. 2. » Aucun nouveau médicament ne pourra être préparé dans la » Pharmacie centrale qu'après en avoir obtenu l'autorisation du Membre » du Conseil général ayant la surveillance, sur le rapport du Membre » de la Commission administrative. »

(N°. 34.) Arrêté du Conseil général des Hospices , *du 24 décembre 1822, sur les loyers des maisons occupées par les Bureaux de Charité* (2).

24 décembre
1822.

Art. 1er. « Le loyer de toutes les maisons occupées actuellement par » les établissemens dépendant des Bureaux de Charité (montant à la » somme de vingt-sept mille cinq cent deux francs soixante-seize cen-» times) sera acquitté directement par l'Administration des Hospices.

Art. 2. » Les baux seront maintenus aux charges, clauses et condi-» tions stipulées par les Bureaux sous la surveillance du Membre de la » Commission chargé des Domaines, et à l'avenir ils ne pourront être » passés que par lui, après en avoir obtenu l'autorisation du Conseil. »

(N°. 35.) Arrêté du Conseil général des Hospices , *du 24 décembre 1822, sur l'entretien des Écoles de Charité.*

24 décembre
1822.

« A dater du 1er. janvier prochain, les sommes qui étaient accordées, » chaque année, pour contribuer aux frais d'entretien d'Écoles de Charité,

---

(1) Voyez le *Code des Hôpitaux* , tome 2, N°. 3114 et suivans.
(2) Voyez le *Code des Hôpitaux*, tome 2, N°. 3220.

» cesseront d'être fournies par l'Administration des Hospices, et seront
» payées directement , et sur les fonds ordinaires, par les Bureaux de
» Charité qui profitent de ces établissemens pour leurs indigens. »

(N°. 36.) Cahier des charges *pour la Régie du Droit des indigens sur les Spectacles, Bals, Concerts, etc. , pendant trois, six ou neuf années* (1).

Art. 1er. « Le Directeur ou Entrepreneur de la Régie assurera d'abord
» à l'Administration des Hospices et secours un prix de ferme de la
» somme de cinq cent mille francs par an , dans le cas même où le pro-
» duit net du droit ne s'élèverait pas à cette somme.

Art. 2. » Le Directeur versera ladite somme de cinq cent mille francs
» en trente-six paiemens égaux, qui s'effectueront de dix en dix jours ;
» savoir, le premier, le dix janvier mil huit cent vingt - trois ; le
» deuxième, le vingt dudit mois, et le troisième, le dernier jour du
» même mois, et les autres ainsi de suite de dix jours en dix jours,
» jusqu'au parfait acquittement.

» A chaque versement, le Receveur de l'Administration des Hospices
» remettra au Directeur une quittance de la somme versée.

Art. 3. » De son côté, l'Administration, pour indemniser le Directeur
» de tous frais à sa charge, tels qu'appointemens d'employés, frais de
» perception, de bureau, de poursuites judiciaires, etc. ; .... comme
» aussi des émolumens qui doivent lui être alloués en sa qualité de Di-
» recteur, lui fera remise de la somme de   mille francs, qui seront
» pris sur les produits qui excéderont les cinq cent mille francs de prix
» de ferme.

» Le Directeur jouira en outre d'une remise de...... sur les pre-
» miers cinquante mille francs de produits qui excéderont les cinq cent
» mille francs et la remise pour frais de perception ; et d'une remise de...
» sur tous les produits indéfiniment qui excéderont les cinq cent cin-
» quante mille francs et les remises allouées.

---

(1) Commencées le 1er. janvier 1823.

8.

Art. 4. » Le Directeur ne versera dans la Caisse des Hospices qu'à
» la fin de chaque année d'exercice les sommes qui excéderont les cinq
» cent mille francs dont il est parlé dans l'article précédent.

» Néanmoins, dans le cas où le montant total des produits du droit
» depuis le commencement de l'année se trouverait, à la fin d'un mois
» quelconque, excéder de plus de dix mille francs le montant des verse-
» mens faits par le Directeur jusqu'à cette époque et de la remise qui
» lui est allouée sur les trente sixièmes alors échus, le Directeur sera
» tenu de verser sur-le-champ les sommes excédant ces dix mille francs,
» et il ne pourra conserver entre ses mains sur ces recouvremens au-
» delà de ladite somme de dix mille francs.

Art. 5. » Dans aucun cas, le Directeur ne pourra sous-affermer au-
» cune partie de la Direction de la Régie qui lui est confiée, néanmoins
» il pourra être consenti sur sa proposition, et dans les formes prescrites
» par l'avis du Conseil d'État du 7 octobre 1809, et les instructions
» ministérielles des 24 mars et 2 juin 1810, des abonnemens, soit pour
» une seule représentati on ou concert, soit au mois, soit à l'année : à
» l'effet de quoi, le Directeur adressera au Membre de la quatrième
» Division les demandes d'abonnement qui lui seront présentées en y
» joignant son avis.

» Les demandes d'abonnemens, et celles qui auront pour objet des
» réductions dans la fixation du taux de la perception du droit, seront
» toujours adressées à l'Administration huit jours avant l'ouverture du
» spectacle, ou l'époque de la perception du droit.

Art. 6. » Le Directeur sera tenu de faire contrôler tout spectacle,
» concert, qui serait donné avant que l'abonnement demandé ait été
» obtenu dans les formes prescrites par l'article précédent.

» Il préviendra les contribuables de cette disposition aussitôt que les
» spectacles, bals ou concerts qu'ils prétendent donner, auront été an-
» noncés.

Art. 7. » Dans le cas où, à raison de leur abonnement, quelques-uns
» des Entrepreneurs de spectacles ou fêtes effectueraient des paiemens
» par avance entre les mains du Directeur, celui-ci sera tenu d'en verser
» le montant dans la Caisse des Hospices comme à-compte sur le premier
» versement à échoir.

Art. 8. » L'organisation et la nomination des employés de la Régie
» seront soumises par le Directeur à l'approbation du Conseil général et à
» la confirmation de M. le Préfet de la Seine, qui auront le droit d'exiger
» d'autres nominations, ou même le changement des employés en
» exercice.

» Les Contrôleurs particuliers faisant le service auprès des théâtres
» et spectacles permanens pourront alterner.

Art. 9. » Le Conseil nommera un Inspecteur ambulant, qui sera chargé,
» sous les ordres immédiats du Membre de la Commission administra-
» tive qui a la surveillance de la perception, de suivre toutes les parties
» du service. Cet Inspecteur sera payé par l'Administration.

Art. 10. » Le Directeur sera tenu d'avoir, pour l'ordre de sa compta-
» bilité, 1°. un Registre ou Journal, sur lequel il inscrira, jour par
» jour, article par article et sans lacune, toutes les recettes, de quelque
» nature qu'elles soient, qu'il fera pendant la durée de sa direction;
» 2°. un Registre, sur lequel il sera ouvert à chaque théâtre, bal ou con-
» cert, ou autre établissement qui ne sera pas abonné à l'année, un
» compte présentant par *doit* et *avoir* le contrôle de chaque jour des
» sommes payées par les Administrateurs ou Propriétaires; 3°. un Re-
» gistre où seront inscrits les abonnemens autorisés, et qui fera connaître
» la date et le numéro d'ordre de chaque autorisation; 4°. un Registre
» de correspondance.

» Ces Registres seront cotés et paraphés par M. le Préfet de la Seine.

Art. 11. » Chaque jour, le Directeur enverra au Membre de la Com-
» mission administrative chargé de la quatrième Division, ainsi qu'au
» Receveur et au Contrôleur, copie des bulletins ou feuilles journalières,
» constatant la recette faite ou à faire dans chaque spectacle ou établis-
» sement.

» Ces bulletins, signés et certifiés par les Contrôleurs, indiqueront les
» pièces représentées, le nombre de billets de chaque place, les sommes
» reçues pour les différens billets, et celle due pour le droit des indigens.

Art. 12. » Le Directeur adressera en outre, du 1er. au 8 de chaque
» mois, aux personnes qui viennent d'être désignées le relevé par
» établissement du droit perçu pendant le mois précédent; ce produit
» sera établi et certifié d'après le Registre des comptes ouverts.

Art. 13. » Les livres, reçus, comptes et pièces relatifs à la perception
» du droit des indigens seront représentés par le Directeur aux Membres
» du Conseil et de la Commission, ainsi qu'aux Receveur et Contrôleur
» des Hospices, toutes les fois qu'ils le jugeront convenable, et sans
» que, sous aucun prétexte, le Directeur puisse leur refuser cette com-
» munication.

Art. 14. » A défaut par le Directeur de remplir strictement les con-
» ditions ci-dessus exprimées, et notamment d'acquitter le paiement à
» jour fixe de ses trente-six versemens, l'Administration rentrera dans
» tous ses droits, et les présentes conditions se trouveront résiliées de
» droit et de fait, sans qu'il soit besoin d'avoir recours à aucun acte
» extrajudiciaire, en ce qui concerne seulement les droits qu'elles con-
» fèrent au Directeur, ceux qu'elles confèrent à l'Administration conser-
» vant toute leur vigueur. En conséquence, le jour même où le paiement
» d'un versement échu n'aura pas été effectué, l'Administration pourra
» suspendre le Directeur de ses fonctions, et continuer la perception aux
» risques et périls du Directeur, soit par les employés de la Direction,
» soit par ceux qu'elle jugera nécessaire de nommer. Cette perception
» aura lieu sous la surveillance de la Commission administrative et des
» Receveur et Contrôleur de l'Administration, lesquels veilleront à ce
» que les fonds soient versés jour par jour dans la Caisse des Hospices.

Art. 15. » Le Directeur versera dans la Caisse des Hospices, par
» forme de cautionnement, la somme de cinquante mille francs, dont
» les intérêts lui seront payés de six mois en six mois par le Receveur,
» aux taux fixés pour les placemens faits par l'Administration au Mont-
» de-Piété. Cette somme ne pourra être remboursée au Directeur qu'a-
» près apurement définitif de tous les exercices de sa Direction, et en vertu
» d'une délibération du Conseil général d'Administration des Hospices.

» Les cinquante mille francs pourront être remplacés par le dépôt qui
» sera fait à la Caisse des Hospices d'une inscription de trois mille francs
» de rentes sur l'État.

Art. 16. » S'il devenait nécessaire de mettre à exécution l'article 13,
» le cautionnement du Directeur répondra de l'entière exécution des
» présentes conditions, et dans le cas d'insuffisance, le Directeur pourra
» être contraint sur tous ses biens, ce à quoi il s'obligera expressément.

Art. 17. » Les contestations qui pourraient s'élever entre l'Adminis-
» tration et le Directeur seront jugées administrativement et conformé-
» ment aux dispositions de la loi du 11 septembre 1790.

Art. 18. » L'Administration des Hospices et le Directeur s'avertiront
» réciproquement six mois à l'avance dans le cas où l'une des parties
» voudrait faire cesser le traité, à l'expiration de la troisième et de la
» sixième année.

Art. 19. » Le Directeur sera tenu d'acquitter les droits de timbre et
» d'enregistrement, en principal et accessoires, qui pourraient être perçus
» à quelque titre que ce soit, à raison de son traité, et même à titre de
» double droit et d'amende, si l'Administration était obligée de produire
» cet acte, et d'en faire un usage public. »

(N°. 37.) **Arrêté du Conseil général des Hopitaux,** *du 2 janvier 1823, portant organisation des employés chargés de la surveillance de l'approvisionnement en blé* (1).

Art. 1er. « Dans les lieux où la Direction de la réserve de Paris aura
» des agens, et qui seront en même temps des lieux de conservation de
» la réserve de l'Administration des Hospices, ces agens pourront être
» choisis pour remplir les fonctions désignées dans les cahiers des charges
» dressés pour l'approvisionnement de cette dernière administration.

Art. 2. » Lorsque les magasins ne contiendront que deux mille quin-
» taux de blé, et que les distances entre eux le permettront, un seul
» agent pourra être chargé de la surveillance de plusieurs.

Art. 3. » Si dans les lieux désignés pour la conservation des blés, il
» se trouve des personnes connues pour leurs lumières et leur probité,
» qui y habitent et aient une existence assurée, elles pourront être
» choisies pour remplir les places d'Agens de Surveillance. »

---

(1) Voyez le *Code des Hôpitaux*, tome 2, N°^s. 2733 et 2734.

(N°. 38.) ARRÊTÉ DU CONSEIL GÉNÉRAL DES HOSPICES, *du 2 janvier 1823, concernant les titres affectés à des cautionnemens* (1).

2 janvier 1823.

Art. 1er. « Les originaux d'inscriptions ou reconnaissances du Mont-
» de-Piété affectées à des cautionnemens continueront à rester déposés
» entre les mains du Receveur des Hospices.

Art. 2. » Le sommier de la caisse des dépôts présentera l'état des
» Agens Comptables cautionnés en inscriptions et en reconnaissances du
» Mont-de-Piété, et indiquera ; savoir,

» Les numéros des inscriptions ou des reconnaissances du Mont-de-
» Piété,

» Les noms et prénoms des Agens Comptables,

» Les noms et prénoms des cautions (s'il y en a),

» La valeur du cautionnement,

» Le montant de l'inscription ou des intérêts de reconnaissances. »

(N°. 39.) ARRÊTÉ DU CONSEIL GÉNÉRAL DES HOSPICES, *du 29 janvier 1823, sur les secours à accorder à des indigens par le Conseil général.*

19 janvier 1823.

« A l'avenir, le Membre de la Commission, chargé de la quatrième
» Division, présentera, avant de faire des rapports pour obtenir des secours
» en faveur des malheureux, l'état des dépenses faites, et la somme
» qui est disponible sur le crédit alloué par le budget pour les secours
» du Conseil. »

---

(1) Voyez le *Code des Hôpitaux*, tome 1er., N°. 754 et suivans; 771 ; et tome 2, N°. 2319 et suivans; 3223.

(N°. 40.) Arrêté du Conseil général des Hospices, *du 29 janvier 1823, sur le mélange des vins à la Cave générale des Hôpitaux.*

« Le Membre de la Commission qui est chargé de la surveillance de   29 janvier 1823.
» la cave générale dépose, sur le Bureau du Conseil, deux échantillons
» des vins qui sontconsommés dans les Hôpitaux et Hospices.

» Le même Membre fait observer que le vin de malade, qui contient
» un tiers d'eau et deux tiers de vin, provenant des dernières livraisons,
» revient à cinquante centimes, et que le vin de valides, qui est composé
» de deux cinquièmes d'eau et de trois cinquièmes de vin, provenant
» aussi des derniers achats, revient à quarante centimes.

» Le Conseil approuve les proportions dans lesquelles l'eau et le vin
» sont entrés, et il autorise le Membre de la Commission à continuer
» dans ces mêmes proportions la composition des vins qui sont envoyés
» dans les Hôpitaux et Hospices pour être mis en consommation. »

(N°. 41.) Instructions *concernant l'administration et la comptabilité des Hospices, des Bureaux de bienfaisance et des Enfans-Trouvés* (1).

PREMIÈRE PARTIE.

DES CONSEILS DE CHARITÉ.

CHAPITRE Ier.

ORGANISATION ET COMPOSITION DES CONSEILS DE CHARITÉ.

« Le préambule de l'ordonnance du 31 octobre 1821, ses dispositions,   8 février 1823.
» et la circulaire du 2 novembre, qui en a accompagné la transmission, ont

---

(1) Cette instruction a été rédigée par M. le Conseiller d'État chargé de l'administration générale des Hospices et Établissemens de bienfaisance près le Ministère de l'intérieur, et approuvée par le Ministre pour faciliter l'exécution de l'ordonnance du Roi, du 31 octobre 1821.

L'ordonnance n'ayant été portée que par extraits dans le *Code des Hôpitaux*,

3.   9

» suffisamment fait connaître les raisons qui ont déterminé la création des
» Conseils de charité, et les avantages que doit produire cette association

---

(N°s. 592 et suivans, 658, 720, 723, 749, 750, 758 et suivans), il a paru nécessaire
de l'insérer ici textuellement et en entier.

ORDONNANCE DU ROI *relative à l'Administration des Hospices et des Bureaux de
bienfaisance.*

« LOUIS, par la grâce de Dieu, Roi de France et de Navarre, à tous ceux que ces
» présentes verront, salut :

» Voulant donner aux Hospices et aux Bureaux de bienfaisance de nouvelles
» preuves de notre juste sollicitude ;

» Après nous être fait rendre compte des réglemens généraux qui les régissent,

» Nous avons reconnu qu'il importe au bien de ces établissemens de mieux régler
» les formes et les garanties de leur comptabilité, et en même temps de les dispenser
» d'un trop fréquent recours à l'intervention du Gouvernement.

» Nous avons aussi reconnu que, s'il convient d'abroger les dispositions qui
» avaient, pour plusieurs d'entre eux, augmenté le nombre de leurs administrateurs,
» précédemment fixé à cinq par les lois, il est utile, autant pour satisfaire une ho-
» norable émulation qu'afin de porter plus de lumières dans les délibérations qui
» doivent être soumises à l'autorité supérieure, de former des Conseils composés de
» principaux fonctionnaires et de notables citoyens, dont l'assistance fortifiera l'Ad-
» ministration, donnera de la solennité à ceux de ses actes qui en exigent, les en-
» tourera de plus de confiance, et fournira ainsi de nouveaux motifs aux bienfaits
» de la charité publique.

» A ces causes,

» Sur le rapport de notre Ministre secrétaire d'État au département de l'intérieur ;

» Notre Conseil d'État entendu,

» Nous avons ordonné et ordonnons ce qui suit :

TITRE Ier. — *Organisation.*

Art. 1er. » Les Commissions gratuites chargées de l'administration des Hospices
» sont par-tout composées de cinq membres.

Art. 2. » Ces Commissions seront assistées par des Conseils de charité, dont la
» composition et les attributions seront ci-après déterminées, et qui auront les
» mêmes fonctions auprès des Bureaux de bienfaisance.

Art. 3. » Sont de droit membres des Conseils de charité les archevêques et évê-
» ques, les premiers présidens et procureurs généraux des Cours royales, et à défaut
» de ceux-ci, les présidens et procureurs du roi des tribunaux de première instance,
» les présidens des tribunaux de commerce, les recteurs des Académies, le plus an-
» cien des curés, les présidens des Consistoires, les vice - présidens des chambres de
» commerce et le plus ancien des juges de paix.

» des hommes les plus considérables de chaque localité aux soins les plus
» importans de la bienfaisance publique. Les Administrations qui auraient

---

» Les autres membres de ces Conseils, au nombre de cinq dans les villes ou com-
» munes ayant moins de cinq mille âmes, et de dix par-tout ailleurs, seront nom-
» més et renouvelés dans les formes déterminées par notre ordonnance du 6 février
» 1818 *.

Art. 4. » Les règles prescrites pour les Commissions administratives des Hospices,
» en ce qui concerne le nombre, la nomination et le renouvellement de leurs
» membres, sont communes aux Bureaux de bienfaisance.

» Ces Bureaux peuvent nommer dans les divers quartiers des villes, pour les soins
» qu'il est jugé utile de leur confier, des adjoints et des dames de charité.

Art. 5. » Les mêmes individus peuvent être à-la-fois membres des Commissions
» administratives et des Bureaux de bienfaisance.

» Les membres de ces Commissions et de ces Bureaux ne peuvent faire partie des
» Conseils de charité.

» Les uns et les autres doivent avoir leur domicile réel dans le lieu où siègent ces
» Conseils et ces Administrations.

Art. 6. » A chaque renouvellement, les membres sortans des Conseils de charité
» seront choisis de préférence pour remplir les places vacantes dans les Commissions
» des Hospices et dans les Bureaux de bienfaisance; de même les membres sortans
» de ces Administrations seront choisis de préférence pour les places vacantes dans
» les Conseils de charité.

Art. 7. » Les services dans les Commissions administratives des Hospices et dans
» les Bureaux de bienfaisance sont considérés comme des services publics, et comp-
» tent pour l'admission dans l'ordre royal de la Légion-d'Honneur.

TITRE II. — *Attributions et service intérieur.*

Art. 8. » Les Conseils de charité se réunissent, soit avec les Commissions admi-
» nistratives des Hospices, soit avec les Bureaux de bienfaisance, pour les déli-
» bérations concernant les budgets annuels, les projets de travaux autres que de
» simple entretien, les changemens dans le mode de gestion des biens, les transac-
» tions, les procès à intenter ou à soutenir, les emprunts, les placemens de fonds,
» les acquisitions, ventes et échanges d'immeubles; les comptes rendus, soit par
» l'Administration, soit par les receveurs; les acceptations de legs ou donations, et
» les pensions à accorder à d'anciens employés.

Art. 9. » Les Conseils de charité ont, tous les ans, deux sessions ordinaires avec
» les Commissions des Hospices et avec les Bureaux de bienfaisance.

---

* Voyez *Code des Hôpitaux*, Tome 1, N°. 5

» pu, dans les premiers momens, voir une surveillance incommode là où
» il n'y a qu'une utile coopération, sentiront de plus en plus que l'or-

---

» Ils peuvent être extraordinairement convoqués, mais seulement pour s'occu-
» per des affaires qui donnent lieu à ces convocations.

» Les Préfets déterminent d'avance les époques des sessions ordinaires, et pres-
» crivent ou autorisent les autres réunions.

Art. 10. » Toutes les fois que des affaires intéressant à-la-fois les Hospices et les
» Bureaux de bienfaisance demandent la réunion des deux administrations, les Con-
» seils de charité peuvent être convoqués.

Art. 11. » Les délibérations prises en vertu des art. 8, 9 et 10 ne peuvent être
» exécutées qu'après avoir été approuvées, soit par nous, soit par notre Ministre
» secrétaire d'État au département de l'intérieur, soit par nos Préfets, conformé-
» ment aux règles établies ou rappelées par les articles suivans.

Art. 12. » L'approbation doit toujours être précédée de l'avis des Conseils muni-
» cipaux pour celles de ces délibérations qui sont relatives à des emprunts, à des
» acquisitions, ventes ou échanges d'immeubles, ou au réglement des budgets et des
» comptes des Hospices ou Bureaux de bienfaisance, auxquels les communes donnent
» des subventions sur leurs octrois ou sur toute autre branche de leurs revenus.

Art. 13. » Doivent être soumis à l'approbation de notre Ministre secrétaire d'État
» de l'intérieur les budgets qui excèdent cent mille francs pour les divers établisse-
» mens régis par une même Commission d'Hospices.

» A quelque somme que s'élèvent les budgets des Bureaux de bienfaisance, ils
» sont définitivement réglés par les Préfets.

Art. 14. » Il continuera à être procédé conformément aux règles actuellement
» en vigueur, pour les acquisitions, ventes, échanges, baux emphytéotiques, em-
» prunts et pensions, et conformément à l'article 4 de notre ordonnance du 8 août der-
» nier *, pour les constructions et reconstructions dont la dépense devra s'élever à
» plus de vingt mille francs.

Art. 15. » Toutes autres délibérations concernant l'administration des biens, les
» constructions, reconstructions et autres objets, et lorsque la dépense à laquelle
» elles donneront lieu devra être faite au moyen des revenus ordinaires de ces éta-
» blissemens, ou des subventions annuelles qui leur sont allouées sur les budgets
» des communes, seront exécutées sur la seule approbation des Préfets, qui néan-
» moins devront en rendre immédiatement compte à notre Ministre secrétaire d'État
» de l'intérieur.

Art. 16. » Les Commissions des Hospices et des Bureaux de bienfaisance pour-
» ront ordonner, sans autorisation préalable, les réparations et autres travaux dont
» la dépense n'excédera pas deux mille francs.

* Voyez le *Code des Hôpitaux*, tome 1, N°. 591.

» donnance du 3i octobre n'a voulu en cela que leur donner plus de
» force, que les entourer de plus de confiance, que mieux assurer l'as-

Art. 17. » Le service intérieur de chaque Hospice séra régi par un réglement par-
» ticulier proposé par la Commission administrative et approuvé par le Préfet. Ces
» réglemens détermineront, indépendamment des dispositions d'ordre et de police
» concernant le service intérieur, le nombre des aumôniers, médecins, chirurgiens,
» pharmaciens, employés et gens de service.

» Les Préfets prescriront la rédaction de semblables réglemens pour les Bureaux
» de bienfaisance par-tout où ils le jugeront utile.

Art. 18. » Les aumôniers sont nommés par les évêques diocésains, sur la présen-
» tation de trois candidats par les Commissions administratives.

» Les médecins, chirurgiens, pharmaciens et agens comptables sont nommés par
» les Préfets sur une semblable présentation. Ils sont révocables dans les mêmes
» formes; mais la révocation n'est définitive qu'après avoir été approuvée par notre
» Ministre secrétaire d'État au département de l'intérieur.

» Tous les autres employés, à l'exception des receveurs, dont il sera parlé ci-après,
» sont nommés par les Commissions administratives, et peuvent être révoqués par elles.

» Les mêmes dispositions sont applicables aux Bureaux de bienfaisance.

Art. 19. » Les Sœurs de charité employées dans les Hospices, conformément au
» réglement du 18 février 1809*, que leur âge ou leurs infirmités rendraient inca-
» pables de continuer leur service, pourront être conservées à titre de *reposantes*,
» à moins qu'elles n'aiment mieux se retirer, auquel cas il pourra leur être accordé
» des pensions, si elles ont le temps de service exigé, et si les revenus de ces éta-
» blissemens le permettent.

TITRE III. — Comptabilité.

Art. 20. » Les Commissions administratives et les Bureaux de bienfaisance ne
» peuvent faire que les dépenses autorisées, ainsi qu'il est réglé par les articles pré-
» cédens. Les receveurs sont personnellement responsables de tout payement qui ne
» résulterait point de ces autorisations, ou qui les excéderait.

Art. 21. » Ces comptables ont, seuls, qualité pour recevoir et pour payer. A l'a-
» venir, les recettes et les payemens effectués sans leur intervention, ou faits de
» toute autre manière en contravention au présent réglement, donneront lieu à
» toutes répétitions et poursuites de droit.

Art. 22. » Ces receveurs sont nommés par notre Ministre secrétaire d'État de
» l'intérieur, sur une liste de trois candidats présentés par les Commissions admi-
» nistratives ou par les Bureaux de bienfaisance, et sur l'avis des Préfets. Leur cau-
» tionnement et leurs remises sont réglés dans les mêmes formes, en observant les
» proportions déterminées pour le cautionnement et les remises des receveurs des

* Voyez le *Code des Hôpitaux*, tome 2, N°. 2324.

» sentiment public aux actes qui en ont le plus besoin, puisqu'ils dispo-
» sent des intérêts des pauvres.

» communes. Ils peuvent toutefois être autorisés à faire leur cautionnement en im-
» meubles , et leurs remises peuvent être augmentées lorsque cela est indispensable.
» Ces dispositions exceptionnelles exigent l'avis du Conseil de charité.

Art. 23. » Les cautionnemens en numéraire sont versés, à titre de dépôt et de
» prêt, dans les caisses des Monts-de-Piété.

» S'il n'y a point de Mont-de-Piété dans la ville où sont les établissemens de cha-
» rité, et qu'il y en ait un dans le département, celui-ci reçoit le dépôt ; s'il y en a
» plusieurs, le Préfet désigne celui qui doit le recevoir ; s'il n'y en a point dans le
» département , la désignation est faite par notre Ministre secrétaire d'État au dé-
» partement de l'intérieur.

Art. 24. » Lorsque les recettes des Hospices, réunies aux recettes des Bureaux de
» bienfaisance , n'excèdent pas vingt mille francs, elles sont confiées à un même re-
» ceveur ; lorsqu'elles n'excèdent pas dix mille francs, elles sont confiées au receveur
» municipal.

» Il peut n'y avoir qu'un même receveur pour les Hospices et les Bureaux de bien-
» faisance , et leurs recettes , réunies , peuvent être confiées au receveur municipal ,
» lors même qu'elles s'élèvent au-dessus des proportions ci-dessus déterminées ;
» mais, dans ce cas, la mesure ne peut avoir lieu que du consentement des Adminis-
» trations respectives et des Conseils de charité.

Art. 25. » Indépendamment des vérifications de caisse et d'écritures auxquelles
» les Administrations charitables peuvent, toutes les fois qu'elles le jugent utile,
» soumettre leurs receveurs, les Préfets sont tenus de les faire vérifier au moins deux
» fois par an , et toujours à la fin de chaque année, et d'en transmettre les procès-
» verbaux à notre Ministre secrétaire d'État au département de l'intérieur.

Art. 26. » Des vérifications extraordinaires des mêmes comptables seront confiées
» aux inspecteurs des finances pendant leur inspection dans les départemens. A cet
» effet, notre Ministre secrétaire d'État de l'intérieur adressera la désignation des
» receveurs à vérifier, avec ses instructions particulières, à notre Ministre secré-
» taire d'Etat au département des finances, qui donnera en conséquence aux inspec-
» teurs les ordres nécessaires, et transmettra ensuite à notredit Ministre de l'intérieur
» les résultats de ces vérifications.

Art. 27. » Les inspecteurs des finances devront se renfermer dans les ordres qu'ils
» auront reçus en vertu de l'article précédent ; ils ne pourront néanmoins se refuser,
» pendant le cours de leur tournée , à toutes autres vérifications des mêmes comp-
» tables, demandées par les Préfets, auxquels ils auront soin de donner connais-
» sance de toutes celles qu'ils auront faites, et d'adresser, sur chacune d'elles , les
» observations qu'ils jugeront utiles au bien du service.

» Quoique ces Conseils soient établis pour aider les Bureaux de bien-
» faisance comme les Commissions des Hospices, afin d'unir par un lien

Art. 28. » Les receveurs des établissemens de charité sont tenus de rendre, dans
» les premiers six mois de chaque année, les comptes de leur gestion pendant l'an-
» née précédente. Ces comptes, après avoir été examinés dans les réunions prescrites
» par l'art. 8, et revêtus des observations résultant de cet examen, seront immédia-
» tement transmis aux Préfets pour être définitivement jugés et arrêtés, conformé-
» ment à nos ordonnances des 21 mars 1816 et 21 mai 1817 *.

Art. 29. » Les arrêtés de compte seront notifiés dans le mois aux administrations
» et aux comptables qu'ils concerneront, sans préjudice de la faculté laissée aux par-
» ties d'en réclamer plus tôt une expédition. Le recours réservé par notre ordonnance
» du 21 mai 1817 devra être exercé dans les trois mois de la notification ou de la
» délivrance de l'expédition, l'une et l'autre constatées par le reçu de la partie
» intéressée.

Art. 30. » Les Préfets pourront prononcer la suspension de tout receveur des
» Hospices ou des Bureaux de bienfaisance qui n'aurait pas rendu ses comptes dans
» les délais prescrits par les articles précédens, ou qui les aurait rendus d'une ma-
» nière assez irrégulière pour déterminer cette mesure de rigueur.

» La suspension entraînera telles poursuites que de droit, soit qu'il y ait nécessité
» d'envoyer, aux frais du receveur, un commissaire pour l'apurement de ses comptes,
» soit que, déclaré en débet, faute d'avoir justifié de l'emploi des sommes dont il
» était chargé en recette, il y ait lieu de prendre inscription sur ses biens, conformé-
» ment à l'avis du Conseil d'État du 24 mars 1812 **.

Art. 31. » Tout arrêté de suspension sera suivi de la révocation du comptable,
» s'il n'a pas rendu ses comptes dans les délais qui lui auront été fixés par ledit
» arrêté, ou s'il résulte de leur examen des charges suffisantes pour motiver cette
» mesure.

» Les révocations sont prononcées par notre Ministre secrétaire d'État au dépar-
» tement de l'intérieur, d'après l'avis des Préfets, lesquels ne peuvent le donner
» qu'après avoir entendu les Commissions administratives ou les Bureaux de bien-
» faisance.

Art. 32. » Les Préfets useront des mêmes moyens contre tout receveur dans la
» gestion duquel des vérifications faites comme il est réglé par la présente ordon-
» nance auraient constaté, soit une infidélité, soit un déficit, ou un désordre grave,
» ou une négligence coupable.

Art. 33. » Lorsque les mesures de rigueur prévues par les articles qui précèdent
» concerneront un receveur de commune se trouvant en même temps receveur d'éta-

* Voyez le *Code des Hôpitaux*, Tome 1, N°. 729 et suivans.
** Voyez le *Code des Hôpitaux*, Tome 1, N°. 765.

» de plus des services qui ont entre eux tant d'analogie ; cependant l'or-
» donnance a voulu qu'il n'en fût point formé dans les villes ou com-
» munes où il n'existe point d'Hospice. Le motif de cette restriction est
» facile à saisir. Autant il convient d'appeler des coopérations utiles, au-
» tant il convient de s'en abstenir là où cette utilité n'existe point : or il
» serait sans objet de former des Conseils de charité là où ils n'auraient
» à s'occuper que d'intérêts assez bornés pour qu'il suffise des Adminis-
» trations ordinaires. De même il n'en faut point former dans les com-

» blissemens charitables, il en sera immédiatement donné connaissance à notre Mi-
» nistre secrétaire d'État des finances, qui , s'il y a lieu, prononcera la révocation ,
» après s'être concerté avec notre Ministre de l'intérieur.

Art. 34. » Les comptes d'administration des Commissions des Hospices et des Bu-
» reaux de bienfaisance seront, dans les mêmes délais que les comptes des receveurs,
» rendus aux Préfets, qui prononceront sur ceux de ces comptes concernant les éta-
» blissemens dont ils règlent les budgets, et soumettront les autres, avec leur avis, à
» notre Ministre secrétaire d'État de l'intérieur.

Titre IV. — Dispositions générales et transitoires.

Art. 35. » Il n'est rien innové par la présente ordonnance à l'organisation admi-
» nistrative du service des Hospices et des secours dans notre bonne ville de Paris.
» Lui seront toutefois applicables les dispositions d'ordre et de comptabilité résul-
» tant des art. 13, 14, 15, 16, 20, 21, 25, 26, 27, 28, 29, 30, 31, 32 et 34. Il
» n'est également rien innové aux formes particulières d'administration établies pour
» l'hôpital royal des Quinze - Vingts, les Instituts de sourds - muets , des jeunes
» aveugles et l'hospice de Charenton ; seulement les mêmes règles de comptabilité
» s'appliqueront par analogie à ces établissemens, à l'exception du réglement des
» comptes , lequel continuera à être fait par notre Ministre secrétaire d'État de
» l'intérieur.

Art. 36. » Les dispositions des décrets et ordonnances relatives au service des
» Hospices et des Bureaux de bienfaisance, non abrogées ou modifiées par la présente
» ordonnance, continueront à être exécutées.

Art. 37. » Les changemens ordonnés par les dispositions qui précèdent, dans
» l'organisation administrative de l'un et de l'autre service, recevront leur exécution
» à dater du 1er. janvier 1822.

» Là où les membres actuels des Commissions des Hospices ou des Bureaux de
» bienfaisance excéderont le nombre de cinq fixé par l'art. 1er., la réduction s'opé-
» rera par une nouvelle nomination faite parmi les membres en exercice.

» munes dont l'Hospice ne présenterait qu'une trop faible importance,
» ou dont la population n'offrirait point assez de ressources pour com-
» poser convenablement ces Conseils. Ici l'application de la mesure est

---

» Seront également pris de préférence parmi eux, pour la première formation des
» Conseils de charité, les membres à nommer dans ces Conseils.

Art. 38. » Les Receveurs des Hospices et des Bureaux de bienfaisance, actuelle-
» ment titulaires et régulièrement nommés, dont les recettes et les remises ne se-
» raient point réglées comme il est dit aux art. 22 et 24, les conserveront telles
» qu'elles sont établies, jusqu'à ce qu'il y ait lieu de procéder à leur remplacement,
» auquel cas, lesdits articles recevront leur exécution.

Art. 39. » Nos Ministres secrétaires d'État de l'intérieur et des finances sont,
» chacun en ce qui le concerne, chargés de l'exécution de la présente ordonnance,
» qui sera insérée au *Bulletin des lois*. »

En transmettant à MM. les Préfets des départemens l'ordonnance du 31 octobre
1821, M. le Conseiller d'État chargé de l'Administration générale des Hospices et
établissemens de bienfaisance leur a adressé, sous la date du 2 novembre 1821, la
circulaire dont la teneur suit :

« Monsieur le Préfet, j'ai l'honneur de vous adresser une ampliation de l'ordon-
» nance du 30 octobre, par laquelle le Roi vient d'opérer diverses améliorations
» dans le service des Hospices et des Bureaux de bienfaisance.

» Les règles d'ordre et de comptabilité qu'elle renferme étaient, dès long-temps,
» indiquées par l'expérience, par le désir de faire cesser les lenteurs et la gêne
» que d'inutiles formes causaient à ces établissemens, et par le besoin de porter dans
» leur comptabilité des garanties d'autant plus nécessaires qu'il s'agit des intérêts
» des pauvres

» Sans doute, le Gouvernement avait à se louer du zèle des personnes estimables
» qui se consacrent gratuitement à ces fonctions; mais plus il leur devait de recon-
» naissance, et plus il éprouvait le désir de rendre leur tâche facile, d'en alléger les
» soins et la responsabilité, en leur traçant une marche plus précise et plus régulière.

» L'art. 1er. rétablit à cinq le nombre des membres des Commissions des Hospices
» et des Bureaux de bienfaisance, et abroge par conséquent les dispositions qui avaient,
» pour quelques localités, augmenté ce nombre de cinq, qui est non-seulement le
» nombre légal, mais qui est généralement reconnu comme le plus approprié à
» ces sortes d'administrations.

» Toutefois, en leur conservant l'administration proprement dite, telle qu'elles
» l'ont actuellement et même avec plus de pouvoir, S. M. a jugé qu'il convenait
» à la nature des intérêts qui leur sont confiés, à l'émulation, à la sollicitude
» qu'ils inspirent, de faire intervenir dans celles de leurs délibérations qui, dispo-

» laissée au discernement des Préfets : toutefois ils devront, dans ces cas,
» rendre compte au Ministère de leurs raisons.

» L'article 3 de l'ordonnance du 31 octobre 1821 déclare membres de

---

» sant de ces intérêts, ne sont point de simples faits d'administration, des Conseils
» qui, par leur composition, associeront à l'examen et à la sanction de ces actes les
» plus utiles comme les plus honorables influences.

» Tel a été l'objet des art. 2, 3 et 8, qui appliquent à tous les établissemens cha-
» ritables du Royaume les dispositions déjà essayées avec succès.

» La partie de l'art. 5 qui permet que les mêmes personnes soient en même temps
» membres des Commissions des Hospices et des Bureaux de bienfaisance a eu en vue
» de rapprocher de plus en plus deux services entre lesquels il existe tant d'analogie,
» d'en favoriser la réunion là où elle sera jugée utile, et par conséquent de la main-
» tenir par-tout où elle existe déjà.

» Le Roi n'a pas voulu seulement que les administrations charitables reçussent
» toutes les améliorations dont elles étaient susceptibles, il a voulu aussi, par l'ar-
» ticle 7, que les services dans ces administrations donnassent droit aux distinctions
» qu'il accorde aux services publics.

» La pensée qui a présidé à cette ordonnance ne se montre pas moins dans les
» art. 14 et 15, qui dispensent de l'intervention du Gouvernement pour une infinité
» d'objets qui y étaient jusqu'à présent soumis, et dont il serait superflu de faire ici
» l'énumération. Le même désir de faciliter la marche des affaires, d'accorder da-
» vantage à la juste confiance méritée par ces administrations, a aussi dicté les arti-
» cles 16 et 17. S. M., en donnant ces facilités, en retranchant des formes qui,
» tout en causant de l'embarras, procuraient cependant des garanties, a beaucoup
» compté sur votre surveillance; et vous devez mettre d'autant plus de soin à l'exer-
» cer, que la confiance a été plus grande et que toute négligence transformerait en
» abus d'utiles concessions. Vous sentirez sur-tout que les premiers momens exige-
» ront de votre part plus d'investigation, je dirai même plus de rigueur dans l'exa-
» men des affaires dont le décision et le contrôle s'arrêtent désormais à vous, afin
» d'éviter que le désordre ne se glisse dans ce passage d'un régime plus compliqué à
» un régime plus simple.

» Il vous sera envoyé des modèles de tableaux pour les comptes sommaires que
» vous devez rendre de vos opérations; ces modèles seront joints aux instructions
» qui ne tarderont pas à vous parvenir pour l'exécution de l'ordonnance. Je ne fais
» aujourd'hui que vous adresser des observations générales, afin de bien vous faire
» connaître l'esprit dans lequel elle a été faite.

» Toutes les dispositions du titre III, consacré aux règles de comptabilité, vous
» prouveront encore l'importance que le Gouvernement attache aux précieux inté-

» droit des Conseils de charité les archevêques et évêques, les pre-
» miers présidens et procureurs généraux des Cours royales, et à dé-
» faut de ceux-ci, les présidens et procureurs du Roi des tribunaux de
» première instance, les présidens des tribunaux de commerce, les
» recteurs des Académies, le plus ancien des curés, les présidens des
» Consistoires, les vice-présidens des chambres de commerce et le plus
» ancien des juges de paix.

» rêts qu'elles concernent, et à la responsabilité que lui impose leur conservation.
» Sans doute, ils étaient jusqu'à présent gérés avec une entière loyauté ; mais les
» hommes les plus estimables ne sont pas toujours les plus exempts de négligence
» et de laisser-aller ; et il n'est arrivé que trop souvent que des portions plus ou
» moins considérables de ces intérêts ont péri faute de précautions et de soins obli-
» gés. Il n'en sera plus de même désormais ; les divers articles de ce titre y auront
» suffisamment pourvu ; la rigoureuse attention que le ministère ne cessera de mettre
» à leur exécution en complétera les effets. Les fruits que les pauvres recueilleront
» de cette sévère prévoyance suffiront à son éloge, et les hommes de bien dont elle
» secondera les louables efforts, dont elle allégera la responsabilité, s'empresseront
» aussi d'y applaudir ; car elle ne sera que tutélaire.
» Les instructions que je vous ai déjà annoncées traiteront longuement de ce titre :
» en attendant, les dispositifs de l'ordonnance sont assez évidens et s'appliquent à
» des matières qui vous sont assez connues, pour que vous puissiez en commencer
» l'exécution.
» Le titre IV et dernier renferme diverses dispositions exceptionnelles dont il se-
» rait superflu de vous entretenir, puisqu'elles ne regardent que les établissemens
» charitables de la ville de Paris. Il renferme aussi des dispositions transitoires, dans
» lesquelles vous remarquerez les égards dus aux membres actuels des Administra-
» tions charitables et le désir de conserver leur utile coopération.
» Le dernier article n'est relatif qu'aux comptables, et a pour objet de respecter
» envers eux ce qu'on doit à des droits acquis.
» Si, en attendant les instructions que vous devez recevoir, vous aviez à m'adres-
» ser des observations concernant quelques circonstances particulières au régime des
» établissemens charitables qui existent dans votre département, je vous prierais de
» me les transmettre sans retard, afin que je pusse les soumettre au Ministre avant
» la rédaction définitive des instructions, qui embrasseront non-seulement les dis-
» positions de la nouvelle ordonnance, mais tout ce qui est relatif au service des
» Hospices et des Bureaux de bienfaisance, et par conséquent les réglemens déjà
» rendus et non abrogés qui doivent continuer à régir des portions de ce service.

10.

» Indépendamment des membres de droit, les Conseils de charité
» doivent, suivant le même article, être composés de cinq membres
» amovibles dans les villes ou communes ayant moins de cinq mille
» âmes, et de dix par-tout ailleurs; ces membres, nommés et renouvelés
» dans les formes déterminées pour la nomination et le renouvellement
» des membres des Commissions des Hospices, et qui seront rappelées ci-
» après.

» Pour la première formation des Conseils dont la nomination appar-
» tient au Ministre, les Préfets pourront n'adresser qu'une liste double
» de candidats pour chaque place.

» Les membres des Conseils de charité doivent avoir leur domicile réel
» dans le lieu où siègent ces Conseils. (*Article 5 de l'ordonnance du* 31
» *octobre* 1821.)

» Les membres sortans des Commissions des Hospices et des Bureaux
» de bienfaisance doivent être choisis de préférence pour les places va-
» cantes dans les Conseils de charité. (*Art. 6.*)

» De même, pour la première formation, les membres actuels de ces
» Commissions et de ces Bureaux, qui n'y seraient point conservés par
» suite de leur réduction au nombre déterminé, devront, de préférence,
» être nommés dans les Conseils de charité.

» Les Conseils de charité seront présidés par celui des membres de
» droit qui se trouvera le premier nommé dans l'article 3 de l'ordon-
» nance du 31 octobre.

CHAPITRE II.

ATTRIBUTIONS DES CONSEILS DE CHARITÉ.

» Les Conseils de charité se réunissent, soit avec les Commissions ad-
» ministratives des Hospices, soit avec les Bureaux de bienfaisance, pour
» délibérer sur les objets dont la connaissance leur est attribuée par l'or-
» donnance du 31 octobre 1821, et qui sont,
  » Les projets annuels;
  » Les projets de travaux autres que ceux de simple entretien;

» Les changememens dans le mode de gestion des biens;

» Les transactions;

» Les procès à intenter ou à soutenir;

» Les emprunts;

» Les placemens de fonds;

» Les acquisitions, ventes et échanges d'immeubles;

» Les comptes rendus soit par l'Administration, soit par les rece-
» veurs;

» Les acceptations de legs ou donations,

» Et les pensions à accorder à d'anciens employés.

» Ces Conseils ont, tous les ans, deux sessions ordinaires avec les Commis-
» sions des Hospices, et avec les Bureaux de bienfaisance. Ils peuvent être
» convoqués extraordinairement, mais seulement pour s'occuper des af-
» faires qui donnent lieu à ces convocations. Les Préfets déterminent d'a-
» vance les époques des sessions ordinaires, et prescrivent ou autorisent
» les autres réunions.

» Les Conseils de charité peuvent être convoqués, suivant l'article 10
» de l'ordonnance du 31 octobre, lorsque des affaires intéressant à-la-fois
» les Hospices et les Bureaux de bienfaisance demanderont la réunion
» des deux administrations.

» Il est évident, d'après les dispositions de l'ordonnance qui règlent et
» limitent l'intervention de ces Conseils, que leurs attributions sont de
» même nature, à l'égard des Administrations charitables, que les attri-
» butions des Conseils municipaux à l'égard de l'Administration des com-
» munes; que par conséquent l'administration proprement dite leur est
» interdite; qu'ils ne peuvent s'occuper que des objets qui leur sont attri-
» bués, ne se réunir que dans les formes et qu'en vertu des convocations
» exigées par l'ordonnance; enfin que leurs délibérations ne peuvent
» recevoir d'exécution qu'après avoir été dûment approuvées. Ces dis-
» tinctions, ces sages limites, sont indispensables; les Préfets ne sau-
» raient trop les faire observer : si elles étaient franchies, la responsabi-
» lité ne serait nulle part, et on tomberait peu-à-peu dans la confusion
» et dans le désordre.

» Nous venons de voir que les attributions des Conseils de charité
» sont de même nature que celles des Conseils municipaux : il y a toute-

» fois cette différence dans l'application, que, lorsque le Maire rend ses
» comptes au Conseil municipal, il ne peut être présent aux délibéra-
» tions dont ils sont l'objet, tandis que l'article 8 de l'ordonnance du 31
» octobre 1821 dit formellement que les Conseils de charité se réuni-
» ront aux Administrations charitables pour délibérer avec elles sur les
» diverses affaires dont la connaissance leur est attribuée par le même
» article, et dont font partie les comptes rendus par les Administrations.

» C'est donc bien moins un contrôle que les Conseils de charité exer-
» cent sur les actes des Commissions des Hospices et des Bureaux de
» bienfaisance qui doivent leur être soumis, qu'un surcroît de lumières
» et de garantie qu'ils sont appelés à porter dans l'adoption de ces actes,
» pour l'examen desquels ces Commissions et ces Bureaux ne cessent
» point de coopérer avec eux.

» L'initiative des affaires à soumettre aux Conseils de charité appar-
» tient nécessairement aux Commissions des Hospices et aux Bureaux
» de bienfaisance qu'elles concernent ; ce qui suppose de leur part une
» première délibération pour les cas qui l'exigent, tels que les budgets,
» les comptes à rendre, etc. »

SECONDE PARTIE.

DES HOSPICES.

TITRE Ier.

DES ADMINISTRATIONS DES HOSPICES ET DE LEURS AGENS.

CHAPITRE Ier.

COMPOSITION ET ORGANISATION DES ADMINISTRATIONS DES HOSPICES (1).

« L'article 1er. de l'ordonnance détermine le nombre légal des mem-
» bres des Commissions des Hospices.

---

(1) Voyez, pour les Hôpitaux de Paris, le *Code des Hôpitaux*, tome 1, N°. 59 et
suivans.

(79)

» Il est de règle générale qu'une même Commission administrative
» régit les divers Hospices d'une même ville. Si cependant il arrivait que,
» dans les très-grandes villes possédant plusieurs de ces établissemens,
» il y eût nécessité, à cause de la différence de leur destination et de
» leurs intérêts, de former deux Commissions au lieu d'une, ou que l'im-
» portance et l'étendue du service de ces établissemens exigeassent la
» coopération de plus de cinq administrateurs, le Ministre pourrait con-
» sentir à solliciter une décision du Roi pour autoriser l'une et l'autre
» exception. Je dois toutefois faire observer que Son Excellence ne s'y
» déterminerait que sur des motifs assez puissans pour lui faire regarder
» la mesure comme absolument nécessaire, attendu, d'une part, que
» l'intervention des Conseils de charité donne désormais aux Administra-
» tions charitables une force et une garantie qu'elles n'avaient point au-
» paravant, et que, d'autre part, l'expérience de tous les temps a suffi-
» samment prouvé que l'Administration souffre dans son action et dans
» sa responsabilité alors qu'elle se subdivise en un trop grand nombre
» de mains.

» Les exceptions de cette nature seront donc extrêmement rares.
» Elles doivent être autorisées par le Roi, puisqu'il s'agit de déroger à
» une ordonnance royale. Sans une telle autorisation, toute Commission
» administrative qui ne serait point formée en vertu des dispositions de
» l'ordonnance du 31 octobre serait nécessairement irrégulière, et les
» Préfets qui en toléreraient l'existence compromettraient leur propre
» responsabilité.

» Les Maires sont membres et présidens nés des Commissions admi-
» nistratives des Hospices, et ils ne doivent point être comptés dans le
» nombre des cinq membres dont se composent ces Administrations.

» D'après l'article 1er. de l'ordonnance du 6 février 1818, les mem-
» bres des Commissions administratives des Hospices sont nommés par
» les Préfets, dans toutes les villes et communes dont ils nomment les
» Maires.

» Dans les villes dont les maires sont à la nomination du Roi, les
» membres des Administrations des Hospices sont nommés par le Mi-
» nistre de l'intérieur, sur l'avis des Préfets. (*Article 2 de la même or-
» donnance.*)

» La révocation des administrateurs nommés par les Préfets ne peut
» être prononcée que par le Ministre de l'intérieur, sur le compte qui lui
» est rendu par les Préfets. (*Article* 3 *de l'ordonnance.*)

» Les membres des Commissions administratives doivent avoir leur
» domicile réel dans le lieu où siègent ces Administrations. (*Article* 5
de l'ordonnance.)

» Il convient d'éviter de placer dans les Commissions plusieurs parens,
» du moins lorsqu'ils se trouvent à un degré trop rapproché.

» Elles doivent être renouvelées, chaque année, par cinquième (*Ordon-*
» *nance du* 6 *février* 1818) (1). Lorsqu'une Administration n'a point en-
» core été soumise au renouvellement, la sortie des membres doit être dé-
» terminée, pendant les quatre premières années, par la voie du sort ; mais
» ensuite c'est le cinquième des membres de l'Administration qui se
» trouve le plus ancien en exercice, qui doit être annuellement remplacé.

» Il est de règle que les vacances survenues, dans le cours de chaque
» année, par mort ou démission, comptent pour la sortie périodique. Il
» en résulte que lorsque le cinquième d'une Administration est re-
» nouvelé par suite de la mort ou de la démission d'un membre, il n'y a
» pas lieu à procéder dans la même année à d'autre renouvellement, et
» le membre ainsi nommé pour remplacer un administrateur décédé ou
» démissionnaire prend son tour d'ancienneté à dater de sa nomination,
» indépendamment de la durée d'exercice que le membre remplacé avait
» encore à remplir.

» Les règles prescrites pour la nomination et le renouvellement des
» Commissions administratives des Hospices doivent être suivies pour
» la nomination et le renouvellement des Conseils de charité et des Bu-
» reaux de bienfaisance. (*Articles* 3 *et* 4 *de l'ordonnance du* 31 *oc-*
tobre 1821.)

» D'après l'article 5 de la même ordonnance, les mêmes individus
» peuvent être à-la-fois membres des Commissions des Hospices et des
» Bureaux de bienfaisance, tandis que les membres de ces Commissions
» ou de ces Bureaux ne peuvent être en même temps membres des

---

(1) Voyez le *Code des Hôpitaux,* tome 1, N°. 5.

» Conseils de charité. Dans plusieurs départemens, les mêmes adminis-
» trations régissent le service des Hospices et celui des Bureaux de bien-
» faisance ; il en résulte des économies, un meilleur emploi des fonds,
» des secours réciproques, et par conséquent plusieurs sortes d'avantages
» pour les pauvres. C'est pour préparer et favoriser cette réunion, par-
» tout où elle sera jugée utile, que l'article 5 a permis que les mêmes
» individus pussent siéger dans l'une et l'autre Administration. Je re-
» marquerai néanmoins qu'il y a ici faculté et non obligation, et qu'il
» n'y a lieu d'user de cette faculté que là où des convenances locales le
» réclament ou le permettent.

» L'article 6 veut qu'à chaque renouvellement les membres sortans
» des Conseils de charité soient choisis de préférence pour remplir les
» places vacantes dans les Commissions administratives et dans les Bu-
» reaux de bienfaisance, et que de même les membres sortans de ces Ad-
» ministrations soient préférés pour les places vacantes dans les Conseils
» de charité.

» Les motifs de cette disposition s'expliquent facilement : c'est pour
» conserver les traditions, pour offrir aux personnes qui veulent bien se
» consacrer aux soins charitables la perspective d'une plus longue utilité,
» et par conséquent pour les y intéresser davantage.

» La nouvelle ordonnance ne prescrit, pour les renouvellemens, d'au-
» tres conditions d'éligibilité que celles qui résultent de l'article dont il
» vient d'être parlé. Toutefois il sera convenable, lorsque les membres
» sortans des Conseils, des Commissions et des Bureaux, ne seront point
» en nombre suffisant pour les remplacemens réciproques, que les Préfets
» demandent, selon les cas, aux uns ou aux autres une présentation de
» candidats, bien entendu que cette présentation ne servira qu'à éclairer
» les choix et ne sera point obligatoire.

» Dans tous les cas, les Préfets présenteront au Ministre, quant aux
» nominations qui lui sont réservées, trois candidats pour chaque place
» vacante, et ils lui adresseront, tous les ans, leurs propositions pour
» ces nominations, dans le courant d'août ou de septembre. Ce tra-
» vail devra être rédigé en forme de tableau, suivant le modèle an-
» nexé à ces instructions, sous le n°. I; et il devra être transmis *en*
» *double expédition.*

3.   11

» Les Préfets adresseront également à Son Excellence, avant le 1er. dé-
» cembre, un relevé des nominations qu'ils auront faites en exécution
» de l'article 1er. de l'ordonnance du 6 février 1818 : ce relevé sera ré-
» digé suivant le modèle n°. II.

» Le Ministre ne pourrait qu'attribuer à un défaut de soin et de zèle
» tout retard dans ces opérations : il importe au bon service et au bon
» exemple que tous les renouvellemens soient opérés avant le 1er. jan-
» vier de chaque année.

CHAPITRE II.

DES AGENS ET EMPLOYÉS DES HOSPICES.

Section 1re. — *Des Receveurs* (1).

» Les Receveurs des Hospices sont nommés par le Ministre de l'inté-
» rieur, sur une liste de trois candidats présentés par les Commissions
» administratives, et sur l'avis des Préfets. (*Article 22 de l'ordonnance
du* 31 *octobre* 1821.)

» Ils sont chargés de recouvrer tous les revenus et de payer toutes les
» dépenses.

» Il ne peut y avoir qu'un receveur pour les divers Hospices d'une
» même ville.

» Ils ne peuvent être membres de l'Administration, ni parens ou al-
» liés d'aucun de ces membres, jusqu'au degré de cousin-germain inclu-
» sivement.

» Ils ne peuvent se rendre adjudicataires des biens des établissemens
» dont ils sont receveurs.

» Ils ne peuvent être pris parmi

» Les membres et greffiers des tribunaux,

» Les juges de paix et leurs greffiers. (*Loi du* 15 *octobre* 1794 (24 vendémiaire an 3.)

» Ils ne peuvent être choisis parmi les notaires qu'en vertu d'une ex-
» ception spéciale, motivée sur les localités. (*Loi du* 16 *mars* 1803 (25
ventôse an 11.)

---

(1) Voyez, pour les hôpitaux de Paris, le *Code des Hôpitaux*, tome 1, N°. 743 et
suivans.

(83)

» Les conseillers de Préfecture ne peuvent non plus être chargés de
» semblables perceptions, attendu qu'ils sont appelés à statuer sur les
» comptes des receveurs.

» Lorsque les recettes des Hospices, réunies aux recettes des Bureaux
» de bienfaisance, n'excèdent pas 20,000 francs, elles sont confiées à un
» même receveur ; lorsqu'elles n'excèdent pas 10,000 francs, elles sont
» confiées au receveur municipal. Il peut n'y avoir qu'un même Rece-
» veur pour les Hospices et les Bureaux de bienfaisance, et leurs re-
» cettes réunies peuvent être confiées au receveur municipal, lors même
» qu'elles s'élèvent au-dessus des proportions ci-dessus déterminées ;
» mais dans ce cas, la mesure ne peut avoir lieu que du consentement
» des Administrations respectives et des Conseils de charité. (*Art.* 24
de l'ordonnance du 31 *octobre* 1821.)

» La disposition qui prescrit de confier au receveur municipal les re-
» cettes des Hospices lorsque, réunies aux recettes des Bureaux de bien-
» faisance, elles n'excèdent pas 10,000 francs, ne doit toutefois être con-
» sidérée comme obligatoire que là où le receveur municipal a son do-
» micile dans la commune où l'Hospice est situé : il y aurait trop de gêne
» pour le service à confier les recettes et sur-tout les paiemens à un comp-
» table qui en serait éloigné de plusieurs lieues. Ici, la force des choses
» doit nécessairement servir à interpréter la règle : elle doit s'exécuter
» par-tout ailleurs, lors même que des personnes offriraient de se char-
» ger de la recette à titre gratuit.

» Cette disposition a eu pour but non-seulement de procurer dans
» plusieurs cas des économies, mais de porter plus de régularité, plus
» de garanties dans la comptabilité : l'expérience en faisait de plus en plus
» sentir le besoin. Ici, l'absence des formes qui importent au bon ordre
» compromet à-la-fois la responsabilité des gérans, celle des surveillans,
» et les intérêts des pauvres, qui souffrent de toute négligence, de toute
» omission dans les recettes, de tout *laisser-aller* dans les paiemens.
» C'est principalement pour les Hospices qui, n'ayant que de faibles
» revenus, ne peuvent donner à un comptable que de modiques rétribu-
» tions, que ces inconvéniens se sont fréquemment fait sentir. Celui qui
» se charge par zèle et gratuitement des soins dont il s'agit n'est pas tou-
» jours exempt des inconvéniens dont on vient de parler, parce qu'il se

11.

» soumet rarement aux formes, qui, seules, sont conservatrices en pareille
» matière. On n'aura rien à redouter de semblable en confiant ces pe-
» tites recettes aux receveurs municipaux, habitués aux règles de la
» comptabilité, et offrant par cela même des garanties dont on ne peut
» se passer.

» Il n'échappera point à MM. les Préfets, ni aux Administrations
» charitables, que les dispositions de la nouvelle ordonnance qui con-
» cernent les recettes, les paiemens et les comptes, ont eu en vue d'arri-
» ver à un meilleur ordre de choses ; que tout est de rigueur, tout obli-
» gatoire dans ses dispositions ; que par conséquent ils ne sauraient trop
» tenir la main à les faire observer.

» Le cautionnement et les remises des Receveurs des Hospices sont
» fixés par le Ministre, sur la proposition des Commissions administra-
» tives et l'avis des Préfets, en observant les proportions déterminées
» pour le cautionnement et les remises des receveurs des communes.
(*Art.* 22 *de l'ordonnance du* 31 *octobre* 1821.)

» D'après l'analogie consacrée par cette disposition, le cautionnement
» des Receveurs des Hospices doit être fixé au *dixième* des recettes ordi-
» naires de ces établissemens. (*Art.* 83 *de la loi du* 28 *avril* 1816.) (1)

» Quant aux remises, elles doivent être, en appliquant les dispositions
» du décret du 24 août 1812(2), fixées

» A raison de quatre pour cent sur les premiers 20,000 francs des re-
» cettes ordinaires, pour les Hospices dont les recettes se trouveront con-
» fiées aux receveurs des communes ;

» A raison de cinq pour cent sur les premiers 20,000 francs des re-
» cettes ordinaires, pour les Hospices dont les recettes seront confiées à
» des receveurs spéciaux ;

» Et pour tous les Hospices, à raison d'un pour cent sur toutes les
» sommes excédant 20,000 francs, jusqu'à un million, et de demi pour
» cent sur toutes celles qui s'élèvent au-delà d'un million.

» Ces tarifs ne sont qu'énonciatifs du *maximum* des traitemens, les-
» quels sont fixés, ainsi qu'on l'a dit, par le Ministre, sur la proposition

(1) Sur les finances.
(2) Qui concerne les receveurs municipaux.

» des Commissions administratives et l'avis des Préfets. Il serait superflu
» d'insister sur la convenance de rester, dans les fixations desdits traite-
» mens, sur-tout pour les recettes considérables, au-dessous du *maximum*
» des remises, toutes les fois qu'on le pourra sans exposer les garanties
» nécessaires.

» Suivant l'article 22 de l'ordonnance du 31 octobre 1821, les Rece-
» veurs des Hospices pourront être autorisés à faire leur cautionnement
» en immeubles, et leurs remises pourront être augmentées par excep-
» tion, mais seulement là où des circonstances particulières l'exigeront,
» sur la proposition des Commissions administratives et l'avis des Conseils
» de charité.

» Lorsqu'il y aura lieu à changement du Receveur d'un Hospice, la
» fixation de son traitement et de son cautionnement sera soumise au Mi-
» nistre, suivant les règles qui viennent d'être établics.

» Les cautionnemens en numéraire sont versés, à titre de dépôt et de
» prêt, dans les caisses des Monts-de-Piété. S'il n'y a point de Mont-de-
» Piété dans la ville où sont les établissemens de charité, et qu'il y en ait
» un dans le département, celui-ci reçoit le dépôt. S'il y en a plusieurs, le
» Préfet désigne celui qui doit le recevoir. S'il n'y en a pas dans le dépar-
» tement, la désignation est faite par le Ministre de l'intérieur. (*Art.* 23
de l'ordonnance du 31 *octobre* 1821.)

» Les Monts-de-Piété paient l'intérêt de ces dépôts au taux qui est
» réglé pour l'intérêt des cautionnemens versés dans les caisses de l'État.

» En cas de remplacement ou de décès d'un Receveur, le cautionne-
» ment qu'il a fourni n'est remboursé, à lui ou à ses ayant cause, qu'en
» vertu d'une décision du Ministre ; et cette décision n'est prise que sur
» un arrêté du Préfet, constatant que le receveur a rendu ses comptes
» dans les formes voulues par les réglemens, qu'ils ont été définitive-
» ment approuvés, et qu'il a été déclaré quitte et déchargé de sa
» gestion.

» Dans le cas où il aurait cumulé avec ses fonctions celle de receveur
» de la commune ou d'un autre établissement public, son cautionnement
» comme Receveur d'Hospice ne sera remboursé qu'autant qu'il aura
» obtenu également son *quitus* pour ses autres gestions, et que le Préfet
» en aura fait la déclaration.

SECTION 2. — *Des Contrôleurs et Agens Comptables* (1).

» On a reconnu utile, dans les Hospices dont les revenus sont consi-
» dérables, de faire contrôler les recettes et les paiemens par un pré-
» posé spécial, sous le titre de *Contrôleur;* et aussi de faire seconder
» les Administrateurs, pour la direction du service intérieur, par des
» préposés, auxquels on donne la dénomination d'*Agens* ou d'*Économes.*

» Les Économes reçoivent des mains du Receveur de l'établissement
» tous les produits en nature, et dressent, pour en constater l'entrée
» dans les magasins, des procès-verbaux, dont une expédition est remise
» au Receveur pour sa décharge.

» Ils emploient ces produits sur les mandats des Ordonnateurs, et
» rendent, en fin d'année, un compte du mouvement des magasins qui
» leur sont confiés.

» En aucun cas, ils ne peuvent avoir un maniement de deniers, si ce
» n'est pour les menues dépenses, ainsi qu'il sera expliqué au cha-
» pitre III du titre IV.

» En conséquence, soit qu'il devienne nécessaire d'acheter des den-
» rées ou grains pour subvenir aux besoins de l'établissement, soit
» qu'il y ait lieu, au contraire, à vendre des parties de grains ou den-
» rées excédant les besoins du service, les Économes dressent l'état de
» situation des magasins. Sur le vu de cet état, l'Administration prend
» les mesures prescrites ci-après (titre II, chapitre II) pour les adjudi-
» cations; et lorsque l'adjudication est passée, l'acte est remis au Rece-
» veur de l'établissement, qui recouvre le produit des ventes ou acquitte
» le prix des achats.

» D'après l'article 18 de l'ordonnance du 31 octobre 1821, les Éco-
» nomes ou Agens Comptables sont nommés par les Préfets, sur la
» présentation de trois candidats par les Commissions administratives.

» La même règle doit s'appliquer aux *Contrôleurs.*

---

(1) Pour les Hôpitaux de Paris, voyez *Code des Hôpitaux, Contrôleurs,* tome 1,
N°. 777 et suivans; *Agens Comptables,* tome 2, N°. 2297 et suivans.

» Ces Agens sont révocables par les Préfets ; mais leur révocation
» n'est définitive qu'après avoir été approuvée par le Ministre.

SECTION 3. — *Des Médecins, Chirurgiens et Pharmaciens* (1).

» Les Médecins, Chirurgiens et Pharmaciens des Hospices sont éga-
» lement nommés par les Préfets, sur la présentation de trois candidats
» désignés par la Commission administrative. (*Art. 18 de l'ordonnance
du 31 octobre 1821.*)
» Leur révocation ne peut avoir lieu que comme il a été dit, pour
» les Contrôleurs et Economes. (*Même article de l'ordonnance.*)
» D'après l'art. 27 de la loi du 19 ventôse an 11 (10 mars 1803) (2),
» les médecins et chirurgiens chargés en chef du service des Hospices
» ne peuvent être pris que parmi des médecins et chirurgiens reçus
» suivant les anciennes formes, ou par des docteurs reçus suivant les
» formes nouvelles.
» Cette règle ne peut recevoir d'exception que dans le cas où il ne
» se trouve pas de docteurs dans les lieux où les Hospices sont situés,
» ou lorsque ceux qui y existent ne réunissent pas les qualités néces-
» saires pour que le service des Hospices puisse leur être confié.
» Il ne peut être créé aucune nouvelle place de médecin, chirurgien
» ou pharmacien dans les Hospices, sans l'autorisation du Ministre.
(*Décision du 15 mars 1816.*)

SECTION 4. — *Des Employés et Servans* (3).

» Les employés, autres que ceux désignés dans les sections précé-
» dentes, les servans, domestiques, infirmiers et gens de peine, atta-
» chés à l'Administration, et au service des Hospices, sont à la nomi-

---

(1) Pour les Hôpitaux de Paris, voyez le *Code des Hôpitaux*, tome 2, N°. 2854
et suivans.

(2) Relative à l'exercice de la médecine.

(3) Voyez, pour les Hôpitaux de Paris, le *Code des Hôpitaux*, tome 2, N°. 2300.

» nation de l'Administration , et révocables par elle. (*Art.* 18 *de l'ordonnance du* 31 *octobre* 1821.)

» Le nombre et les traitemens des employés et gens de service sont
» réglés par le Préfet , sur la proposition de la Commission adminis-
» trative.

» Les Commissions administratives et les Préfets doivent veiller avec
» la plus sévère attention à ce que le nombre des employés ne dé-
» passe pas celui qu'exigent strictement les besoins du service. On ne
» saurait trop se prémunir contre l'abus d'employer à salarier des pré-
» posés inutiles des revenus destinés à soulager le pauvre. L'expé-
» rience a prouvé que, dans les Hôpitaux de malades, il suffit en général
» que le nombre des employés et servans attachés au service direct des
» malades soit réglé à raison d'un pour dix malades , et que dans les
» Hospices de valides il peut n'être que d'un pour quinze indigens. Les
» Préfets prendront soin que ces proportions ne soient pas dépassées , à
» moins de circonstances particulières.

Section 5. — *Des Sœurs hospitalières* (1).

» Le service intérieur des Hospices peut être confié à des Sœurs de
» charité tirées des Congrégations hospitalières autorisées par le Gou-
» vernement.

» Les Commissions administratives se concertent avec les Congréga-
» tions hospitalières pour régler le nombre des Sœurs à attacher aux
» Hospices, et les conditions de leur admission ; mais les conventions
» qu'elles arrêtent à cet égard ne sont définitives qu'après avoir été
» approuvées par le Ministre, sur l'avis des Préfets. (*Décret du* 18
février 1809.)

» Les Sœurs de charité attachées au service des Hospices sont placées,
» quant aux rapports spirituels, sous la juridiction de l'Evêque du
» diocèse dans lequel les Hospices sont situés. Elles sont placées , quant
» aux rapports temporels, sous l'autorité des Administrations des Hos-

____

(1) Voyez le *Code des Hôpitaux* , tome 2, N°. 2324 et suivans.

» pices, et tenues de se conformer aux réglemens de ces établissemens.

» Les Sœurs que leur âge ou leurs infirmités rendraient incapables
» de continuer leur service pourront être conservées à titre de repo-
» santes, à moins qu'elles n'aiment mieux se retirer ; auquel cas, il
» pourra leur être accordé des pensions, si elles ont le temps de service
» exigé et si les revenus des Hospices le permettent. (*Art.* 19 *de l'or-*
donnance du 31 *octobre* 1821.)

TITRE II.

DE L'ADMINISTRATION INTÉRIEURE DES HOSPICES.

CHAPITRE Ier.

DES ASSEMBLÉES DE L'ADMINISTRATION ET DES RÉGLEMENS.

» Les Commissions administratives des Hospices ne doivent délibérer
» qu'à la majorité des membres qui les composent.

» Elles élisent, tous les six mois, dans leur sein, un vice-président,
» qui supplée, en cas d'absence, le maire, président né.

» L'ordonnance du 31 octobre 1821 n'a point dérogé aux dispositions
» du décret du 31 juillet 1806 (1), d'après lequel les fondateurs d'Hospices
» qui se sont réservé, par leurs actes de libéralité, le droit de con-
» courir à la direction des établissemens qu'ils ont dotés, et d'assister,
» avec voix délibérative, aux séances de leurs Administrations, ont dû
» être rétablis dans l'exercice de ces droits, pour en jouir concurremment
» avec les Commissions administratives.

» D'après le même décret, le Ministre doit fixer, sur une proposition
» spéciale des Préfets et l'avis des Commissions administratives, les
» règles suivant lesquelles les droits des fondateurs seront exercés, et
» ceux-ci doivent se conformer aux lois et réglemens qui dirigent l'Ad-
» ministration des Hospices.

---

(1) Voyez le *Code des Hôpitaux*, tome 1, N°. 1790.

» Ces dispositions sont applicables aux héritiers des fondateurs dé-
» cédés, appelés par les actes de fondation à jouir des droits mentionnés
» dans l'article 1er. du même décret. (*Art. 2.*)

» Ainsi les fondateurs ou héritiers des fondateurs qui ont été ou qui
» seraient rétablis dans les droits qui leur avaient été réservés conti-
» nueront d'assister aux séances des Commissions administratives avec
» voix délibérative.

» Le service intérieur de chaque Hospice doit être régi par un régle-
» ment particulier, proposé par la Commission administrative et approuvé
» par le Préfet. (*Art.* 17 *de l'ordonnance du* 31 *octobre* 1821.)

» Il est à désirer que ces réglemens soient rédigés dans un ordre uni-
» forme ; ils doivent déterminer,

» 1°. Le nombre et l'ordre des séances des Commissions administra-
» tives ;

» 2°. La nature des maladies et des infirmités qui sont traitées dans
» chaque Hospice ;

» 3°. Le nombre des lits assignés à chaque espèce d'indigens ;

» 4°. Le mode d'admission et de renvoi des indigens et des malades ;

» 5°. La tenue des livres et registres ;

» 6°. Le nombre, la classification et les attributions des employés
» et gens de service ;

» 7°. Le régime alimentaire des diverses classes d'employés et d'in-
» digens par portions entières, demi-portions et quarts de portion ;

» 8°. L'organisation du service de santé ;

» 9°. Les règles à suivre pour l'inspection et l'entretien des bâtimens
» des hospices et de leur mobilier ;

» 10°. Les règles particulières de comptabilité à suivre dans chaque
» établissement ;

» 11°. La police intérieure des Hospices.

» Les Commissions administratives doivent s'occuper immédiatement
» de rédiger un semblable réglement pour les Hospices qui n'en ont
» pas, et de réviser, d'après ces nouvelles instructions, les réglemens
» déjà existans.

» Les Préfets veilleront à ce que les réglemens de tous les Hospices

» de leurs départemens soient examinés et approuvés par eux dans le
» cours de 1823.

» A mesure que chaque réglement sera approuvé, ils en enverront
» une copie au Ministre, pour qu'il puisse leur adresser les observations
» auxquelles ces réglemens pourraient donner lieu.

» Les Commissions administratives adresseront, au commencement
» de chaque trimestre, aux Préfets l'état du mouvement de la popula-
» tion des établissemens confiés à leur administration, pour le trimestre
» précédent.

» Les Préfets dresseront et enverront au Ministre, dans le mois de
» février de chaque année, un relevé de ces états, rédigé conformément
» au modèle annexé à ces instructions sous le n°. III.

CHAPITRE II.

DES APPROVISIONNEMENS ET DU MOBILIER.

» Suivant l'article 8 de la loi du 4 juillet 1799 (16 messidor an 7)(1),
» tout marché pour fournitures d'alimens ou autres objets nécessaires
» aux Hospices doit être adjugé dans une séance publique de la Com-
» mission, en présence de la majorité des membres, après affiches mises
» un mois avant l'adjudication. L'adjudicataire doit fournir un cau-
» tionnement, déterminé dans le cahier des charges, et le marché doit
» ne recevoir son exécution qu'après avoir été approuvé par le Préfet.

» Il existe cependant quelquefois, soit dans la nature des approvision-
» nemens, soit dans les localités, des circonstances qui peuvent rendre
» la voie des marchés à l'amiable préférable à celle des adjudications
» publiques. Jusqu'à présent, le Ministre seul était compétent pour
» autoriser des exceptions ; elles pourront être désormais autorisées par
» les Préfets, qui sentiront sans doute la nécessité de s'y refuser et de
» faire observer la règle générale, alors sur-tout qu'il s'agira d'appro-
» visionnemens considérables, et que des motifs suffisans ne détermi-
» neront pas l'exception.

---

(1) Voyez le *Code des Hôpitaux*, tome 2, N°. 2668.

» Il doit être dressé, dans chaque Hospice, par les soins de la Com-
» mission administrative, un inventaire exact et complet du mobilier
» de l'établissement.

» Les objets mobiliers achetés dans le cours de l'année, et ceux qui
» auront été mis hors de service, doivent y être exactement notés;
» et à la fin de chaque année, l'inventaire sera soumis à un entier
» récolement.

CHAPITRE III.

DE L'EXERCICE DU CULTE (1).

» Les Administrations des Hospices ne peuvent établir des chapelles
» ou des oratoires particuliers dans l'intérieur de ces établissemens
» qu'après en avoir obtenu l'autorisation du Gouvernement, sur l'avis
» du Préfet et celui de l'évêque diocésain. (*Loi du 8 avril* 1802 (18 *germinal an* 10)) (2).

» Les aumôniers et chapelains attachés aux hospices sont nommés
» par les évêques diocésains, sur la présentation de trois candidats
» proposés par les Commissions administratives. (*Article* 18 *de l'ordonnance du* 31 *octobre* 1821.)

» Tout le casuel provenant de l'exercice du culte dans les chapelles
» ou oratoires des Hospices doit tourner exclusivement au profit de ces
» établissemens, et rentrer dans la masse de leurs revenus.

» Les aumôniers et chapelains attachés aux Hospices doivent être
» tenus d'exécuter les fondations pour services religieux dont ces établis-
» semens se trouvent chargés.

---

(1) Voyez le *Code des Hôpitaux*, tome 2, N°. 2390.
(2) Voyez *idem*, tome 2, N°. 2393.

TITRE III.

DE LA GESTION DES BIENS (1).

CHAPITRE Ier.

DES BIENS - FONDS.

SECTION Ire. — *Dispositions générales.*

» D'après un avis du Conseil d'État, approuvé le 7 octobre 1809 (2),
» les Administrations des Hospices ne devaient exploiter par elles-mêmes
» aucune de leurs propriétés, sans y avoir été formellement autorisées ;
» savoir, par les Préfets, lorsque les propriétés étaient d'un revenu de
» 1,000 francs et au-dessous ; par le Ministre de l'intérieur, lorsque le
» revenu était au-dessus de 1,000 francs et au-dessous de 2,000 ; et par
» le Roi, lorsque le revenu excédait 2,000 francs.

» Le Roi a voulu, par son ordonnance du 31 octobre 1821, diminuer
» les formalités auxquelles étaient assujetties les affaires des Hospices ;
» et d'après l'article 15, les Préfets peuvent approuver les délibérations
» des Commissions administratives qui auront pour objet d'être autori-
» sées à exploiter leurs propriétés, quel qu'en soit le revenu.

» La délibération de la Commission administrative devra seulement
» être accompagnée de l'avis du Conseil de charité. (*Art. 8 de l'ordonnance du 31 octobre.*)

» Les Préfets devront, au reste, ne pas perdre de vue les principes qui

---

(1) Voyez le *Code des Hôpitaux*, tome 1, N°. 343 et suivans.

Voyez, ci-devant page 72, l'art. 35 de l'ordonnance du 31 octobre 1821, qui ap-
plique aux Hôpitaux de Paris les dispositions des art. 13, 14, 15, 16, 20, 21, 25,
26, 27, 28, 29, 30, 31, 32 et 33 de ladite ordonnance.

L'art. 13 concerne les budgets, voyez ci-après, page 113 ;

L'art. 14, la gestion des biens, voyez page 93 et suivantes ;

Les art. 15 et 16, les constructions, etc., voyez ci-après, page 104 ;

Les art. 20 et 21, les dépenses et les recettes, voyez ci-après, page 112 ;

Les art. 25, 26 et 27, les vérifications de caisse, voyez ci-après, page 127 ;

Les art. 28, 29, 30, 31, 32 et 33, les comptes des Receveurs, voyez ci-après,
page 121 et suivantes.

(2) Voyez le *Code des Hôpitaux*, tome 1, N°. 343.

» avaient dicté l'avis du Conseil d'État du 7 octobre 1809, et n'accorder
» qu'avec beaucoup de réserve aux Administrations charitables l'autori-
» sation d'exploiter par elles-mêmes leurs propriétés.

» Il est en général plus avantageux et plus conforme aux principes
» d'une bonne administration d'affermer les domaines des établisse-
» mens de charité , et cette règle ne doit ordinairement recevoir d'excep-
» tion que pour les jardins, les champs et les prés qui sont à la proximité
» des Hospices, et pour les bois, qu'on ne peut guère affermer sans incon-
» vénient.

SECTION 2. — *Des Maisons et Biens ruraux.*

» Les baux des maisons et bien ruraux appartenant aux Hospices ,
» pour la durée ordinaire, doivent être adjugés aux enchères, par-devant
» un notaire désigné par le Préfet ; et le droit d'hypothèque sur les biens
» du preneur doit y être stipulé par désignation. (*Art.* 1er. *du décret du*
12 *août* 1807.)(1)

» Le cahier des charges de l'adjudication et de la jouissance doit être
» préalablement dressé par la Commission administrative. Le Sous-Préfet
» donne son avis , et le Préfet approuve ou modifie ledit cahier des
» charges. (*Art.* 2 *du même décret.*)

» Les affiches pour l'adjudication sont apposées dans les lieux accoutu-
» més, un mois à l'avance, et de quinzaine en quinzaine ; un extrait
» doit être inséré dans le journal du lieu de la situation de l'établisse-
» ment, ou, à défaut, dans celui du département. Il est fait mention du
» tout dans l'acte d'adjudication. (*Art.* 3 *du décret du* 12 *août* 1807, *et*
art. 13 *de la loi du 5 novembre* 1790.)(2)

» Un membre de la Commission administrative assiste aux enchères
» et à l'adjudication, et celle-ci n'est définitive qu'après l'approbation du
» Préfet. (*Art.* 4 *et* 5 *du même décret.*)

» Le délai pour l'enregistrement des baux est de quinze jours, à comp-
» ter de la remise aux notaires de l'approbation du Préfet. (*Décision du*
Ministre des finances du 26 *novembre* 1811.)(3)

---

(1) Voyez le *Code des Hôpitaux,* tome 1 , N°. 360.
(2) Voyez *idem,* tome 1, N°. 362.
(3) Voyez *idem,* tome 1, N°. 364.

» Le Ministre s'était réservé, jusqu'à présent, de prononcer sur
» les cas particuliers où il pourrait être utile de dispenser les Hospices
» de la formalité des enchères, pour les baux des biens de ces établis-
» semens.

» D'après l'article 15 de l'ordonnance du 31 octobre 1821, les Préfets
» peuvent maintenant autoriser ces exceptions, sur la demande des Com-
» missions administratives; mais ils sentiront qu'elles doivent être fort
» rares, et être motivées sur des considérations qui rendraient inutile ou
» désavantageuse la formalité des enchères.

» Les baux emphytéotiques ne peuvent avoir lieu qu'en vertu d'une
» ordonnance du Roi. (*Art.* 1er. *du décret du 28 mars 1801 (7 germinal
an 9 (1), et art. 14 de l'ordonnance du 31 octobre 1821.)

» Ces baux ne peuvent être autorisés que sur la production des pièces
» suivantes :

» 1°. La délibération de la Commission administrative ;

» 2°. La délibération du Conseil de charité ;

» 3°. Une information *de commodo vel incommodo;*

» 4°. L'avis du Conseil municipal ;

» 5°. L'avis du Sous-Préfet ;

» 6°. L'avis du Préfet.

» La délibération de la Commission doit indiquer les clauses, charges
» et conditions auxquelles le preneur sera assujetti.

» Les grosses et menues réparations, les contributions de toute espèce,
» doivent naturellement faire partie des charges qu'il faut lui imposer.
» Les constructions, marnages, plantations et améliorations que les fer-
» miers auront pu faire dans le cours de leurs baux, doivent profiter
» exclusivement aux Hospices à l'expiration des baux, sans qu'ils
» aient à payer aux fermiers ou à leurs représentans aucune espèce
» d'indemnité.

» Le mode de paiement du prix des baux doit être stipulé; et, en gé-
» néral, pour mettre les Hospices à l'abri des chances désavantageuses,
» il est préférable de stipuler le prix en nature, rachetable au prix des
» mercuriales.

____

(1) Voyez le *Code des Hôpitaux,* tome 1, N°. 376.

» Il importe d'exiger du concessionnaire un cautionnement ; le plus
» sûr moyen est de l'obliger à verser dans la caisse des Hospices ou du
» Mont-de-Piété une somme déterminée, imputable par portions sur
» chacune des dix dernières années de bail.

» L'information *de commodo vel incommodo* est une enquête qui tend
» à faire connaître l'utilité ou le préjudice qui peut résulter de l'opéra-
» tion. Elle doit faire connaître la situation des biens, l'état actuel tant
» des bâtimens que des terres, l'utilité qu'il peut y avoir pour l'établisse-
» ment à mettre le domaine hors de ses mains pour un temps déterminé,
» l'avantage qui pourra en résulter tant pour la décharge des réparations
» et impositions qu'à raison des améliorations qu'un preneur à long terme
» pourrait y faire. Il ne suffit pas de constater que nul n'a réclamé contre
» la mesure proposée, on doit avoir soin d'appeler comme témoins les
» personnes qui peuvent y être intéressées. Si même on connaît des per-
» sonnes qui soient d'un avis contraire, il sera bon de les faire entendre,
» afin de balancer les inconvéniens et les avantages.

Section 3. — *Des Bois* (1).

» La loi du 29 septembre 1791 a soumis les bois des Hospices au ré-
» gime forestier ; et l'arrêté du Gouvernement du 10 mars 1802 (19
» ventôse an 10) a statué que leur administration, leur garde et leur
» surveillance seraient confiées aux mêmes agens que celles des bois de
» l'État.

» La nomination des gardes de bois des Hospices est soumise, par les
» Administrations de ces établissemens, à l'approbation du Conservateur
» de l'arrondissement. (*Loi du 29 avril* 1803 (9 *floréal an* 11)) (2).

» Lorsque l'Administration forestière juge convenable de confier au
» même individu la garde d'un canton de bois appartenant à des Hospices
» et d'un canton de bois de l'État, la nomination est faite par elle seule.
(*Loi du 29 avril* 1803 (9 *floréal an* 11.))

» Il ne peut être fait de coupes, même ordinaires, dans les bois des
» Hospices, que d'après les procès-verbaux d'assiettes, balivages et

----

(1) Voyez le *Code des Hôpitaux*, tome 1, N°. 344 et suivans.
(2) Voyez *idem*, tome 1, N°. 397.

» martelages des Agens de l'Administration forestière. (*Loi du 29 sep-*
» *tembre* 1791.) (1)

» Aucune coupe ne peut se faire dans les quarts de réserve des bois
» des Hospices qu'en vertu d'une ordonnance du Roi rendue sur le
» rapport du Ministre des finances. (*Art.* 1er. *de l'ordonnance du 7*
mars 1817.) (2)

» Hors les cas de dépérissement des quarts de réserve, les coupes ne
» doivent être accordées que pour cause de nécessité constatée, et qu'en
» cas de guerre, incendies, grêle, inondations, épidémies, épizooties,
» ruines, démolitions, pertes et accidens extraordinaires. (*Art.* 2 *de la*
même ordonnance.)

» Les demandes des Administrations des Hospices pour la coupe des
» quarts de réserve sont transmises au Ministre des finances par les Pré-
» fets, avec leur avis; mais ils doivent en même temps instruire de cet
» envoi le Ministre de l'intérieur, en lui donnant connaissance des mo-
» tifs sur lesquels les demandes sont fondées, afin qu'il puisse les appuyer
» auprès du Ministre des finances s'il y a lieu.

» Les adjudications des coupes extraordinaires sont faites par-devant
» les Sous-Préfets, au chef-lieu de l'arrondissement, en présence des
» Agens forestiers et d'un représentant de la Commission administrative,
» le tout d'après un cahier des charges concerté entre les Agens fores-
» tiers et la Commission. (*Art.* 3 *de l'ordonnance du 7 mars* 1817.)

» La même voie doit être suivie pour l'adjudication des coupes or-
» dinaires.

» Un état indicatif de la date des adjudications, de la contenance et
» du prix des coupes adjugées, et de l'époque des échéances des traites
» souscrites par les adjudicataires, doit être transmis par les Préfets au
» Ministre de l'intérieur. (*Même article de l'ordonnance.*) Il résulte de
» ces dispositions que les Administrations des Hospices ne peuvent ex-
» ploiter elles-mêmes les coupes de bois de ces établissemens, et qu'elles
» doivent toujours les mettre en adjudication.

» Le prix des coupes est stipulé payable en traites aux échéances

---

(1) Voyez le *Code des Hôpitaux,* tome 1, N°. 344 et suivans.
(2) Voyez *idem,* tome 1, N°. 344 et suivans.

3

;3

(98)

» fixées par le cahier des charges. (*Art.* 4 *de l'ordonnance du* 7 *mars* 1817.)

» Pour les coupes ordinaires, les traites souscrites par les adjudica-
» taires doivent être remises aux Receveurs des Hospices, pour le pro-
» duit, au fur et à mesure de leur échéance, être employé aux dépenses
» ordinaires de ces établissemens. (*Art.* 9 *de la même ordonnance.*)

» Quant aux coupes extraordinaires, les traites doivent être remises
» aux Receveurs généraux de départemens, qui sont chargés d'en
» faire le recouvrement sous leur responsabilité. (*Art.* 4 *de la même*
ordonnance.)

» Lorsque l'adjudication n'excède pas la somme de mille francs, les
» Receveurs généraux font le recouvrement des fonds, à titre de placement
» en compte courant au Trésor royal, pour être tenus, avec les intérêts
» qui en proviennent, à la disposition des Administrations des Hospices,
» sur l'autorisation des Préfets. (*Art.* 1er. *de l'ordonnance du* 5 *sep-*
tembre 1821.) (1).

» Les Receveurs généraux reçoivent, sous les mêmes conditions et
» au même titre,

» 1°. La somme de mille francs, sur les coupes extraordinaires dont
» la vente n'excède pas cinq mille francs;

» 2°. Le cinquième du produit des coupes dont l'adjudication excède
» cinq mille francs. (*Art.* 2 *de la même ordonnance.*)

» Le surplus du prix des adjudications est versé par les Receveurs
» généraux, au fur et à mesure de l'échéance des traites, dans la caisse
» des dépôts et consignations; et ces receveurs sont tenus d'en justifier
» au Préfet dans la huitaine du jour du recouvrement, à défaut de quoi
» ils sont déclarés comptables des intérêts des sommes qu'ils ont tou-
» chées pour chaque jour de retard qu'ils auraient mis dans leur verse-
» ment. (*Art.* 7 *de l'ordonnance du* 7 *mars* 1817.)

» Les fonds déposés à la caisse des dépôts y sont tenus à la disposition
» du Ministre de l'intérieur, et successivement reversés, sur son autori-
» sation, dans la caisse des Hospices, pour être employés, sous la sur-
» veillance des Préfets, aux dépenses extraordinaires qui ont motivé les

---

(1) Voyez le *Code des Hôpitaux*, tome 1, N°. 354.

» coupes accordées , ou qui pourraient être ultérieurement approuvées.
(*Art. 8 de l'ordonnance du 7 mars 1817.*)

» Quant aux fonds versés directement dans la caisse des Hospices ,
» ils ne doivent, non plus que les autres , être employés qu'aux dé-
» penses extraordinaires qui ont motivé les coupes ou qui pourraient
» être ultérieurement et régulièrement approuvées.

» Les remises et taxations des Receveurs généraux ne peuvent excéder
» deux et demi pour cent du montant intégral des traites dont le recou-
» vrement leur est confié. Si le montant intégral des traites excède vingt
» mille francs, les remises et taxations ne sont prélevées qu'à raison
» d'un pour cent du surplus de leur montant. (*Art. 5 de l'ordonnance
du 7 mars 1817.*)

» Cette disposition ne règle que le *maximum* des remises à accorder,
» et les Préfets doivent chercher à obtenir qu'elles soient fixées au-des-
» sous de ce taux. Ils doivent d'ailleurs les régler, à la fin de chaque
» année , d'après la masse de la valeur des traites versées entre les
» mains des Receveurs généraux, pour toutes les coupes des Communes,
» Hospices , et autres établissemens publics de leur département.

CHAPITRE II.

DES RENTES ET CAPITAUX, DES PRÊTS ET DES EMPRUNTS.

» Le remboursement des capitaux dus aux Hospices peut toujours
» avoir lieu quand les débiteurs se présentent pour se libérer ; mais
» ceux-ci doivent avertir les Administrations un mois d'avance , pour
» qu'elles avisent, pendant ce temps , aux moyens de placement , et
» requièrent les autorisations nécessaires. (*Avis du Conseil d'État, du
22 novembre 1808, approuvé le 21 décembre suivant*) (1).

» Les Administrations des Hospices peuvent employer en rentes sur
» l'État, sans aucune autorisation, les capitaux remboursés à ces éta-
» blissemens. (*Même avis.*)

» Mais elles ne peuvent faire aucun autre emploi de ces capitaux

____

(1) Voyez le *Code des Hôpitaux*, tome 1, N°. 442.

13.

» que sur l'autorisation du Préfet, lorsqu'ils n'excédent pas cinq cents
» francs ; sur l'autorisation du Ministre , lorsqu'ils s'élèvent de cinq
» cents francs à deux mille francs ; sur l'autorisation du Roi , lorsqu'ils
» s'élèvent au-dessus de deux mille francs.　　　(*Décret du 16 juillet*
1810.) (1)

» Pour tous les placemens de ce genre, les propositions des Adminis-
» trations doivent être soumises aux Conseils de charité. (*Art.* 8 *de*
l'ordonnance du 31 *octobre* 1821*.*)

» Pour placer en rentes sur l'État les capitaux remboursés, il suffit
» de les verser dans la caisse du Receveur général du département, qui
» les emploie en inscriptions départementales.

» Les Administrations des Hospices et les Préfets doivent se persuader
» que le placement en rentes sur particuliers offre presque toujours ,
» pour les établissemens publics, beaucoup d'inconvéniens. Tel débi-
» teur, aujourd'hui solvable, peut cesser de l'être. D'ailleurs, par l'effet
» des partages qu'entraînent les successions, les rentes se trouvent sou-
» vent dues par un grand nombre de débiteurs, et le recouvrement en
» devient de plus en plus difficile et onéreux.

» Le placement en rentes sur l'État présente , au contraire , la plus
» grande sécurité, un intérêt plus avantageux , et un recouvrement tou-
» jours facile , régulier et sans frais.

» Ces considérations doivent porter les Administrations des Hospices
» à demander l'autorisation d'aliéner, au taux le plus avantageux pos-
» sible , pour en employer le montant en rentes sur l'État, les rentes sur
» particuliers que ces établissemens possèdent , et notamment les rentes
» qui leur ont été transférées en vertu de l'arrêté du Gouvernement du
» 6 novembre 1800 (15 brumaire an 9) , et qui sont, la plupart, telle-
» ment modiques et tellement disséminées, que le recouvrement en est
» extrêmement difficile et dispendieux (2).

» Ces Administrations doivent aussi ne pas perdre de vue que, lorsque
» les fonds provenant des recettes courantes resteraient sans emploi
» dans la caisse du Receveur, il y a utilité de les placer au Trésor royal,

---

(1) Voyez le *Code des Hôpitaux*, tome 1 , N°. 422.
(2) Voyez *idem*, tome 1 , N°. 196.

» conformément aux instructions du Ministre des finances du 7 mars
» 1818 (1).

» Le versement en est fait aux caisses des Receveurs des finances,
» qui, ainsi qu'il a été dit ci-dessus pour les produits des coupes de
» bois, portent les fonds placés au crédit des établissemens, et les
» tiennent à leur disposition, pour être remboursés, dès que le service
» l'exige, sur l'autorisation du Maire-Président de la Commission admi-
» nistrative.

» Enfin les Administrations ne peuvent faire aucun emprunt sans
» en avoir obtenu l'autorisation du Gouvernement, sur l'avis du Con-
» seil de charité, l'avis du Conseil municipal et celui du Préfet.

» Elles peuvent recevoir sur la simple autorisation des Préfets, lors-
» qu'elles n'excèdent pas cinq cents francs,

» 1°. Les sommes offertes en placement à rente viagère et à fonds
» perdu par les pauvres existant dans ces établissemens;

» 2°. Les sommes offertes pour l'admission des pauvres dans les
» Hospices.

» Lorsque ces sommes excèdent cinq cents francs, l'autorisation du
» Gouvernement est nécessaire.

» L'intérêt annuel des fonds placés en rente viagère ne peut être
» au-dessus de dix pour cent du capital. (*Décret du 23 juin* 1806.) (2)

CHAPITRE III.

DES ACQUISITIONS, ALIÉNATIONS ET ÉCHANGES.

» Les Administrations des Hospices ne peuvent faire aucune acqui-
» sition, aucune vente ni aucun échange d'immeubles qu'en vertu
» d'une ordonnance du Roi.

» Pour faire autoriser les acquisitions, les Préfets doivent produire,
» avec leur avis,

» 1°. Une délibération de la Commission administrative, qui indique
» la nécessité ou les avantages de l'acquisition projetée;

____

(1) Voyez le *Code des Hôpitaux*, tome 1, Nos. 428 et 433.
(2) Voyez *idem*, tome 1, N°. 291.

» 2°. Un procès-verbal d'estimation de l'objet à acquérir ;

» 3°. Une soumission du propriétaire, portant engagement de vendre
» au prix convenu avec la Commission administrative ;

» 4°. Une délibération du Conseil de charité ;

» 5°. Une délibération du Conseil municipal ;

» 6°. L'avis du Sous-Préfet.

» Pour les aliénations (1) les pièces à produire sont,

» 1°. Une délibération de la Commission administrative , qui in-
» dique les avantages de l'aliénation projetée et l'emploi qui sera fait
» de son produit ;

» 2°. Un procès-verbal d'estimation de l'objet à mettre en vente ;

» 3°. Une délibération du Conseil de charité ;

» 4°. Une délibération du Conseil municipal ;

» 5°. L'avis du Sous-Préfet et celui du Préfet.

» Pour les échanges,

» 1°. Une délibération de la Commission administrative , qui indique
» les avantages de l'échange projeté ;

» 2°. Un procès-verbal d'estimation *contradictoire* des objets qu'il est
» question d'échanger ;

» 3°. Une soumission de la personne qui consent à échanger ;

» 4°. Une délibération du Conseil de charité ;

» 5°. Une délibération du Conseil municipal ;

» 6°. L'avis du Sous-Préfet et celui du Préfet.

» Toute vente d'immeubles appartenant aux Hospices doit être faite
» par adjudication publique , à la chaleur des enchères , à moins que
» l'ordonnance du Roi qui a autorisé l'aliénation n'ait fait , par des cir-
» constances particulières , une exception à ce principe.

» Et on rappelle , à cette occasion, que les lois interdisent formelle-
» ment aux Administrateurs des établissemens publics de se rendre
» adjudicataires , sous peine de nullité , des biens appartenant à ces
» établissemens et confiés à leurs soins. (*Art.* 1596 *du Code civil et* 175
» *du Code pénal.*)

----

(1) Voyez le *Code des Hôpitaux* , tome 1 , N°. 482 et suivans.

CHAPITRE IV.

DES LEGS ET DONATIONS (1).

» Suivant l'article 910 du Code civil, les dispositions entre-vifs ou
» par testament au profit des Hospices ne peuvent recevoir leur effet
» qu'autant qu'elles sont autorisées.

» Lors même qu'un legs ou une donation est fait à une personne
» tierce, sous la condition d'en appliquer le montant à un Hospice, l'Ad-
» ministration de cet établissement doit intervenir pour demander l'au-
» torisation de l'accepter, et elle doit surveiller l'exécution de la dis-
» position.

» Les Administrations des Hospices peuvent, sur l'autorisation des
» Préfets, accepter et employer à leurs besoins, comme recette ordi-
» naire, les dons et legs qui sont faits à ces établissemens, soit en nu-
» méraire, soit en meubles, soit en denrées, lorsque leur valeur n'ex-
» cède pas trois cents francs et qu'ils sont faits à titre gratuit. Les dons
» et legs en argent ou objets mobiliers dont la valeur excède trois cents
» francs, les donations et legs d'immeubles, quelle qu'en soit la va-
» leur, et toutes dispositions à titre onéreux, ne peuvent être ac-
» ceptés qu'en vertu de l'autorisation du Roi. (*Arrêté du Gouvernement
du 25 janvier 1804 (4 pluviôse an 12), et ordonnance du 2 avril 1817)* (2).

» En attendant l'acceptation des legs, les Receveurs des hospices
» doivent faire tous actes conservatoires qui seront jugés nécessaires.

» Lorsque les Préfets proposent d'autoriser l'acceptation d'une dona-
» tion ou d'un legs fait aux Hospices, ils doivent faire connaître si ces
» libéralités ont donné ou peuvent donner lieu à quelques réclamations,
» et produire,

» 1°. Un extrait du testament en ce qui concerne le legs fait aux
» Hospices, ou une expédition authentique de l'acte de donation;

» 2°. Une délibération de la Commission administrative;

---

(1) Voyez le *Code des Hôpitaux*, tome 1, N°. 257.
(2) Voyez *idem*, tome 1, N°. 258 et suivans.

» 3º. Une délibération du Conseil de charité ;

» 4º. L'avis du Sous-Préfet ;

» 5º. L'avis du Préfet.

» Dans le cas où le legs est fait à titre onéreux et qu'il y a doute » sur l'avantage de l'acceptation , ou lorsqu'il y a réclamation de la » part des héritiers , il faut soumettre l'affaire au Conseil municipal et » produire sa délibération.

» Enfin , si le testament paraît pouvoir donner lieu à queiques dif- » ficultés , le Comité consultatif des Hospices doit être consulté , et son » avis doit être joint aux pièces ci-dessus indiquées.

CHAPITRE V.

DES RÉPARATIONS ET CONSTRUCTIONS (1).

» Par ses ordonnances des 8 août (2) et 31 octobre 1821 (3), le Roi a » voulu diminuer les lenteurs qu'entraînait la nécessité de recourir à » l'autorisation du Ministre ou à celle de Sa Majesté pour tous les tra- » vaux excédant la somme de mille francs.

» Aux termes de l'article 16 de l'ordonnance du 31 octobre , les Com- » missions des Hospices peuvent ordonner , sans autorisation préalable , » les réparations et autres travaux dont la dépense n'excède pas deux » mille francs.

» Aux termes de l'article 14 de la même ordonnance , et de l'article » 4 de l'ordonnance du 8 août 1821 , les réparations , constructions » et reconstructions de bâtimens appartenant aux Hospices peuvent être » adjugées et exécutées sur la simple approbation des Préfets , lorsque » la dépense n'excède pas vingt mille francs.

» Lorsque la dépense excède vingt mille francs , les plans et devis » doivent être soumis au Ministre de l'intérieur.

» Il importe de veiller à ce que la latitude accordée par ces nouvelles

---

(1) Voyez le *Code des Hôpitaux*, tome 1 , Nº. 586 et suivans.

(2) Voyez *idem*, tome 1 , Nº. 591.

(3) Voyez le présent *Supplément*, page 66.

» dispositions ne ramène pas les abus qu'on avait voulu faire cesser
» lorsqu'on l'avait restreinte, et ne porte pas les Administrations des
» Hospices à se livrer à des dépenses inutiles ou disproportionnées avec
» leurs ressources.

» Dans ce but, quelques explications sur l'application des disposi-
» tions qui précèdent paraissent nécessaires.

» D'abord il est à remarquer que l'article 8 de l'ordonnance du 31
» octobre 1821 appelle les Conseils de charité à délibérer sur les projets
» de travaux autres que ceux de simple entretien. L'article 16 ne forme
» point une exception à ce principe, et conséquemment les Adminis-
» trations des Hospices ne peuvent faire exécuter, sans l'avis des Con-
» seils de charité, que les réparations *de simple entretien*, lorsqu'elles
» n'excèdent pas *deux mille francs*.

» Secondement, elles ne peuvent faire exécuter des réparations ou des
» travaux quelconques, même jusqu'à concurrence de cette somme,
» qu'autant que les fonds pour couvrir la dépense ont été alloués au
» budget. S'ils ne l'ont pas été, elles ne peuvent faire exécuter les tra-
» vaux qu'après avoir obtenu de l'autorité compétente une allocation
» supplémentaire.

» Enfin, pour que la nécessité d'obtenir l'autorisation des Préfets,
» en ce qui excédera deux mille francs, ne se trouve pas éludée par la
» formation de devis partiels qui, isolément, n'atteindraient pas cette
» somme, tandis que, réunis, ils la dépasseraient, il doit être bien en-
» tendu que la totalité des travaux pour une même réparation ne doit
» pas excéder deux mille francs, sans que l'autorisation du Préfet soit
» nécessaire pour régulariser la dépense.

» Quant aux travaux soumis à l'approbation des Préfets, ces Admi-
» nistrateurs prendront toutes les mesures propres à en constater l'utilité
» ou la nécessité. Ils exigeront, à l'appui des délibérations qui leur
» seront transmises, un exposé des vues à remplir, les plans et devis
» des travaux à exécuter, et l'avis du Sous-Préfet, si l'Hospice est situé
» hors de l'arrondissement du chef-lieu de la Préfecture. Ils feront exa-
» miner par des hommes de l'art dignes de leur confiance les projets
» formés dans les localités ; et s'ils croient devoir les soumettre à l'examen
» du Conseil des Bâtimens civils, ils pourront les adresser au Ministère.

3.   14

» Lorsque les travaux excèdent vingt mille francs, les plans et devis
» doivent être transmis, avec les délibérations de la Commission admi-
» nistrative, du Conseil de charité, et les avis du Sous-Préfet et du
» Préfet, au Ministre de l'intérieur, pour qu'il provoque l'autorisation
» royale, s'il y a lieu.

» Tous les travaux qui seraient exécutés sans avoir été autorisés dans
» les formes prescrites resteront à la charge de ceux qui les auront en-
» trepris ou ordonnés, ou des comptables qui en auront acquitté le
» montant.

» Les réparations ordinaires et de simple entretien qui n'excèdent
» pas *mille francs* peuvent être exécutées sans employer la voie de l'ad-
» judication publique.

» Les réparations qui excèdent cette somme, et tous les travaux de
» constructions, et de reconstructions ne peuvent être adjugés que par
» voie d'adjudication publique, après deux publications par affiches,
» en assemblée générale de l'Administration, et en présence du Sous-
» Préfet ou du Maire. L'adjudication a lieu au rabais entre les soumis-
» sions déposées au secrétariat de l'Administration, qui sont jugées, à
» la majorité des voix, dans le cas d'être admises à concourir et pré-
» sentent une garantie suffisante pour leur exécution. L'adjudication
» n'est définitive qu'après avoir été ratifiée par le Préfet. Jusqu'à la
» notification de cette ratification, l'adjudicataire peut se désister de
» son adjudication, en consignant la différence qui se trouve entre ses
» offres et celles du dernier moins disant. (*Décret du 1er. novembre*
1805 (10 *brumaire an* 14) (**1**).

» On croit utile d'annexer à ces instructions (n°. IV) une notice
» rédigée par un des membres les plus éclairés du Conseil des Bâti-
» mens civils, sur les principales dispositions à observer dans les bâ-
» timens des Hospices. Cette notice pourra être consultée avec fruit par
» les personnes qui auront à préparer ou à examiner les projets de cons-
» truction ou de reconstruction des bâtimens de ce genre.

---

(1) Voyez le *Code des Hôpitaux*, tome 1, N°. 586.

CHAPITRE VI.

DES PENSIONS.

» Un décret du 7 février 1809 (1) a établi un fonds de pensions de re-
» traite pour les employés des Hospices de Paris, au moyen d'une re-
» tenue exercée sur leurs traitemens.

» Une ordonnance du Roi du 6 septembre 1821 (2) a statué que lorsque
» les Administrations des autres Hospices croiront devoir demander qu'il
» soit accordé des pensions à leurs employés, la liquidation en sera
» faite d'après les bases fixées par l'article 12 et suivans, jusqu'à 22
» inclusivement, du décret du 7 février 1809.

» Les retenues que subissent les employés des Hospices de Paris sur
» leurs traitemens leur donnent droit aux pensions réglées par ce dé-
» cret du 7 février. Dans les Hospices des provinces, le nombre des
» employés n'étant pas assez considérable pour que de telles retenues
» pussent suffire à leurs pensions, celles-ci ne sauraient résulter d'un
» droit, et ne sont que facultatives de la part des Administrations, qui,
» ne pouvant les imputer que sur les propres fonds des Hospices, les
» accordent ou les refusent, selon qu'elles les croient méritées et que
» les ressources disponibles leur en donnent les moyens. L'ordonnance
» du 6 septembre n'a donc eu pour objet que de déterminer les bases
» d'après lesquelles ces pensions peuvent être liquidées.

» La liquidation devra être proposée dans la délibération que la Com-
» mission administrative prendra à cet effet.

» Le Conseil de charité sera ensuite appelé à donner son avis, et le
» tout sera ensuite adressé par le Préfet au Ministre, qui proposera au
» Roi d'accorder la pension s'il y a lieu.

» On croit devoir rapporter ici le texte des dispositions du décret du 7
» février 1809, qui sont applicables aux pensions à accorder aux em-
» ployés de tous les Hospices.

---

(1) Voyez le *Code des Hôpitaux*, tome 1, N°. 123 et suivans.
(2) Voyez *idem*, tome 1, la note du N°. 123.

Art. 12. » Les droits à une pension de retraite ne pourront être récla-
» més qu'après trente ans de service effectif, pour lequel on comptera
» tout le temps d'activité dans d'autres Administrations publiques qui
» ressortissaient au Gouvernement, quoique étrangères à celle dans
» laquelle les postulans se trouvent placés, et sous la condition
» qu'ils auront au moins dix ans de service dans l'Administration des
» Hospices.

» La pension pourra cependant être accordée, avant trente ans de
» service, à ceux que des accidens, l'âge ou des infirmités rendraient
» incapables de continuer les fonctions de leurs places, ou qui, par le
» fait de la suppression de leur emploi, se trouveraient réformés après
» dix ans de service et au-dessus, dont cinq ans dans l'Administration
» des Hospices, et les autres dans les Administrations publiques qui
» ressortissaient au Gouvernement.

Art. 13. » Pour déterminer le montant de la pension, il sera fait une
» année moyenne du traitement fixe dont les réclamans auront joui
» pendant les trois dernières années de leur service.

» Les indemnités pour logement, nourriture et autres objets de ce
» genre (les gratifications exceptées), seront considérées comme ayant
» fait partie du traitement fixe, et évaluées en conséquence pour former
» le montant de la pension et des retenues.

Art. 14. » La pension accordée après trente ans de service sera de
» la moitié de la somme réglée par l'article précédent.

» Elle s'accroîtra du vingtième de cette moitié pour chaque année
» de service au-dessus de trente ans.

» Le *maximum* de la retraite ne pourra excéder les deux tiers du trai-
» tement annuel du réclamant, calculé, comme il est dit dans l'article
» qui précède, sur le terme moyen des trois dernières années de son
» service.

Art. 15. » La pension accordée avant trente ans de service, dans
» le cas prévu par le second paragraphe de l'article 12, sera du sixième
» du traitement, pour dix ans de service et au-dessous.

» Elle s'accroîtra d'un soixantième de ce traitement pour chaque
» année de service au-dessus de dix ans, sans pouvoir excéder la moitié
» du traitement.

Art. 16. » Les pensions et secours aux veuves et aux orphelins ne seront
» accordés qu'aux femmes et aux enfans des employés décédés en acti-
» vité de service, avec droit acquis à une pension de retraite, ou jouis-
» sant déjà de cette pension.

» Les veuves ne pourront y prétendre qu'autant qu'à l'époque du
» décès de leurs maris elles se trouvaient dans la cinquième année de
» leur mariage et n'auraient pas divorcé ; elles perdront leurs droits à
» la pension en contractant un nouveau mariage.

» La quotité des secours annuels accordés aux veuves et orphelins
» sera fixée d'après les règles suivantes.

Art. 17. » Les pensions des veuves des employés décédés sans aucun
» enfant au-dessous de l'âge de quinze ans seront du quart de la
» retraite dont jouissaient leurs époux, ou à laquelle ils avaient droit à
» l'époque de leur décès.

» Dans le cas ou le décédé aurait laissé à la charge de sa veuve un
» ou plusieurs enfans au-dessous de quinze ans, la pension pourra
» être augmentée, pour chacun de ces enfans, de cinq pour cent de
» la retraite qui aurait été réglée pour le décédé, et sans toutefois que
» la totalité de la somme accordée à la veuve, tant pour elle que pour
» ses enfans, puisse jamais excéder le double de celle qu'elle eût ob-
» tenue dans la première hypothèse.

» Si le décédé laisse, outre sa veuve et les enfans qu'il a eus de son
» union avec elle, des enfans nés de précédens mariages, il pourra
» être accordé à ces derniers, pour le temps déterminé par les articles
» suivans, des pensions et secours proportionnés à leur état d'isolement ;
» mais dans ce cas, les pensions assignées tant à la veuve et à ses enfans
» qu'aux enfans des autres lits seront calculées de manière à ne pouvcir
» outre-passer la moitié de la pension dont aurait joui le père de famille.

Art. 18. » Si la veuve décède avant que les enfans provenant de
» son mariage avec son défunt mari aient atteint l'âge de quinze ans,
» la pension sera réversible à ses enfans, qui en jouiront, comme les
» autres orphelins jouiront de la leur, par portions égales, jusqu'à l'âge
» de quinze ans accomplis, mais sans réversibilité des uns aux autres
» enfans.

Art. 19. » Si les employés ne laissent pas de veuves, mais seule-

» ment des orphelins , il pourra être accordé à ces derniers des pen-
» sions de secours jusqu'à ce qu'ils aient atteint l'âge de quinze ans :
» la quotité des secours sera fixée, pour chacun, à la moitié de ce
» qu'aurait eu la mère si elle avait survécu à son mari , et ne pourra
» excéder, pour tous les enfans ensemble , la moitié de la pension à la-
» quelle leur père aurait eu droit , ou dont il jouissait.

» La pension qui pourrait revenir , d'après les précédentes disposi-
» tions, à un ou plusieurs de ces enfans, leur sera conservée pendant
» toute leur vie , s'ils sont infirmes, et, par l'effet de ces infirmités ,
» hors d'état de travailler pour subvenir à leurs besoins.

Art. 20. » Les employés élevés dans les Hospices ne pourront faire
» valoir leurs services qu'à compter de l'âge de vingt et un ans révolus,
» et du moment où ils auront été pourvus d'un emploi avec jouissance
» d'un traitement de mille francs et au-dessus, tant en argent qu'en
» logement et nourriture.

Art. 21. » En cas de concurrence entre plusieurs réclamans , la pen-
» sion , l'âge et les infirmités d'abord , et ensuite l'ancienneté de ser-
» vice , donneront droit à la préférence.

Art. 22. » L'absence pour service militaire , par l'effet de la réqui-
» sition ou de la conscription , n'est pas considérée comme interruption
» de service pour les employés qui ont déjà rempli ou remplissent en-
» core ce devoir, ou qui y seraient appelés par la suite.

» Les années de service militaire ne sont, comme celles passées dans
» tout autre emploi, comptées chacune que pour une année.

CHAPITRE VII.

DU CONTENTIEUX (1).

» Il doit être établi, dans chaque arrondissement, un Comité con-
» sultatif des Hospices, composé de trois Jurisconsultes choisis par le
» Préfet.

____

(1) Voyez le *Code des Hôpitaux*, tome 1, N°. 568 et suivans.

» Ce Comité est appelé à donner son avis sur toutes les affaires
» contentieuses qui intéressent ces établissemens. Ses fonctions sont
» gratuites.

» Les Administrations ne peuvent défendre à des actions judiciaires
» ou en intenter qu'après en avoir obtenu l'autorisation du Conseil de
» préfecture, sauf recours au Conseil d'État.

» Le Conseil de charité doit aussi donner son avis sur les procès à
» intenter ou à soutenir par les Administrations des Hospices. (*Art.* 8
de l'ordonnance du 31 *octobre* 1821.)

» Ainsi, toutes les fois que la Commission administrative a à intenter
» ou à soutenir une action judiciaire, elle doit d'abord soumettre l'af-
» faire à l'examen du Comité consultatif de l'arrondissement; le Conseil
» de charité est ensuite appelé à donner son avis; et toutes les pièces
» sont transmises au Conseil de préfecture, qui accorde ou refuse l'au-
» torisation de plaider.

» Il faut, toutefois, remarquer que les Receveurs des Hospices peuvent,
» sans l'autorisation du Conseil de préfecture ni l'avis du Conseil de
» charité, faire contre les débiteurs en retard les exploits, significa-
» tions, commandemens et poursuites nécessaires. Ce n'est que lors-
» qu'il y a opposition de la part des débiteurs que l'action judiciaire
» est engagée et qu'il y a lieu de suivre les formalités ci-dessus rappelées.

» Il ne peut être fait de transaction sur les intérêts des Hospices
» qu'en vertu d'une autorisation royale. (*Art.* 2045 *du Code civil.*)

» Les pièces que les Préfets doivent adresser au Ministre pour ob-
» tenir cette autorisation sont,

» 1°. Une expédition authentique de la transaction ou du projet de
» transaction;

» 2°. Un avis du Comité consultatif;

» 3°. Une délibération de la Commission administrative;

» 4°. Une délibération du Conseil de charité, ou du Conseil mu-
» nicipal, là où il n'existe pas de Conseil de charité;

» 5°. L'avis du Sous-Préfet;

» 6°. L'avis du Préfet.

TITRE IV.

DE LA COMPTABILITÉ (1).

CHAPITRE Ier.

DISPOSITIONS GÉNÉRALES.

» Les revenus des Hospices situés dans une même commune doivent » être perçus par un seul et même Receveur. (*Arrêté du Gouvernement du* 13 *novembre* 1796 (23 *brumaire an* 5) (2).

» Il doit être , toutefois , tenu des écritures et des comptes distincts » des recettes et des dépenses relatives à chaque établissement.

» Un des membres de chaque Administration est chargé , sous le » titre d'*ordonnateur*, de la signature de tous les mandats à délivrer » pour l'acquittement des dépenses. (*Décret du* 27 *avril* 1805 (7 *floréal an* 13) (3).

» Dans les établissemens où l'importance des revenus l'exige ou le » rend utile , les recettes et les paiemens sont contrôlés par un préposé » spécial, sous le titre de *Contrôleur*, qui tient registre de tous les » fonds qui entrent dans la caisse ou qui en sortent. (*Art.* 6 *du même décret.*)

» L'expérience a prouvé combien, dans les grandes administrations » est nécessaire cette surveillance journalière et continue des recettes et » paiemens. Le Contrôleur tient un registre appelé *contrôle du journal*, » sur lequel il transcrit tous les articles de recette et de dépense que fait » le Receveur. Il tient en outre des registres particuliers à chaque Hos- » pice , sur lesquels il porte les ordonnances expédiées pour chacun » d'eux. Il tient enfin un registre des oppositions formées entre les

---

(1) Voyez , pour les Hôpitaux de Paris, le *Code des Hôpitaux,* tome 1, No. 645 et suivans.

(2) Voyez le *Code des Hôpitaux,* tome 1, N°. 743.

(3) *Idem ,* N°. 681.

» mains de l'Administration au paiement des sommes qu'elle peut avoir
» à faire payer ; il y transcrit à côté de l'enregistrement de chaque op-
» sition les *mains-levées* consenties ou ordonnées par les tribunaux. Ces
» divers registres doivent être cotés et paraphés par l'ordonnateur, qui
» doit vérifier tous les mois, ou plus souvent s'il est nécessaire , si les
» journaux de la caisse et ceux du contrôle se correspondent exactement.

» Toutes les quittances à donner aux débiteurs doivent être contrô-
» lées, sans quoi elles ne sont pas valables.

» Les mandats délivrés par l'Ordonnateur pour le paiement des dé-
» penses sont présentés d'abord au Contrôleur , qui examine les pièces
» justificatives. Si elles sont en bonne forme, et s'il n'existe aucune
» opposition au paiement, il les vise, et transcrit l'ordonnance sur ses
» registres ; et le Receveur ne doit payer que d'après la mention mise
» par le Contrôleur sur la quittance du mandat.

» L'Administration des Hospices de chaque commune doit faire tenir
» un sommier général des biens, rentes et revenus quelconques appar-
» tenant à ces Hospices ; et il importe que ce sommier soit revu et rectifié
» chaque année , selon les changemens survenus dans la dotation des
» Hospices.

» Les Commissions administratives ne peuvent faire que les dépenses
» autorisées suivant les règles déterminées par l'art. 20 de l'ordonnance
» du 31 octobre 1821.

CHAPITRE II.

DES BUDGETS (1).

» Tous les Hospices doivent présenter un budget de leurs recettes et
» de leurs dépenses.

» Les budgets excédant en revenus ordinaires cent mille francs , pour
» les divers établissemens régis par une même Administration, doivent
» être soumis à l'approbation du Ministre de l'intérieur. (*Art.* 13 *de
l'ordonnance du* 31 *octobre* 1821.)

---

(1) Voyez le *Code des Hôpitaux,* tome 1, N°. 658 et suivans.

3.   15

» Les autres sont définitivement réglés par les Préfets.

   » Les Conseils municipaux tiennent, au mois de mai, leur session or-
» dinaire, et c'est dans cette session qu'ils déterminent la subvention à
» accorder aux Hospices sur les octrois ou autres revenus des communes.
» Il est dès-lors nécessaire que, pour les Hospices qui reçoivent des sub-
» ventions sur les communes, les budgets soient dressés dans le cou-
» rant d'avril de chaque année, pour l'année suivante; et qu'après
» avoir été examinés par le Conseil de charité (*Art.* 8 *de l'ordonnance*
» *du* 31 *octobre* 1821), ils soient, avec son avis, remis au Conseil
» municipal dans le cours de sa session ordinaire, pour que ce Conseil
» délibère sur l'ensemble du budget, et en particulier sur la subvention
» à accorder sur les revenus de la Commune.

   » Si, dans l'intervalle de la session ordinaire des Conseils municipaux
» à l'expiration de l'année, il survenait des circonstances de nature à
» apporter des changemens dans les besoins des Hospices, l'Adminis-
» tration pourrait présenter un budget supplémentaire, qui serait soumis
» au Conseil de charité et au Conseil municipal, pour être approuvé
» par l'autorité compétente.

   » Lorsque les Hospices ne reçoivent pas de subvention sur les re-
» venus des communes, leurs budgets n'ont pas besoin d'être soumis
» aux Conseils municipaux, et ils peuvent n'être dressés qu'au mois
» d'octobre.

   » On a joint à ces instructions, sous le n°. 5, le modèle que doivent
» suivre les Administrations des Hospices pour la rédaction de leurs
» budgets.

   » Les Administrations et les Préfets remarqueront que, suivant ce
» modèle, on doit porter dans ce budget l'évaluation en argent des re-
» venus en nature, de quelque espèce que ce soit. C'est le seul moyen
» de pouvoir apprécier la situation des Hospices et leurs besoins, et de
» pouvoir comparer leurs dépenses ; car tel établissement a des revenus
» considérables en nature, tel autre n'en a pas : si le premier les dissi-
« mule, on ne peut plus reconnaître ni arrêter l'excès des dépenses aux-
» quelles il se livrerait. Les revenus en nature devront être évalués,
» pour les principales denrées, suivant le prix moyen des mercuriales
» de l'année précédente au marché le plus voisin : une note annexée

» au budget fera connaître la quotité en nature de ces revenus, et
» l'évaluation donnée à chaque espèce de produit.

» Ces observations s'appliquent aux travaux au profit des Hospices,
» faits par les indigens admis dans ces établissemens. Leur produit doit
» figurer dans le budget.

» Par les mêmes motifs, on doit avoir soin de porter en dépense,
» aux articles *blé, farine et pain, vin, comestibles et menus objets de*
» *consommation,* l'évaluation des grains, boissons, denrées, légumes, etc.,
» qui sont recueillis en nature et consommés dans l'établissement.

» Mais pour prévenir les embarras et la confusion que l'expérience a
» fait reconnaître dans la comptabilité des établissemens qui ont cu-
» mulé les recettes et dépenses en *nature* avec les recettes et dépenses
» en *argent,* il est devenu indispensable de distinguer ces opérations,
» qui, en effet, diffèrent essentiellement entre elles.

» Le budget les présente donc dans des chapitres séparés, et cette
» distinction sera par suite également établie dans les écritures ainsi
» que dans les comptes finaux des receveurs.

» En aucun cas, les Préfets ne devront approuver ni soumettre à
» l'approbation du Ministre un budget qui présenterait un déficit, les
» dépenses ne devant jamais excéder les recettes.

CHAPITRE III.

DES OBLIGATIONS DES RECEVEURS, ET DES ÉCRITURES (1).

» Les Receveurs des Hospices sont tenus de faire, sous leur respon-
» sabilité, toutes diligences pour la perception des revenus, et pour
» le recouvrement des legs, donations et autres ressources ; de faire
» faire contre les débiteurs en retard, et à la requête de l'Adminis-
» tration à laquelle ils sont attachés, les exploits, significations, pour-
» suites et commandemens nécessaires ; d'avertir les Administrateurs
» de l'échéance des baux, d'empêcher les prescriptions, de veiller à la
» conservation des domaines, droits, priviléges et hypothèques ; de

(1) Pour les Hôpitaux de Paris, voyez le *Code des Hôpitaux,* tome 1, N°. 743 et
suivans.

» requérir, à cet effet, l'inscription au bureau des hypothèques de tous
» les titres qui en sont susceptibles, et de tenir registre desdites inscrip-
» tions, et autres poursuites et diligences. (*Art.* 1er. *de l'arrêté du
Gouvernement du* 12 *octobre* 1803 (19 *vendémiaire an* 12) (1).

» Pour remplir ces obligations, les receveurs peuvent se faire délivrer
» par l'Administration une expédition en forme de tous les contrats,
» titres, déclarations, baux, jugemens et autres actes concernant les
» domaines dont la perception leur est confiée, ou se faire remettre par
» tous dépositaires lesdits titres ou actes, sous leur récépissé. (*Art.* 2
du même arrêté.)

» Ils sont soumis aux dispositions des lois relatives aux comptables
» des deniers publics, et à la même responsabilité. (*Art.* 5 *du même
arrêté.*)

» Les poursuites des receveurs contre les débiteurs en retard doivent
» s'étendre jusqu'à la saisie-exécution des meubles. (*Instruction du
Ministre de l'intérieur du* 26 *octobre* 1803 (3 *brumaire an* 12) (2).

» Les poursuites ultérieures sont exercées par le Maire-Président de
» la Commission administrative, qui demande au Conseil de préfecture
» l'autorisation nécessaire à cet effet, conformément aux règles tracées
» dans le chapitre VII, intitulé *du Contentieux* (3).

» Les Receveurs des Hospices ne peuvent, dans le cas où elle n'a
» point été ordonnée par les tribunaux, donner la main-levée des
» oppositions formées pour la conservation des droits des pauvres et des
» Hospices, ni consentir aucune radiation, changement ou limitation
» d'inscriptions hypothécaires, qu'en vertu d'une décision spéciale du
» Conseil de préfecture, prise sur une proposition formelle de l'Admi-
» nistration, et l'avis du Comité consultatif. (*Arrêté du Gouvernement
du* 30 *juillet* 1804 (11 *thermidor an* 12) (4).

» L'art. 21 de l'ordonnance du 31 octobre 1821 rappelle que ces
» Comptables ont seuls qualité pour recevoir et pour payer, en tout

---

(1) Voyez le *Code des Hôpitaux*, tome 1, N°. 745.
(2) Voyez *Idem*, N°. 568 et la note du N°. 745.
(3) Voyez ci-devant page 110.
(4) Voyez le *Code des Hôpitaux*, tome 1, N°. 581.

» ce qui concerne les revenus et les dépenses : le même article fortifie
» cette disposition en déclarant qu'à l'avenir les recettes et les paiemens
» effectués sans l'intervention des Receveurs, ou faits de toute autre
» manière en contravention à l'ordonnance, donneront lieu à toutes
» répétitions et poursuites de droit.

» On ne saurait trop appeler l'attention des Receveurs et des Admi-
» nistrations de charité sur l'importance de cette disposition, dont la
» stricte exécution peut seule rétablir ou maintenir l'ordre dans la comp-
» tabilité. Malgré les instructions données en 1805 sur le décret du
» 27 avril 1805 (7 floréal an 13), il est encore des Hospices où s'est
» maintenu l'usage de confier, soit à un Administrateur, soit à l'Eco-
» nome, soit à la Supérieure des sœurs, une caisse particulière qui
» reçoit divers produits et acquitte diverses dépenses : c'est un abus qui
» ne peut plus subsister sans attirer des poursuites sur les personnes
» qui s'y exposeraient.

» Tout ce qui est recette, tout ce qui est dépense, doit figurer dans
» les écritures et la comptabilité du Receveur.

» Il est également comptable des revenus en nature, et doit constater
» dans ses écritures toutes les opérations qui s'y rattachent.

» Mais ces opérations ne pouvant, sans qu'il en résulte de graves in-
» convéniens pour l'ordre et la clarté des écritures, être constatées sur
» les mêmes livres de comptabilité que les recettes et dépenses en deniers,
» les Receveurs auront à tenir des registres distincts qui seront indiqués
» ci-après, et sur lesquels les recettes et dépenses en nature seront
» enregistrées de manière à présenter les quantités de grains ou denrées,
» ainsi que leur évaluation en argent, d'après le prix moyen des mer-
» curiales, dont le tarif sera arrêté par l'Administration.

» Les Receveurs sont personnellement responsables de tout paiement
» qui ne résulterait pas d'une autorisation régulière. (*Art. 20 de l'ordonnance du 31 octobre 1821.*)

» Par suite de cette disposition, ils ne peuvent, dans leurs paiemens,
» excéder les allocations portées au budget, à moins d'une autorisation
» spéciale émanée de l'autorité qui a approuvé le budget, sous peine,
» par eux, de voir rejeter de leurs comptes les paiemens qu'ils auraient
» faits sans cette autorisation.

» Doivent aussi être rejetés des comptes tous paiemens non appuyés
» du mandat de l'Ordonnateur et des pièces justificatives dont la dé-
» pense est susceptible. (*Art. 7 du décret du 27 avril* 1805, (7 *floréal
an* 13) (1).

» Les pièces justificatives à fournir à l'appui des mandats, en ce qui
» concerne les fournitures et les travaux, sont,

» 1°. La délibération de l'Administration qui a autorisé la dépense ;

» 2°. Le procès-verbal d'adjudication approuvé dans les formes vou-
» lues par la loi, ou la soumission légalement acceptée, pour les cas
» où cette voie peut être admise ;

» 3°. Le mémoire détaillé des objets fournis ;

» 4°. Un procès-verbal de réception ou de livraison, certifié par
» l'un des membres de l'Administration ;

» 5°. Les quittances des parties, dûment visées par le Contrôleur,
» s'il y en a un ;

» 6°. La décision du Préfet ou du Ministre, ou l'ordonnance du
» Roi qui a autorisé la dépense, dans le cas où elle serait de nature à
» exiger une semblable autorisation. (*Art. 8 du décret du 27 avril* 1805,
(7 *floréal an* 13) (2).

» Quant aux menues dépenses auxquelles il est indispensable de
» pourvoir journellement, et souvent à l'improviste, l'Administration
» règle la somme qui sera mise, chaque mois, à la disposition de
» l'Econome ou de la Supérieure, pour y subvenir. Cette somme devra
» toujours être bornée : lorsqu'elle aura été dépensée, l'Econome
» ou la Supérieure remettra l'état détaillé de l'emploi qui en aura été
» fait, et il ne sera mis de nouveaux fonds à sa disposition que lorsque
» cet état aura été visé et approuvé par l'Ordonnateur.

» Lorsque des capitaux provenant de remboursement de rente ou de
» legs ou donations sont versés dans la caisse des Receveurs, ils doivent
» en faire emploi dans le mois de la notification de l'acte qui en pres-
» crit le placement, sous peine d'être constitués en recette des intérêts
» des capitaux dont ils auraient retardé l'emploi.

---

(1) Voyez le *Code des Hôpitaux*, tome 1, N°. 681.
(2) Voyez *Idem*, N°. 682.

» Les Receveurs doivent adresser, tous les trimestres, aux Sous-Préfets,
» pour être envoyé aux Préfets, l'état du mouvement de la caisse qui
» leur est confiée, visé par le Contrôleur, s'il y en a un, et certifié véri-
» table par l'Administration (*art. 9 du même décret*) (1). Il sera rédigé
» suivant le modèle annexé à ces instructions, sous le n°. 6. Ils y
» joindront l'état des produits et consommations en nature, dressé par
» trimestre, suivant le modèle ci-après, n°. 12.

» Les Préfets enverront un double de ces états au Ministre, seule-
» ment pour les Hospices dont les budgets sont soumis à son appro-
» bation.

» Les Receveurs doivent établir, chaque année, pour leurs recettes
» et dépenses en *argent*,

» Un journal général, servant de livre de caisse, sur lequel ils
» portent, jour par jour, au fur et à mesure qu'elles ont lieu, toutes
» les recettes et les dépenses relatives à la comptabilité dont ils sont
» chargés ;

» Un grand-livre de comptes divisé en deux parties :

» L'une, relative aux comptes de recettes, sur laquelle on porte, en
» regard de chacun des articles du budget, les recettes faites sur cet
» article ;

» L'autre, relative aux comptes de dépenses, sur laquelle on porte
» en regard de chacun des articles de dépenses également allouées au
» budget, les paiemens faits sur cette nature de dépense.

» Et de même pour leurs recettes et dépenses en *nature*,

» Un livre-journal servant à constater, au fur et à mesure qu'elles
» ont lieu, l'entrée et la sortie des denrées ou grains ;

» Un grand-livre de comptes, où le receveur ouvre des comptes spé-
» ciaux à chaque espèce de produits en nature, et enregistre d'un côté
» les recouvremens faits sur les débiteurs, et de l'autre les versemens
» faits à l'économe.

» Ce grand-livre se divise en deux sections :

» La première comprend les comptes de produits récoltés dans l'éta-
» blissement ;

---

(1) Voyez le *Code des Hôpitaux*, tome 1, N°. 710.

» La seconde, les comptes de produits provenant d'achats pour le
» service de l'établissement. (*Voir* les modèles nᵒˢ. 7 , 8 , 9 et 10.)

» Dans les principaux Hospices, les écritures sont maintenant établies
» en parties doubles, suivant les modèles envoyés par le Ministère des
» finances.

» Il est à désirer que ce mode se propage de plus en plus ; et je ne
» doute pas qu'il ne soit suivi par les Receveurs des communes, pour
» ceux de ces établissemens dont la recette leur sera confiée.

» Toutefois, il faut prévoir le cas où des comptables peu exercés, dans
» des établissemens peu considérables, ne pourraient pas établir leurs
» écritures d'après les modèles dont je viens de parler ; et c'est dans ce
» but que je joins ici, sous les nᵒˢ. 7 , 8 , 9 et 10, des modèles aux-
» quels il sera plus facile de se conformer.

» L'un des moyens les plus sûrs et les plus efficaces d'établir un
» contrôle pour les recettes effectuées par les Receveurs des Hospices
» est l'établissement d'un *livre à souche* conforme à celui qui est en
» usage, depuis 1817, chez les percepteurs et receveurs des communes,
» et dont beaucoup de Préfets ont déjà, avec avantage, prescrit l'appli-
» cation aux recettes des établissemens publics dans leurs départemens.
» Il est donc utile d'étendre cette application à tous les établissemens
» considérables.

» Le 31 décembre de chaque année, l'Ordonnateur des Hospices doit
» clore les registres tenus par le Receveur, en présence du Contrôleur,
» s'il y en a un, et dresser en même temps procès-verbal des fonds
» existant en caisse.

» Le Receveur sera tenu d'ouvrir, pour le premier jour de l'année qui
» suivra, de nouveaux livres qui comprendront le solde existant en
» caisse au 31 décembre, et toutes les recettes et dépenses faites, à
» partir de ce jour, tant sur le nouvel exercice que sur les exercices
» précédens.

CHAPITRE IV.

DES COMPTES (1).

» Les Receveurs des Hospices sont tenus de rendre, dans les premiers
» six mois de chaque année, les comptes de leur gestion pendant l'année
» précédente. (*Art.* 28 *de l'ordonnance du* 31 *octobre* 1821.)

» Ces comptes devront être rendus suivant le modèle annexé à ces
» instructions, sous le n°. 11.

» L'art. 5 du décret du 27 avril 1805(7 floréal an 13)(2) voulait que le
» reliquat du compte de l'année précédente et les recettes appartenant à la
» même année et aux années antérieures formassent un titre distinct et
» séparé des recettes appartenant à l'exercice pour lequel le compte est
» rendu : la même marche devait être suivie pour les dépenses.

» Ce but sera atteint, et le compte sera simplifié, en établissant,
» comme dans le modèle ci-joint, pour les articles de recette, de dépense
» et de reprise, deux colonnes, dont l'une pour l'exercice courant, et
» l'autre pour les exercices antérieurs.

» Le compte est divisé en deux parties :
» La première comprend la gestion en deniers ;
» La seconde, la gestion en nature.
» Chaque partie est divisée en trois titres :
» Le premier comprend les recettes ;
» Le deuxième comprend les reprises ;
» Le troisième, les dépenses acquittées.

» Chaque titre est ensuite divisé en chapitres correspondant à chaque
» article du budget.

» Dans le premier titre, le Receveur doit se constituer en recette,
» 1°. du reliquat du compte de l'exercice précédent; 2°. de tous les re-
» couvremens qui étaient *à faire*, tant pour les exercices antérieurs que
» pour l'exercice dont il rend le compte, sauf à porter dans le titre des
» reprises la portion de ces recouvremens qui n'avait pas été opérée au
» 31 décembre, jour de la clôture de ses registres.

---

(1) Voyez le *Code des Hôpitaux*, tome 1, N°. 723.
(2) Voyez *Idem*, N°. 728.

3.   16

» Chaque article de recette doit indiquer son origine, et distinguer
» les recouvremens qui appartiennent aux exercices antérieurs de ceux
» qui appartiennent à l'exercice courant.

» Dans le deuxième titre, le Receveur fait reprise de tous les re-
» couvremens qu'il n'a pu opérer avant la clôture de ses registres.

» Les chapitres et les articles de ce titre présentent les mêmes procédés
» qu'au titre des recettes.

» Dans le cas où quelques articles de reprises ne laisseraient plus aucun
» espoir de recouvrement, le Receveur les présentera à part, appuyés
» des certificats du Maire, procès-verbaux de carence et délibérations
» de la Commission administrative accordant la décharge des deniers
» non recouvrés, et en demandera l'allocation en dépense, laquelle
» sera accordée ou refusée, selon qu'il y aura lieu, par l'autorité chargée
» de régler le compte.

» Le troisième titre offrira, par chapitres et par articles, toutes les
» dépenses que le Receveur aura acquittées depuis le 1er. janvier jus-
» qu'au 31 décembre.

» La seconde partie présentera dans ses différens titres,

» Tous les recouvremens qui étaient à faire sur chaque article des
» produits en nature portés au budget et dans l'état de développement
» y annexé, et ceux qui étaient à faire en vertu d'achats ;

» La reprise des recouvremens non opérés sur ces produits au 31 dé-
» cembre, jour de la clôture des registres ;

» Les versemens faits à l'économe des produits en nature récoltés ou
» achetés pour le service de l'établissement.

» Tous les produits en nature ayant été ainsi remis entre les mains
» et sous la responsabilité de l'Économe, la récapitulation des recettes
» et dépenses en nature ne présentera dans les comptes du receveur
» aucun excédant dont celui-ci ait à justifier.

» Mais l'existence en magasin des produits qui n'auraient pas été
» consommés sera connue par le compte de l'Économe, dont une ex-
» pédition en forme devra être annexée au compte final du Receveur.

» Lorsque le Receveur a dressé et arrêté son compte conformément
» à ces instructions, il le remet, avec toutes les pièces justificatives,
» à la Commission administrative, pour qu'il soit entendu et examiné
» par elle.

» Il est à propos que l'Administration délègue un de ses Membres
» pour remplir les fonctions de rapporteur, à l'effet de vérifier le compte
» sur les pièces justificatives produites à l'appui, sur les registres du
» Receveur, sur les registres tenus par le Contrôleur, s'il y en a un,
» et enfin sur le sommier général des biens des Hospices. Le Membre
» délégué rend compte des résultats de sa vérification dans une as-
» semblée de l'Administration, et la Commission arrête le compte par
» une délibération, qui est transcrite sur l'original, et rappelée sur ses
» expéditions.

» En même temps qu'elle arrêtera le compte en deniers, la Com-
» mission administrative doit arrêter le compte moral de sa propre ad-
» ministration pour le même exercice.

» Ce dernier doit présenter,

» 1°. Le mouvement de la population des Hospices, quant aux ma-
» lades, aux indigens, aux enfans admis dans ces établissemens, et
» aux employés affectés à leur service, et les observations auxquelles
» ont pu donner lieu la population et la mortalité;

» 2°. Les augmentations ou diminutions survenues dans les revenus,
» les améliorations qui ont pu être introduites dans la régie des biens;

» 3°. L'organisation du service de santé, les changemens qui y ont
» été opérés, les résultats des soins donnés à la population des Hospices
» par les Médecins et les Chirurgiens de ces établissemens, les maladies
» qui ont été traitées et les cas particuliers qui offriraient quelque intérêt;

» 4°. L'état des bâtimens, sous les rapports de la distribution, de la
» salubrité et de la facilité du service; les améliorations qui y ont été
» faites et celles qu'ils exigent encore;

» 5°. Les observations que peuvent suggérer les dépenses ordinaires
» et les dépenses extraordinaires de l'exercice, la masse des consom-
» mations qui ont eu lieu, le mode que l'Administration a suivi pour
» pourvoir aux approvisionnemens, le prix de chaque objet, et les ap-
» provisionnemens restant à la fin de l'année.

» Ces divers objets seront traités, dans l'ordre des paragraphes qui
» précèdent, sous les titres suivans :

» 1°. Population et mortalité;

» 2°. Régie des biens;

16.

» 3°. Service sanitaire ;

» 4°. Bâtimens ;

» 5°. Dépenses et consommations ;

» 6°· Régime alimentaire et prix de journées.

» A l'appui de ce compte moral, l'Administration produira ,

» 1°. Un état des revenus et consommations en nature, rédigé suivant
» le modèle annexé à ces instructions sous le n°. 12 ;

» 2°. Un état des dépenses qui restaient à acquitter, conforme au
» modèle n°. 13. Il sera possible que , lorsque le compte sera rendu ,
» le mémoire des travaux exécutés dans le cours de l'année précédente
» n'ayant pas été réglé, on ne connaisse pas le montant exact de
» quelques-unes des dépenses restant à acquitter ; mais on les portera
» alors par évaluation.

» Le compte du Receveur, le compte moral présenté par l'Adminis-
» tration et toutes les pièces à l'appui , seront mis sous les yeux du
» Conseil de charité, dans les villes où ces Conseils seront établis.
(*Art.* 8 *de l'ordonnance du* 31 *octobre* 1821.)

» Ils seront mis également sous les yeux du Conseil municipal , dans
» les villes où il est accordé des subventions aux Hospices sur les revenus
» communaux. (*Art.* 12 *de l'ordonnance du* 31 *octobre* 1821.)

» Lorsqu'ils auront été examinés par ces Conseils et revêtus de leurs
» observations , ils seront immédiatement transmis aux Préfets.

» Les Préfets apurent et arrêtent définitivement en Conseil de pré-
» fecture les comptes des Receveurs, après avoir entendu le rapport du
» Membre du Conseil de préfecture qu'ils ont désigné pour en proposer
» l'apurement. (*Art.* 1er. *de l'ordonnance du* 21 *mars* 1816) (1).

» Quant aux *comptes d'administration*, les Préfets prononcent sur
» ceux de ces comptes qui concernent les Hospices dont ils règlent les
» budgets, et soumettent les autres , avec leur avis , au Ministre de
» l'intérieur. (*Art.* 34 *de l'ordonnance du* 31 *octobre* 1821.)

» Aussitôt après l'apurement de chaque compte arrêté par les Préfets ,
» un relevé sommaire doit en être adressé au Ministre. (*Art.* 4 *de l'or-*
» *donnance du* 21 *mars* 1816) (2).

____

(1) Voyez le *Code des Hôpitaux*, tome 1, N°. 729.
(2) Voyez *Idem*, N°. 732.

» Ce relevé, pour les comptes des Receveurs, sera dressé suivant le
» modèle n°. 14 ; et quant aux comptes d'administration, les Préfets en
» feront un extrait, en ce qu'ils offrent de plus intéressant.

» Les Préfets doivent ne point perdre de vue combien il importe de ne
» point laisser arriérer l'apurement des comptes des Hospices, et on ne
» saurait leur recommander trop de soins pour tenir cette partie du
» service toujours au courant.

» Les arrêtés pris par les Préfets sur les comptes des Receveurs
» sont notifiés, dans le mois, aux Administrations et aux Comptables
» qu'ils concernent, sans préjudice de la faculté laissée aux parties
» d'en réclamer plus tôt une expédition. (*Art.* 29 *de l'ordonnance du* 31
octobre 1821.)

» En cas de contestation sur les arrêtés rendus par les Préfets, le^s
» comptabilités sur lesquelles sont intervenus ces arrêtés sont renvoyées
» par-devant la Cour des comptes, qui statue définitivement, sauf
» décision préalable du Ministre de l'intérieur, sur les questions qui sont
» de sa compétence. En conséquence, sur la demande soit d'une Com-
» mission administrative, soit d'un Receveur, le Préfet est tenu d'a-
» dresser au procureur général près la Cour des comptes toute compta-
» bilité dont le réglement a été contesté, ainsi que les pièces à l'appui.
(*Ordonnance du* 21 *mai* 1817) (1).

» Le recours réservé par ces dispositions doit être exercé dans les
» trois mois de la notification ou de la délivrance de l'expédition, l'une
» et l'autre constatées par le reçu de la partie intéressée. (*Art.* 29 *de*
l'ordonnance du 31 *octobre* 1821.)

» Les Préfets peuvent prononcer la suspension de tout Receveur des
» Hospices qui n'aurait pas rendu ses comptes dans les délais prescrits,
» ou qui les aurait rendus d'une manière assez irrégulière pour déter-
» miner cette mesure de rigueur. La suspension entraîne telles pour-
» suites que de droit, soit qu'il y ait nécessité d'envoyer, aux frais du
» Receveur, un Commissaire pour l'apurement de ses comptes, soit que,
» déclaré en débet, faute d'avoir justifié de l'emploi des sommes dont
» il était chargé en recette, il y ait lieu de prendre inscription sur ses

______

(1) Voyez le *Code des Hôpitaux,* tome 1 , N°. 733.

» biens, conformément à l'avis du Conseil d'État du 24 mars 1812 (1).
(*Art. 30 de la même ordonnance.*)

» Il résulte de l'avis du 24 mars 1812 et des deux autres actes qui
» y sont rappelés,

» 1°. Que les Administrateurs auxquels les lois ont attribué, pour
» les matières qui y sont désignées, le droit de prononcer les condam-
» nations ou de décerner des contraintes, sont de véritables juges
» dont les actes doivent produire les mêmes effets et obtenir la même
» exécution que ceux des tribunaux ordinaires;

» 2°. Qu'en conséquence les condamnations et les contraintes éma-
» nées des Administrateurs, dans les cas et pour les matières de leur
» compétence, emportent hypothèque de la même manière et aux
» mêmes conditions que celles de l'autorité judiciaire;

» 3°. Que ces dispositions sont applicables aux arrêtés des Préfets
» qui fixent les débets des comptables des Hospices.

» Tout arrêté de suspension est suivi de la révocation du comptable
» s'il n'a pas rendu ses comptes dans les délais fixés par ledit arrêté,
» ou s'il résulte de leur examen des charges suffisantes pour motiver
» cette mesure. Les révocations sont prononcées par le Ministre de
» l'intérieur, d'après l'avis des Préfets, lesquels ne peuvent le donner
» qu'après avoir entendu la Commission administrative. (*Art. 31 de la
même ordonnance.*)

» Lorsque la suspension frappera un Receveur d'Hospices qui se
» trouvera en même temps receveur de commune, il en sera immé-
» diatement donné connaissance au Ministre des finances, qui, s'il y
» a lieu, prononcera la révocation, après s'être concerté avec le Mi-
» nistre de l'intérieur. (*Art. 33 de la même ordonnance.*)

» Les Receveurs des Hospices étant, au surplus, soumis aux lois
» relatives aux comptables des deniers publics et à leur responsabilité,
» il doit être procédé à leur égard, dans tout ce qui n'est pas prévu
» par les dispositions précédentes, comme envers les comptables de de-
» niers publics.

---

(1) Voyez le *Code des Hôpitaux*, tome 1, N°. 765.

CHAPITRE V.

VÉRIFICATIONS DES CAISSES ET DE LA COMPTABILITÉ (1).

» Les Commissions administratives doivent s'assurer, chaque mois ,
» par la vérification des registres des Receveurs des Hospices, des dili-
» gences qu'ils ont faites pour la perception des revenus de ces établis-
» semens. (*Arrêté du Gouvernement du* 12 *octobre* 1803, 19 *vendémiaire
an* 12) (2).

» Elles peuvent en outre, toutes les fois qu'elles le jugent utile ,
» vérifier la caisse et les écritures des comptables.

» Indépendamment de ces vérifications, les Préfets sont tenus de faire
» vérifier la situation des Receveurs au moins deux fois par an, et tou-
» jours à la fin de l'année ; et ils transmettent au Ministre de l'intérieur
» les procès-verbaux de ces vérifications. (*Art.* 25 *de l'ordonnance du* 31
octobre 1821.)

» Ces procès-verbaux seront dressés suivant le modèle n°. 15.

» L'article 26 de l'ordonnance du 31 octobre veut en outre que des
» vérifications extraordinaires soient faites par les inspecteurs des fi-
» nances, pendant leur inspection dans les départemens.

» Les Préfets adressent au Ministre de l'intérieur , dans le cours de
» janvier de chaque année, la liste des Receveurs qu'ils jugent utile
» de faire vérifier par les inspecteurs des finances.

» Le Ministre de l'intérieur forme de ces listes un tableau des Rece-
» veurs à vérifier, qu'il transmet, avec ses instructions particulières ,
» au Ministre des finances ; celui-ci donne en conséquence aux inspec-
» teurs les ordres nécessaires, et fait connaître au Ministre de l'intérieur
» les résultats des vérifications.

» Les inspecteurs des finances doivent se renfermer dans les ordres
» qu'ils ont reçus. Ils ne peuvent néanmoins se refuser, pendant le
» cours de leur tournée , à toutes autres vérifications des mêmes comp-

---

(1) Voyez le *Code des Hôpitaux*, tome 1, N°. 710 et suivans.
(2) Voyez *Idem*, N°. 745.

» tables demandées par les Préfets. (*Art.* 27 *de l'ordonnance du* 31 *oc-tobre* 1821.)

» Les Préfets sentiront qu'ils ne doivent user de cette latitude que
» rarement et dans des circonstances imprévues , afin de ne point dé-
» ranger l'itinéraire donné à MM. les inspecteurs et prolonger inutile-
» ment leur inspection.

» MM. les inspecteurs auront soin de donner connaissance aux Préfets
» de toutes les vérifications qu'ils auront faites, et de leur adresser,
» sur chacune d'elles, les observations qu'ils jugeront utiles au bien du
» service. (*Même article de l'ordonnance.*)

» Les Préfets pourront suspendre et proposer de révoquer tout Rece-
» veur dans la gestion duquel des vérifications faites auraient constaté
» soit une infidélité , soit un déficit, ou un désordre grave, ou une né-
» gligence coupable (*art.* 32 *de l'ordonnance du* 31 *octobre* 1821),
» sans préjudice des poursuites et contraintes auxquelles il pourrait être
» soumis comme comptable de deniers publics, ainsi qu'il est expliqué
» au chapitre IV ci-dessus. »

TROISIÈME PARTIE.

DES BUREAUX DE BIENFAISANCE(1).

TITRE Ier.

DE L'ORGANISATION DES BUREAUX DE BIENFAISANCE, ET DE LEURS AGENS.

CHAPITRE Ier.

ORGANISATION ET COMPOSITION DES BUREAUX DE BIENFAISANCE.

« Les Bureaux de bienfaisance ont été créés par la loi du 27 novembre
» 1796 (7 frimaire an 5).

---

(1) Voyez, pour les Secours à domicile à Paris , le *Code des Hôpitaux*, tome 2 ,
N°. 3199 et suivans.

» A cette époque, il n'existait qu'une Administration municipale par
» canton, et la loi qui vient d'être citée ordonna que le Bureau central,
» dans les communes où il y avait plusieurs municipalités, et l'Admi-
» nistration municipale, dans les autres, formeraient un Bureau de
» bienfaisance, ou plusieurs, s'ils le croyaient convenable.

» En vertu de ces dispositions, il fut organisé dans presque tous les
» départemens un Bureau de bienfaisance par canton.

» La loi du 17 février 1800 (28 pluviôse an 8) ayant supprimé les
» Administrations municipales de cantons, et une Administration muni-
» cipale ayant été établie dans chaque commune, l'organisation des Bu-
» reaux de bienfaisance aurait dû être modifiée d'une manière analogue.

» Cependant, dans un certain nombre de départemens, les Bureaux
» de bienfaisance sont restés organisés par canton, et l'on s'est borné à
» établir des Bureaux auxiliaires dans les principales communes de
» chaque canton ou dans celles où les pauvres possédaient quelques
» revenus.

» Cet ordre de choses ne doit plus subsister. Les Bureaux de bien-
» faisance sont placés par les lois sous la surveillance de l'autorité mu-
» nicipale, qui n'exerce sa juridiction que sur l'étendue de chaque
» commune ; les Bureaux de bienfaisance doivent donc être circonscrits
» dans le même ressort.

» Il est d'ailleurs facile de concevoir les inconvéniens que présentait
» l'organisation des Bureaux de bienfaisance par canton. Si l'on compose
» ces bureaux de membres pris dans les diverses communes du canton,
» il est presque impossible de les réunir ; si l'on n'y appelle que des
» membres pris au chef-lieu du canton, les pauvres de cette commune
» sont nécessairement favorisés aux dépens des indigens des autres com-
» munes du canton.

» Il doit donc être établi un Bureau de bienfaisance dans chaque
» commune, ou du moins dans toutes celles où l'autorité locale le jugera
» nécessaire ou utile.

» Les règles prescrites pour les Commissions administratives des Hos-
» pices, en ce qui concerne le nombre, la nomination et le renouvel-
» lement de leurs membres, sont communes aux Bureaux de bienfai-
» sance. (*Art.* 4 *de l'ordonnance du* 31 *octobre* 1821.)

3.   17

» Ainsi , les Bureaux de bienfaisance doivent être , dans chaque
» commune, composés de cinq membres.

» Quant au mode de nomination et de renouvellement , on n'a qu'à
» se reporter aux détails donnés au chapitre Ier., titre Ier. de la seconde
» partie de ces instructions.

» Les Bureaux de bienfaisance peuvent nommer dans les divers quar-
» tiers des villes , pour les soins qu'il est jugé utile de leur confier ,
» des adjoints et des Dames de charité. (*Art. 4 de la même ordonnance.*)

» Ces adjoints et ces dames secondent les soins du Bureau de bien-
» faisance , et rendent la répartition des secours plus éclairée et plus
» efficace.

» Dans quelques grandes villes , ces adjonctions par quartiers forment,
» dans chacun d'eux , des sortes de Bureaux secondaires qui dépendent
» du Bureau principal , dont ils reçoivent les ordres et auquel ils rendent
» compte. Il n'y a point d'inconvénient à maintenir de telles dispositions
» par-tout où elles existent , pourvu que les formes en soient régula-
» risées par arrêté du Préfet , et que le siége de l'action administrative,
» comme de la responsabilité , reste dans le Bureau principal ; que par
» conséquent les adjonctions ne soient que des agences d'exécution. L'or-
» donnance du 31 octobre a prescrit des règles générales , afin d'avoir
» des garanties suffisantes ; mais il serait contraire à l'esprit qui l'a
» dictée d'exiger une minutieuse uniformité dans les détails qui se rap-
» portent à leur application.

CHAPITRE II.

DES AGENS ET EMPLOYÉS DES BUREAUX DE BIENFAISANCE (1).

» Les règles prescrites pour la nomination et la fixation des traite-
» mens des agens des Hospices s'appliquent aussi aux agens et em-
» ployés des Bureaux de bienfaisance. (*Voyez* le chapitre II du titre Ier.
» de la seconde partie de ces instructions.)

---

(1) Pour les secours à domicile de Paris, voyez le *Code des Hôpitaux*, tome 2.
N°. 3266 et suivans.

» On rappellera seulement ici que la disposition de l'ordonnance du
» 31 octobre, qui prescrit que les recettes des Bureaux de bienfaisance
» soient confiées au receveur municipal, si, réunies aux recettes des
» Hospices, elles n'excèdent pas dix mille francs, ne peut recevoir son
» exécution que lorsque le receveur municipal a son domicile dans la
» commune à laquelle appartient le Bureau de bienfaisance : dans le
» cas contraire, les recettes du Bureau doivent être confiées au receveur
» de l'Hospice, si un établissement de ce genre existe dans la com-
» mune, ou bien à un receveur spécial, s'il n'y a pas d'Hospice.

» Suivant l'article 17 de l'ordonnance du 31 octobre 1821, les Préfets
» prescriront la rédaction de réglemens pour les Bureaux de bienfaisance
» par-tout où ils le jugeront utile.

» Ces réglemens devront avoir pour principal objet de déterminer,

» 1°. Le nombre et l'ordre des séances du Bureau;

» 2°. Le nombre et les attributions des agens ou employés;

» 3°. Le mode d'admission aux secours;

» 4°. Les règles à suivre pour leur répartition.

» Ils seront soumis par les Bureaux de bienfaisance à l'approbation
» des Préfets.

TITRE II.

DES SECOURS A DOMICILE.

» Les ressources qui peuvent être employées à cette destination
» consistent,

» 1°. Dans les revenus résultant de la dotation des Bureaux de bien-
» faisance;

» 2°. Dans les allocations portées pour cet objet dans les budgets
» des communes;

» 3°. Dans les produits des quêtes, des troncs, des collectes, des
» dons et aumônes, et enfin dans ceux des droits établis au profit des
» pauvres sur les billets d'entrée dans les spectacles où se donnent des
» pièces de théâtre, des bals, des feux d'artifice, des concerts et exer-

» cices de chevaux. (*Loi du 27 novembre 1796 (7 frimaire an 5 ; loi de finances et arrêté du Ministre du 25 mai 1803 (5 prairial an 11)) (1).*

» Les Bureaux de bienfaisance, étant les auxiliaires nés des Hos-
» pices, peuvent éviter à ces établissemens une grande dépense, au
» moyen d'une sage distribution de secours à domicile. En effet, il
» n'est point de père de famille qui ne s'estime heureux lorsqu'il est
» atteint de maladie, de pouvoir rester près de sa femme et de ses
» enfans, et pour cela il suffit d'alléger une partie de sa dépense
» par des distributions de médicamens et d'alimens à domicile : en con-
» séquence, on ne peut mieux entendre la charité qu'en multipliant
» les secours à domicile et en leur donnant la meilleure direction
» possible.

» Tous les malheureux ont droit aux secours, toutes les fois que la
» force des circonstances les met dans l'impossibilité de fournir à leurs
» premiers besoins ; ce sont donc ces besoins que les Bureaux de bien-
» faisance doivent constater : car autant on doit s'empresser de secourir
» le véritable indigent, autant on doit éviter, par une distribution
» aveugle, d'alimenter l'oisiveté, la débauche et les autres vices dont
» le résultat inévitable est la misère.

» Une des premières choses dont les Bureaux de bienfaisance auront
» à s'occuper sera de s'assurer si l'indigent qui se présente pour être
» secouru a le domicile de secours voulu par la loi du 15 octobre 1793
» (24 vendémiaire an 2) (2).

» Il sera bon de tenir un livre des pauvres où l'on inscrive tous les
» indigens qui seront assistés.

» Ce livre sera divisé en deux parties : la première pour les indi-
» gens temporairement secourus, et la seconde pour les indigens se-
» courus annuellement.

» Dans la première partie on comprendra les blessés, les malades,
» les femmes en couche ou nourrices, les enfans abandonnés, les or-
» phelins, et ceux qui se trouvent dans des cas extraordinaires et im-
» prévus.

---

(1) Voyez le *Code des Hôpitaux*, tome 1, N°. 305 ; tome 2, N°. 3252.
(2) Voyez *Idem*, tome 2, note du N°. 3229.

» Dans la seconde partie seront portés les aveugles, les paralytiques,
» les cancérés, les infirmes, les vieillards, les chefs de famille sur-
» chargés d'enfans en bas âge. Les infirmités qui donnent droit aux
» secours annuels doivent être constatées par les médecins attachés aux
» Bureaux de bienfaisance.

» Les listes dont il s'agit seront arrêtées par ces Bureaux en assem-
» blée ; on ne doit pas y comprendre un plus grand nombre d'indigens
» que n'en peut secourir l'établissement.

» On apportera dans la formation de ces listes de la sévérité ; car
» comme il est souvent impossible de secourir tous les pauvres, et
» que ceux qui sont secourus ne peuvent l'être que dans une propor-
» tion inférieure à leurs besoins, il y a un choix à faire, et la justice
» ainsi que l'humanité exigent que ce choix soit en faveur des plus
» malheureux.

» Cet examen devra porter sur l'âge, les infirmités, le nombre d'en-
» fans, les causes de la misère, les ressources qui sont à leur disposition,
» et leur conduite. Du moment où les motifs qui ont fait admettre un
» pauvre aux secours n'existent plus, les secours doivent cesser ; ils
» doivent cesser également s'ils sont plus nécessaires à d'autres.

» Si le pauvre abuse des secours qu'il reçoit, il mérite d'être puni ;
» ce qui pourra avoir lieu en le privant du secours pour quelque temps
» ou pour toujours.

» C'est , autant que possible, en nature que ces secours doivent être
» distribués. Le pain , la soupe, les vêtemens et les combustibles, sont
» les objets qui peuvent le mieux remplir les besoins : les soupes aux
» légumes forment aussi une ressource facile et économique.

» On s'appliquera sur-tout, autant que les localités le permettront,
» à procurer du travail aux indigens valides. A défaut de manufactu-
» riers ou de maîtres artisans, on pourra proposer l'établissement d'a-
» teliers de charité.

» Les Bureaux de bienfaisance ne doivent pas borner leurs soins à
» la distribution des secours à domicile ; ils doivent encore les étendre
» aux Écoles de charité. Ces écoles font une des parties les plus inté-
» ressantes de leur administration : car si, par des secours appliqués
» avec discernement, ils soutiennent la vieillesse sans ressources, d'un

» autre côté, par une éducation morale et religieuse, ils disposent les
» enfans à se garantir un jour du fléau de la misère, en leur incul-
» quant l'amour du travail, l'esprit d'ordre, d'économie et de pré-
» voyance.

» En conséquence, il ne suffit pas d'apprendre aux enfans à lire, à
» écrire et à compter; il est bien plus important encore de leur former
» le cœur et d'y jeter les semences de la religion. Pour atteindre ce
» but, les Bureaux de bienfaisance ne doivent pas perdre de vue que,
» dans le choix des maîtres, ils devront donner la préférence à ceux
» qui, par leurs lumières, leur piété et leur zèle, peuvent faire espérer
» l'instruction religieuse la plus convenable et la plus solide; ne pas
» perdre de vue que les Frères de la doctrine chrétienne et les Sœurs de
» charité offrent, sous ce rapport, des avantages qu'il est rare de trouver
» dans les autres individus.

TITRE III.

DE LA GESTION DES BIENS ET DE LA COMPTABILITÉ.

» La gestion des biens des Bureaux de bienfaisance est soumise aux
» mêmes règles que la gestion des biens des Hospices. (*Voyez* le titre II
» de la seconde partie de ces instructions.)

» Les règles prescrites pour la comptabilité des Hospices (titre III de
» la seconde partie) sont également applicables aux Bureaux de bien-
» faisance, sauf les exceptions suivantes :

» Suivant l'article 13 de l'ordonnance du 31 octobre 1821, les budgets
» des Bureaux de bienfaisance doivent être, à quelque somme qu'ils
» s'élèvent, définitivement réglés par les Préfets.

» Les Préfets arrêteront les modèles que devront suivre les Bureaux
» de bienfaisance pour leurs budgets, leurs registres et leurs comptes. Ils
» les rapprocheront, autant que possible, des modèles prescrits pour
» les Hospices, en les simplifiant toutefois, les recettes et les dépenses
» des Bureaux de bienfaisance étant beaucoup moins étendues et moins
» variées que celles des Hospices.

QUATRIÈME PARTIE.

DES ENFANS TROUVÉS ET ENFANS ABANDONNÉS (1).

TITRE UNIQUE.

OBSERVATION GÉNÉRALE.

» L'ordonnance du 31 octobre 1821 n'a prescrit aucune nouvelle dis-
» position concernant le service des enfans trouvés et enfans abandonnés.
» Le Ministre va s'occuper d'examiner quelles sont les modifications
» dont l'organisation actuelle de ce service est susceptible ; mais en atten-
» dant qu'il ait pu arrêter ou proposer à Sa Majesté des améliorations,
» il a paru bon de rappeler à la suite des instructions relatives aux éta-
» blissemens de charité les règles qui, jusqu'à nouvel ordre, doivent
» servir de guide aux Administrations des Hospices. Ce rappel sera
» d'autant plus utile, que les abus qui, en plusieurs départemens, se
» sont introduits dans le service des enfans trouvés, tiennent sans doute
» plus à l'inobservation des règles établies qu'à leur imperfection.

CHAPITRE Ier.

CLASSIFICATION DES ENFANS.

» Les enfans *trouvés* sont ceux qui, nés de pères et mères inconnus,
» ont été trouvés exposés dans un lieu quelconque ou portés dans les
» Hospices destinés à les recevoir. (*Décret du 19 janvier 1811*) (2).
» Les enfans *abandonnés* sont ceux qui, nés de pères et mères connus,
» et d'abord élevés par eux, ou par d'autres personnes, à leur décharge,

---

(1) Voyez le *Code des Hôpitaux,* tome 1, N°. 1336 et suivans.
(2) Voyez *Idem.*

» en sont délaissés sans qu'on sache ce que les pères et mères sont de-
» venus, ou sans qu'on puisse recourir à eux. (*Décret du 19 janvier 1811.*)

» Les enfans nés, dans les Hospices, de femmes admises à y faire
» leurs couches, sont assimilés aux enfans trouvés, si la mère est re-
» connue dans l'impossibilité de s'en charger.

» On ne doit comprendre au rang des enfans *abandonnés,* assimilés,
» pour leur régime et le mode de paiement de leur dépense, aux enfans
» trouvés, que les enfans délaissés dont les pères et mères sont disparus,
» détenus, ou condamnés pour faits criminels ou de police correction-
» nelle. L'indigence ou la mort naturelle des pères et mères n'est
» pas une circonstance qui puisse faire admettre leurs enfans au rang
» des enfans abandonnés; ils ne peuvent être classés que parmi les or-
» phelins pauvres et les enfans de familles indigentes à la charge exclu-
» sive des Hospices, ou secourus à domicile.

» Ces distinctions sont essentielles; et comme elles sont souvent vio-
» lées, leur stricte observation réduira beaucoup, dans plusieurs dépar-
» temens, la dépense des enfans trouvés.

CHAPITRE II.

DE L'ADMISSION DES ENFANS.

» Il doit y avoir, au plus, dans chaque arrondissement, un Hospice où
» les enfans trouvés pourront être reçus. (*Décret du 19 janvier 1811.*)

» Suivant la loi du 17 décembre 1796 (1), les enfans trouvés devaient
» être portés à l'Hospice le plus voisin : ainsi tous les Hospices pouvaient
» recevoir des enfans trouvés. Cette disposition favorisait naturellement
» l'abandon des enfans, et de la multiplicité des asiles qui leur étaient
» ouverts, résultaient nécessairement plus d'abus dans les admissions, et
» plus de difficultés à surveiller le régime et l'Administration. C'est donc
» par une sage prévoyance, également dans l'intérêt des enfans, des Hos-
» pices et des départemens, qu'il a été décidé, en 1811, qu'il n'y aurait
» au plus, dans chaque arrondissement, qu'un Hospice destiné à rece-
» voir les enfans trouvés.

---

(2) Voyez le *Code des Hôpitaux,* tome 1, note du N°. 1339.

» Les Hospices qui offrent à-la-fois une situation plus centrale et plus
» de ressources, soit par leurs revenus propres, soit par les allocations
» qu'ils peuvent obtenir des villes où ils sont situés, doivent être choisis
» de préférence pour servir de dépôts ; et dans les villes où il existe plu-
» sieurs Hôpitaux, on doit, autant que possible, éviter de placer les dé-
» pôts dans les Hôpitaux de malades, et les établir dans les Hospices de
» vieillards, où leur santé et leur existence sont exposées à moins de
» dangers.

» Si, dans quelques départemens, les Préfets jugent qu'il y a plus d'a-
» vantages et qu'il est sans inconvénient d'avoir, pour tout le départe-
» tement, un seul Hospice chargé de recevoir les enfans trouvés ou
» abandonnés, ils peuvent proposer cette mesure au Ministre.

» Dans chaque Hospice destiné à recevoir les enfans trouvés, il doit
» y avoir un tour où ils puissent être déposés. (*Décret du* 19 *jan-*
vier 1811.)

» Il doit également y être établi des registres qui constatent, jour par
» jour, l'arrivée des enfans, leur sexe, leur âge apparent, et où l'on dé-
» crive les marques naturelles et les langes qui peuvent servir à les faire
» reconnaître. (*Même décret.*)

» Toute personne qui a trouvé un enfant nouveau-né est tenue de
» le remettre à l'Officier de l'État-civil, ainsi que les vêtemens et autres
» effets trouvés avec l'enfant, et de déclarer toutes les circonstances du
» temps et du lieu où il a été trouvé. Il doit en être dressé un procès-
» verbal détaillé , énonçant en outre l'âge apparent de l'enfant, son
» sexe, les noms qui lui seront donnés, l'autorité civile à laquelle il sera
» remis. Ce procès-verbal doit être inscrit sur les registres. (*Art.* 58
du Code civil) (1).

» L'admission des enfans trouvés ne doit avoir lieu que dans les cir-
» constances suivantes : 1°. par leur exposition au tour ; 2°. au moyen
» de leur apport à l'Hospice immédiatement après leur naissance, par
» l'Officier de santé ou la Sage-Femme qui a fait l'accouchement ;
» 3°. sur l'abandon de l'enfant de la part de sa mère, si, admise dans
» l'Hospice pour y faire ses couches, elle est reconnue dans l'impossi-

---

(1) Voyez le *Code des hôpitaux,* tome 1, note du N°. 1343.

3.   18

» bilité de s'en charger; 4°. sur la remise du procès-verbal dressé par
» l'Officier de l'État-civil, pour les enfans exposés dans tout autre lieu
» que dans l'Hospice.

» A l'arrivée d'un enfant, l'employé de l'Hospice préposé à la tenue
» du registre des enfans trouvés doit dresser procès-verbal de l'admis-
» sion, et indiquer les circonstances soit de l'exposition, soit de l'apport à
» l'Hospice.

» Il doit nommer l'enfant, s'il n'a été déjà nommé par l'Officier de
» l'État-civil, ou si, en l'exposant, on n'a pas déposé avec lui des papiers
» indiquant ses noms. Les noms donnés à chaque enfant doivent être
» tels, que, s'il n'y en a que deux, le premier soit considéré comme nom
» de baptême, et l'autre devienne, pour l'enfant qui le reçoit, un nom
» de famille transmissible à ses propres descendans. Pour le choix du
» nom de baptême, on doit suivre les usages et les règles ordinaires.
» L'enfant doit être baptisé et élevé dans la religion de l'État, sauf les
» exceptions qui seraient autorisées pour certaines localités. Quant au
» nom de famille, il faut avoir soin de ne pas donner le même nom à
» plusieurs enfans, et éviter de leur donner des noms connus pour appar-
» tenir à des familles existantes. Il faut donc chercher ces noms soit dans
» l'histoire, soit dans les circonstances particulières à l'enfant, comme sa
» conformation, ses traits, son teint, le pays, le lieu où il a été trouvé,
» en rejetant toutefois les dénominations qui seraient ou indécentes, ou
» ridicules, ou propres à rappeler en toute occasion que ceux à qui on les
» donne sont des enfans trouvés.

» Le préposé doit adresser, dans les vingt-quatre heures qui suivent
» l'inscription d'un enfant, un extrait du registre d'inscription, en ce qui
» le concerne, à l'Officier de l'État-civil, pour être immédiatement trans-
» crit sur le registre des actes de naissance.

» Une instruction ministérielle a recommandé, il y a plusieurs années,
» aux Administrations des Hospices de suivre le procédé en usage dans
» l'Administration des Hospices de Paris, pour prévenir la substitution
» des enfans, et qui consiste à passer au cou de chaque enfant un collier,
» que l'on scelle avec un morceau d'étain au moyen d'une presse. L'é-
» tain porte pour empreinte la désignation des Hospices auxquels appar-
» tient l'enfant, l'année dans laquelle il a été exposé et son numéro

» d'ordre. Le collier est serré au degré nécessaire pour ne pouvoir être
» enlevé à l'enfant, sans gêner cependant sa croissance ; et il est à désirer
» que ce moyen soit par-tout pratiqué, jusqu'à ce qu'on ait pu en décou-
» vrir un plus efficace.

» Les enfans *abandonnés* ne doivent être admis dans les Hospices que,
» 1°. d'après l'acte de notoriété du Juge de paix ou du Maire constatant
» l'absence de leurs pères et mères ; 2°. sur l'expédition des jugemens
» correctionnels ou criminels qui les privent de l'assistance de leurs parens.

» Aucun enfant abandonné ne peut être admis s'il a atteint sa douzième
» année.

» Il doit être tenu, pour l'inscription des enfans abandonnés, un re-
» gistre analogue au registre des enfans trouvés. Dans le cas où des
» parens, après avoir abandonné leur enfant momentanément et à des-
» sein de le faire admettre frauduleusement dans un Hospice, reparaî-
» traient ensuite dans la commune, le Maire doit en informer le Sous-
» Préfet, qui ordonnera la remise de l'enfant aux parens, et ceux-ci se-
» ront tenus au remboursement des frais occasionnés par l'enfant à
» l'Hospice.

» Les causes du prodigieux accroissement qu'éprouve depuis quelques
» années le nombre des enfans trouvés et enfans abandonnés consistent
» certainement, en partie, dans les abus qui ont eu lieu dans les admis-
» sions des enfans. Les divers Ministres qui se sont succédé au départe-
» ment de l'intérieur ont souvent appelé l'attention des Préfets sur ces
» abus ; mais il ne paraît pas qu'on ait, en général, apporté à les répri-
» mer tous les soins désirables.

» Pour les détruire et en prévenir le retour, les Commissions adminis-
» tratives des Hospices ne sauraient exercer une surveillance trop sévère
» sur la tenue des registres d'inscription des enfans, et sur les opérations
» des employés préposés à ce service.

» On pense que l'une des mesures les plus efficaces serait aussi de faire
» vérifier, tous les trois mois, soit par les Contrôleurs des Hospices, soit
» par des Commissaires spéciaux, les titres d'admission des enfans com-
» pris au nombre des enfans trouvés et enfans abandonnés. Les enfans
» que l'on reconnaîtrait avoir été admis contre les règles et les principes
» qui ont été ci-dessus rappelés seraient rendus à leurs familles ou aux

18.

» personnes qui en étaient chargées ; et l'on ne doute pas, d'après les
» exemples qu'en ont déjà donnés plusieurs départemens, que l'exécution
» de ces dispositions n'eût pour résultat de diminuer considérablement le
» nombre des enfans à la charge des Hospices.

» C'est ici le lieu de rappeler les dispositions que renferme le Code
» pénal concernant l'exposition des enfans.

» L'art. 348 porte : Ceux qui auront porté à un Hospice un enfant au-
» dessous de l'âge de sept ans accomplis, qui leur aurait été confié afin
» qu'ils en prissent soin ou pour toute autre cause, seront punis d'un em-
» prisonnement de six semaines à six mois, et d'une amende de seize
» francs à cinquante francs ; toutefois, aucune peine ne sera prononcée,
» s'ils n'étaient pas obligés de pourvoir gratuitement à la nourriture et à
» l'entretien de l'enfant, et si personne n'y avait pourvu.

Art. 349. » Ceux qui auront exposé et délaissé dans un lieu solitaire
» un enfant au-dessous de l'âge de sept ans accomplis ; ceux qui auront
» donné l'ordre de l'exposer ainsi, si cet ordre a été exécuté, seront,
» pour ce seul fait, condamnés à un emprisonnement de six mois à
» deux ans, et à une amende de seize francs à deux cents francs.

Art. 350. » La peine portée au précédent article sera de deux ans
» à cinq ans, et l'amende de cinquante francs à quatre cents francs,
» contre les tuteurs et tutrices, instituteurs ou institutrices de l'enfant
» exposé et délaissé par eux ou par leur ordre.

Art. 351. » Si, par suite de l'exposition et du délaissement prévus
» par les art. 349 et 350, l'enfant est demeuré mutilé ou estropié,
» l'action sera considérée comme blessure volontaire à lui faite par la
» personne qui l'a exposé et délaissé ; et si la mort s'en est suivie, l'ac-
» tion sera considérée comme meurtre : au premier cas, les coupables
» subiront la peine applicable aux blessures volontaires, et au second
» cas celle du meurtre.

Art. 352. » Ceux qui auront exposé et délaissé en un lieu non soli-
» taire un enfant au-dessous de l'âge de sept ans accomplis seront
» punis d'un emprisonnement de trois mois à un an, et d'une amende
» de seize francs à cent francs.

Art. 353. » Le délit prévu par le précédent article sera puni d'un
» emprisonnement de six mois à deux ans, et d'une amende de vingt-

» cinq francs à deux cents francs, s'il a été commis par les tuteurs et
» tutrices, instituteurs ou institutrices de l'enfant.

» Il est du devoir des Commissions administratives des Hospices et
» des Maires et Sous-Préfets de signaler aux procureurs du Roi, pour
» être punis conformément à la loi, les délits prévus par les articles
» précédens, qui viendraient à leur connaissance, en mettant toutefois
» à la recherche de ces délits la réserve nécessaire pour ne pas s'exposer
» à amener des infanticides en voulant prévenir les expositions.

CHAPITRE III.

DES NOURRICES ET DU PLACEMENT DES ENFANS A LA CAMPAGNE.

» Les enfans nouveau-nés doivent être mis en nourrice aussitôt que
» faire se peut. Jusque-là, ils doivent être nourris au biberon, ou même
» au moyen de nourrices résidant dans l'établissement ; s'ils sont sevrés
» ou susceptibles de l'être, ils doivent être également mis en nourrice
» ou sevrage. (*Décret du* 19 *janvier* 1811.)

» Ils doivent rester en nourrice jusqu'à l'âge de six ans. (*Même*
» *décret.*)

» Il serait avantageux de pouvoir confier les enfans nouveau-nés à
» des nourrices sédentaires, jusqu'au moment où on les remet aux
» nourrices des campagnes, et dans les Hospices où l'on reçoit des
» femmes enceintes, on peut choisir des nourrices sédentaires parmi
» celles de ces femmes qui sont accouchées ; mais dans les établissemens
» où il ne peut y avoir de nourrices sédentaires, il faut nourrir les enfans
» au biberon, jusqu'à ce qu'ils puissent être confiés aux nourrices exté-
» rieures.

» Les enfans nouveau-nés doivent être baptisés avant leur départ
» pour la campagne.

» Ils doivent aussi être vaccinés dès leur admission dans l'Hospice,
» à moins que l'état de leur santé ou leur prompt départ pour la cam-
» pagne ne s'y oppose. Dans ces cas, les nourrices doivent les faire
» vacciner dans les trois premiers mois qui suivront la remise qui leur
» en aura été faite, et doivent justifier d'un certificat de vaccination,
» pour pouvoir être payées du premier trimestre des mois de nourrice.

» On doit exiger des nourrices et autres personnes qui viennent
» prendre des enfans dans les Hospices un certificat du Maire de leur
» commune, constatant qu'elles sont de bonnes vie et mœurs, et qu'elles
» sont en état d'élever et soigner les enfans.

» Il importe que les nourrices soient visitées, à leur arrivée, par les
» Officiers de santé de l'Hospice, pour constater leur santé, l'âge de
» leur lait et sa qualité. Ce n'est que dans le cas où elles sont reconnues
» saines et propres à allaiter avec succès que les enfans doivent leur être
» remis avec la layette.

» Au départ de la nourrice, il doit être fait mention sur le registre-
» matricule à ce destiné de la mise de l'enfant en nourrice. Il doit
» lui être délivré une carte contenant le nom de l'enfant, son âge, le
» numéro du registre-matricule, le folio du registre du paiement, le
» nom de la nourrice, et la date de la remise du nourrisson.

» Cette carte doit aussi présenter des blancs, sur lesquels s'inscriront
» successivement les paiemens faits à la nourrice, les vêtures qui lui
» sont remises, et le décès de l'enfant, s'il avait lieu.

» Dans quelques villes du premier ordre, où le nombre très-consi-
» rable des enfans trouvés à la charge des Hospices rend nécessaire
» de s'assurer d'un grand nombre de nourrices et de se les procurer
» dans un rayon fort étendu, on a établi, sous le nom de *meneurs*,
» des employés chargés d'engager les nourrices pour le compte des
» Hospices, de les conduire dans ces établissemens, de les ramener au
» lieu de leur domicile et d'effectuer leurs paiemens tous les trois mois ;
» mais ces meneurs n'étant nécessaires que dans très-peu de villes, il
» paraît inutile d'indiquer les règles qui doivent être suivies à leur égard
» dans des instructions générales que l'on a pour but de rendre appli-
» cables à tous les Hospices du royaume.

» A six ans, tous les enfans doivent être, autant que faire se peut,
» mis en pension chez des cultivateurs ou des artisans. (*Décret du* 19
janvier 1811.)

» Les nourrices peuvent conserver jusqu'à l'âge de douze ans les
» enfans qui leur ont été confiés, à la charge de les nourrir et entre-
» tenir convenablement, aux prix et conditions déterminés conformé-
» ment aux règles qui seront plus loin rappelées, et de les envoyer aux

» écoles primaires pour y recevoir l'instruction morale et religieuse
» donnée aux autres enfans de la commune ou du canton.

» Les enfans qui ne peuvent être mis en pension, les estropiés et
» infirmes, doivent être élevés dans l'Hospice, et occupés, dans des
» ateliers, à des travaux qui ne soient pas au-dessus de leur âge.

CHAPITRE IV.

DES LAYETTES ET VÊTURES.

» Il doit être remis à chaque nourrice une layette au moment où on
» lui confie un enfant nouveau-né.

» Les vêtures qui suivent les layettes sont données aux enfans d'année
» en année, jusqu'à l'âge de six ans accomplis.

» Il appartient aux Préfets de régler, suivant les usages des localités
» et les produits des fabriques du pays, la composition des layettes et
» vêtures ; mais on croit utile de faire connaître, pour terme de compa-
» raison, comment sont composées ces layettes à Paris.

» En voici le tableau :

LAYETTE pour les enfans nouveau-nés.	PREMIÈRE VÊTURE et Demi-Maillot pour les enfans sevrés lorsqu'ils sont dans leur première année.		SECONDE VÊTURE et Demi-Maillot pour les enfans au-dessus de dix-huit mois.		TROISIÈME et QUATRIÈME vêtures.	CINQUIÈME et SIXIÈME vêtures.
	Première vêture	Demi-Maillot.	Seconde vêture.	Demi-Maillot.		
5 béguins. 2 bonnets d'indienne. 1 bonnet de laine. 2 brassières de laine. 6 couches. 1 couverture. 5 fichus de toile. 2 langes de laine. 2 langes piqués. 5 chemises en brassières.	2 paires de bas de laine 4 béguins. 2 bonnets d'indienne. 4 chemises. 1 chemisette. 2 couches. 4 fichus de garas. 2 langes de laine. 1 robe.	1 béguin. 1 bonnet de laine. 1 brassière de laine. 1 chemise en brassière. 4 couches. 1 couverture 1 fichu de toile. 2 langes de laine. 2 langes piqués.	2 paires de bas de laine 3 béguins. 2 bonnets d'indienne. 2 chemises. 2 fichus de garas. 1 jupon. 1 robe.	1 béguin. 1 bonnet de laine. 1 brassière de laine. 1 chemise en brassière. 4 couches. 1 couverture 1 fichu de toile. 2 langes de laine. 2 langes piqués.	2 paires de bas de laine 2 béguins. 2 bonnets de laine. 2 bonnets d'indienne. 2 chemises. 2 fichus de garas 1 jupon. 1 robe.	2 paires de bas de laine 2 bonnets d'indienne. 2 chemises. 1 chemisette. 1 fichu de garas. 1 robe.

» Chaque nourrice est responsable des layettes et vêtures qui lui
» ont été données, et elle est tenue d'en faire la remise, dans le cas,
» où l'enfant viendrait à décéder avant l'expiration de la seconde année
» qui suit la réception de chaque layette ou vêture, et dans le cas où
» l'enfant serait retiré avant l'expiration de ce terme.

» A défaut de cette remise, il doit être fait une retenue aux nourrices
» sur les salaires qui leur sont dus, jusqu'à la concurrence de la va-
» leur des layettes et vêtures qu'elles auraient dû restituer, et dans le
» cas où le montant de ces salaires serait inférieur à la valeur des layettes
» et vêtures, les nourrices doivent être tenues de la compléter.

CHAPITRE V.

DES MOIS DE NOURRICE, PENSIONS ET INDEMNITÉS DIVERSES (1).

» Les enfans trouvés et les enfans abandonnés doivent être, pour la
» fixation des mois de nourrice et pensions à payer pour leur entretien,
» divisés en trois classes ; les enfans du premier âge, les enfans du second
» âge, et les enfans du troisième âge.

» Les enfans du premier âge sont ceux qui se trouvent encore dans
» leur première année.

» Les enfans du second âge sont ceux qui sont entrés dans leur seconde
» année, et qui n'ont point accompli leur sixième année.

» Les enfans du troisième âge sont ceux qui, entrés dans leur septième
» année, n'ont point accompli doûze ans.

» Les prix des mois de nourrice et pensions doivent être réglés par
» les Préfets, dans chaque département, en prenant pour base le prix
» ordinaire des grains, et en graduant leur fixation suivant les services
» que les enfans peuvent rendre dans les différens âges de leur vie.

» Le *maximum* des mois de nourrice et pensions ne doit pas excéder
» la valeur de dix myriagrammes de grains par trimestre.

» Pour les enfans à la charge des Hospices de Paris, les mois de
» nourrice et pensions sont fixés ainsi qu'il suit :

» Sept francs par mois pour le premier âge.

» Six francs par mois pour la seconde année.

» Cinq francs pour les troisième, quatrième, cinquième et sixième
» années.

» Quatre francs par mois pour le troisième âge.

» Ces fixations peuvent servir de terme de proportion pour les dé-
» partemens.

» Il est convenable que le décroissement de prix n'ait lieu qu'à la fin
» du trimestre pendant lequel l'enfant a passé d'un âge à l'autre.

» Les nourrices et autres personnes chargées d'enfans trouvés ou
» abandonnés, lorsqu'elles présentent des certificats constatant que

______

(1) Voyez le *Code des Hôpitaux*, tome 1, N°. 1347 et suivans.

» l'enfant qui leur a été confié existe, et qu'il a été traité avec soin et
» humanité, ont droit, pour les neuf premiers mois de la vie de l'enfant,
» indépendamment des mois de nourrice, à une indemnité de dix-huit
» francs, payable par tiers de trois mois en trois mois. (*Arrêté du Gou-*
vernement du 20 *mars* 1797 (30 *ventôse an* 5)) (1).

» Ceux qui ont conservé des enfans jusqu'à l'âge de douze ans, et
» qui les ont préservés, jusqu'à cet âge, d'accidens provenant de défaut
» de soins, doivent recevoir à cette époque, sur la représentation des
» certificats rappelés au paragraphe qui précède, une autre indemnité
» de cinquante francs. (*Même arrêté.*)

» Une indemnité qui a été réglée aussi à cinquante francs par l'ar-
» rêté du Gouvernement du 20 mars 1797, mais que les Préfets peu-
» vent réduire dans les départemens où elle paraîtrait trop forte, doit
» être également payée aux cultivateurs ou manufacturiers chez lesquels
» sont placés des enfans ayant atteint l'âge de douze ans, ou à ceux
» qui, les ayant élevés jusqu'à cet âge, les conserveraient aux condi-
» tions déterminées par l'Administration ; et cette somme est destinée à
» procurer aux enfans les vêtemens qui leur sont nécessaires. (*Même*
arrêté.)

CHAPITRE VI.

DE LA MISE EN APPRENTISSAGE DES ENFANS ET DE LEUR RETOUR DANS L'HOSPICE.

» Les enfans âgés de douze ans doivent, autant que faire se peut,
» être mis en apprentissage, les garçons chez des laboureurs ou des
» artisans ; les filles chez des ménagères, des couturières ou des ou-
» vrières, ou dans des fabriques et manufactures. (*Décret du* 19 *jan-*
vier 1811.)

» Les Commissions administratives des Hospices peuvent également,
» lorsque les enfans manifestent le désir de s'attacher au service ma-
» ritime, contracter, sous l'approbation des Préfets, des engagemens
» pour le placement de ces enfans sur des vaisseaux du commerce ou de
» l'État. (*Arrêté du Gouvernement, du* 20 *mars* 1797 (30 *ventôse an* 5)).

---

(1) Voyez le *Code des Hôpitaux,* tome 1, N°. 1347 et suivans

» Les nourrices et autres habitans qui ont élevé jusqu'à douze ans les
» enfans qui leur ont été confiés peuvent les conserver préférablement
» à tous autres, en se chargeant de leur faire apprendre un métier, ou
» de les appliquer aux travaux de l'agriculture.

» Les contrats d'apprentissage ne doivent stipuler aucune somme en
» faveur du maître ni de l'apprenti ; ils doivent seulement garantir au
» maître les services gratuits de l'apprenti, jusqu'à un âge qui ne peut
» excéder vingt-cinq ans, et à l'apprenti, la nourriture, l'entretien et
» le logement. (*Décret du 19 janvier* 1811.)

» Il importe d'imposer pour condition essentielle, dans tous les con-
» trats d'apprentissage, que les enfans recevront l'instruction morale
» et religieuse que leur état comporte.

» Ceux des enfans qui ne peuvent être mis en apprentissage, les
» estropiés et les infirmes qu'on ne trouverait pas à placer hors de
» l'Hospice, doivent y rester à sa charge, et des ateliers doivent être
» établis pour les occuper. (*Décret du 19 janvier* 1811.)

» Les enfans qui, pour leur inconduite ou la manifestation de quel-
» ques inclinations vicieuses, seraient reconduits dans les Hospices,
» doivent y être placés dans un local particulier; et les Administrations
» doivent prendre les mesures convenables pour les ramener à leur
» devoir, en attendant qu'elles puissent les rendre à leurs maîtres ou les
» placer ailleurs.

CHAPITRE VII.

REVUE DES ENFANS.

» L'article 14 du décret du 19 janvier 1811 porte que les Commissions
» administratives des Hospices feront visiter, au moins deux fois l'année,
» chaque enfant, soit par un commissaire spécial, soit par les médecins
» ou chirurgiens vaccinateurs ou des épidémies.

» Les revues fréquentes des enfans placés en nourrice ou en pension
» sont évidemment nécessaires pour s'assurer si ces enfans sont traités
» avec les soins dus à leur âge et à la protection que l'État leur accorde,
» et si les nourrices ou autres personnes auxquelles ils sont confiés ne
» commettent à leur égard aucun abus.

» Dans quelques départemens, on a proposé d'assigner un lieu où
» se rendraient, à une époque déterminée, toutes les nourrices d'un
» arrondissement, pour être soumises, avec leurs nourrissons, à la
» visite d'un commissaire spécial délégué par les Commissions admi-
» nistratives; mais si l'on suivait ce mode, le transport des enfans pour-
» rait avoir pour eux des inconvéniens et même des dangers, et l'on
» manquerait d'ailleurs presque entièrement le but que l'on doit avoir
» en vue, puisque les nourrices, préparées d'avance à la visite, soi-
» gneraient pour ce moment la tenue de leurs nourrissons, et cou-
» vriraient facilement la plupart des abus qu'elles auraient pu com-
» mettre.

» Pour que la visite des enfans soit réellement utile, et qu'elle ait
» l'effet de prévenir les négligences et de réprimer les abus, il est in-
» dispensable qu'elle soit imprévue; et ce but ne peut être rempli que
» par des tournées faites, à des époques indéterminées, dans toutes les
» communes où se trouvent placés les enfans.

» On pense que ces tournées pourraient être confiées soit au médecin
» des épidémies de l'arrondissement, soit aux médecins et chirurgiens
» vaccinateurs des cantons, dans les départemens où il en a été établi.

» La Commission administrative de l'Hospice servant de dépôt pour
» les enfans trouvés se concerterait avec le Sous-Préfet pour fixer, en
» les variant chaque année, les époques de ces tournées. Elle lui trans-
» mettrait, préalablement à chaque tournée, un état nominatif de tous
» les enfans placés en nourrice ou en pension.

» On formerait un seul tableau, si la tournée était confiée à un seul
» médecin pour tout l'arrondissement; on le diviserait en autant d'états
» que de cantons, si la visite était confiée à des médecins cantonaux.
» Dans tous les cas, l'état contiendrait les nom et prénoms de l'enfant,
» son âge et son sexe, le numéro de son inscription sur les registres de
» l'Hospice. Une colonne y serait réservée pour les observations du mé-
» decin ou chirurgien visiteur.

» Les enfans qui résident dans un autre arrondissement que celui
» de l'Hospice auquel ils appartiennent seraient inspectés par les méde-
» cins de l'arrondissement de leur résidence. A cet effet, les Commis-
» sions administratives se transmettraient réciproquement la liste des

» enfans qui seraient dans ce cas, avec les renseignemens indiqués dans
» le paragraphe précédent.

» Le médecin ou chirurgien chargé de la revue inspecterait les enfans
» sous le rapport de leur santé, de celle des nourrices, de la tenue
» des uns et des autres, du travail des enfans, de l'instruction mo-
» rale et religieuse qui leur est donnée, de leur nourriture et de leurs
» vêtemens, et de toutes les circonstances qui peuvent intéresser leur
» conservation.

» Il noterait ses observations sur ces différens objets en regard du
» nom de chaque enfant.

» Le médecin ou chirurgien inspecteur tiendrait également note des
» déclarations, observations ou réclamations qui lui seraient faites,
» soit par la nourrice, soit par l'enfant, s'il était en âge d'être interrogé.

» Il aurait aussi à reconnaître l'identité des enfans qui lui seraient
» présentés, et à s'assurer si, par une substitution frauduleuse, les nour-
» rices ne jouissent pas, pour leurs propres enfans ou pour d'autres,
» de l'indemnité qui n'est due qu'à ceux qui sont confiés à la charité
» publique.

» Le tableau de la revue de chaque médecin serait certifié par lui
» et transmis au Sous-Préfet, qui le remettrait à la Commission admi-
» nistrative de l'Hospice, en appelant son attention sur les observa-
» tions qu'il pourrait contenir, et en ordonnant telles mesures aux-
» quelles ces observations pourraient donner lieu.

» Les indemnités à accorder aux médecins ou chirurgiens inspecteurs
» pour leurs frais de tournée seraient réglées par le Préfet, sur la pro-
» position du Sous-Préfet, et le montant pourrait en être acquitté sur
» les fonds affectés au paiement des mois de nourrice et pensions, comme
» dépenses accessoires de ce service.

CHAPITRE VIII.

DU PAYEMENT DES DÉPENSES.

» Les dépenses relatives au service des enfans trouvés et enfans aban-
» donnés se divisent en deux classes, qu'on peut désigner sous le nom
» de dépenses *intérieures* et dépenses *extérieures*.

» Les dépenses intérieures se composent des layettes et vêtures à
» fournir aux enfans trouvés ou abandonnés, et des frais d'entretien de
» ces enfans dans les Hospices, soit avant leur départ pour la campagne
» ou avant leur mise en apprentissage, soit lorsque, n'ayant pu rester
» en nourrice ou en apprentissage, ils reviennent dans les Hospices.

» Les dépenses de cette nature sont à la charge des Hospices appelés
» à recueillir les enfans. (*Décret du 19 janvier 1811.*)

» Dans le cas cependant où les Hospices chargés de recevoir les en-
» fans trouvés et enfans abandonnés se trouveraient dans l'impossibilité
» de pourvoir à la totalité de cette dépense, la portion qu'ils ne pour-
» raient acquitter doit être répartie sur les autres Hospices du départe-
» ment, en proportion de leurs ressources et de leurs besoins. Cette
» répartition, réglée par le Préfet, est soumise à l'approbation du Mi-
» nistre de l'intérieur, et les sommes à fournir par chaque Hospice
» doivent être comprises dans leurs budgets, pour servir au réglement
» des allocations à leur accorder sur les octrois.

» Les mois de nourrice et pensions des enfans trouvés et enfans aban-
» donnés forment les dépenses extérieures. On y a toujours compris
» en outre les indemnités à accorder en vertu de l'arrêté du Gouverne-
» ment du 20 mars 1797 (30 ventôse an5), pour les neuf premiers mois
» de la vie des enfans, et lorsqu'ils ont atteint leur douzième année ;
» et on doit y comprendre également les indemnités à accorder pour
» la revue et l'inspection des enfans.

» Il est pourvu aux dépenses extérieures au moyen,

» 1°. De la portion des amendes et confiscations affectée à la dépense
» des enfans trouvés;

» 2°. De la portion des revenus des Hospices spécialement affectée
» à la même destination ;

» 3°. Des allocations votées par les Conseils généraux et approuvées
» par le Ministre, sur le produit des centimes affectés aux dépenses
» départementales;

» 4°. Des contingens assignés sur les revenus des communes.

» Le Préfet doit remettre au Conseil général, à l'ouverture de chaque
» session, un rapport détaillé sur la dépense présumée des enfans

» trouvés et enfans abandonnés entretenus en nourrice ou en pension ,
» et sur les moyens d'y pourvoir.

» Le Conseil général , en votant la somme à allouer pour ce service ,
» soit sur le produit des centimes affectés aux dépenses variables, soit
» sur le produit des centimes facultatifs, doit émettre son vœu sur la
» quotité de la somme qui peut être rejetée sur les communes , et sur
» les bases de la répartition de cette somme.

» Le Préfet adresse au Ministre , par un envoi spécial et distinct
» de celui des budgets , les propositions qu'il a faites et le vœu émis
» par le Conseil général. Le Ministre règle alors définitivement les
» moyens de pourvoir à la dépense et le mode de répartition du contin-
» gent assigné aux communes.

» La somme à fournir par chaque commune est ensuite comprise dans
» son budget, s'il n'est pas encore approuvé, et, au cas contraire , dans
» le budget de l'exercice suivant , par voie de rappel.

» Le Préfet peut autoriser les communes dont les budgets se trouvent
» déjà réglés à acquitter, si leur situation le permet, sur leurs revenus
» de l'exercice courant, les contingens qui leur sont assignés, sauf
» régularisation dans le budget de l'année suivante.

» Les contingens assignés aux communes doivent être versés par elles
» dans la caisse du receveur général du département pour être réunis
» à la somme allouée au budget départemental pour le service des en-
» fans trouvés; et le Préfet ordonnance successivement, sur ces fonds,
» le remboursement des avances faites par les Hospices pour le paiement
» des mois de nourrice et pensions, et autres dépenses accessoires.

» Le paiement des mois de nourrice et pensions ne doit avoir lieu que
» sur la représentation , 1°. de la carte ou du bulletin donné par l'Hos-
» pice à la personne chargée de l'enfant ; 2°. d'un certificat de vie de
» l'enfant ou de son acte de décès.

» Le certificat de vie doit être délivré par le Maire de la commune
» où l'enfant se trouve en nourrice ou en pension , et constater que le
» Maire a vu l'enfant dont il certifie l'existence ; il doit être donné sur
» papier libre et sans frais, et le sceau de la mairie doit y être apposé.
» Les Commissions administratives des Hospices et les Préfets prescri-

» ront, pour la délivrance des certificats de vie, toutes les précautions
» qu'ils jugeront propres à en assurer l'authenticité.

» Si l'enfant n'a pas été vacciné avant d'être mis en nourrice ou en
» pension, il est utile d'exiger pour le paiement du premier trimestre
» un certificat dûment légalisé par le Maire, constatant que l'enfant a
» été vacciné; et il sera fait mention de ce certificat sur le registre de
» paiement.

» En cas de mort d'un enfant, les personnes qui en étaient chargées
» doivent rapporter une expédition de son acte de décès. Cette expé-
» dition doit être délivrée sans frais et sur papier libre par l'officier
» de l'État-civil, qui mentionnera, conformément à la loi du 3 novembre
» 1798 (13 brumaire an 7), qu'elle est destinée à l'Administration de
» l'Hospice auquel appartenait l'enfant décédé.

» Les Administrations des Hospices chargées d'enfans trouvés ou
» enfans abandonnés font arrêter, après l'expiration de chaque tri-
» mestre, les états des paiemens à faire pour les mois de nourrice et
» pensions du trimestre échu. Ces états doivent être distincts pour les
» enfans trouvés et pour les enfans abandonnés; et le décompte de ce
» qui est dû pour chaque enfant doit être établi d'après la production
» de son certificat de vie ou de son acte de décès.

» Le Ministre des finances a consenti à ce que les percepteurs des
» communes fissent l'avance, sur les fonds provenant des contributions
» directes, des sommes à payer aux nourrices, lorsque les états des
» sommes à payer auraient été dressés par les soins des Commissions
» administratives et ordonnancés par les Préfets. Les états émargés par
» les nourrices seraient versés pour comptant, par les percepteurs, à la
» caisse du receveur particulier des finances, qui lui-même les verserait
» à la recette générale, et le Receveur des Hospices en rembourserait
» ensuite le montant au receveur général.

» Ce mode a été adopté avec succès dans beaucoup de départemens,
» et il semble utile de le suivre par-tout où les localités et les usages ne
» rendront pas un autre mode plus avantageux.

» Indépendamment des états trimestriels de dépense que les Com-
» missions administratives des Hospices doivent adresser aux Préfets,
» elles doivent leur transmettre, dans les deux mois qui suivent, l'ex-

» piration de chaque année, un état général du mouvement et de la
» dépense des enfans trouvés et enfans abandonnés qui ont été à leur
» charge pendant l'année écoulée.

» Le Préfet forme de ces états, pour tout son département, un ta-
» bleau rédigé conformément au modèle ci-annexé, n°. 14, qu'il adresse
» au Ministre avant l'expiration du premier trimestre.

CHAPITRE IX.

DE LA TUTELLE (1).

» Les règles relatives à la tutelle des enfans à la charge des Hospices
» ont été clairement établies par la loi du 15 pluviôse an 13 (4 février
» 1805), dont il suffit de rapporter ici le texte :

Article 1er. » Les enfans admis dans les Hospices, à quelque titre et
» sous quelque dénomination que ce soit, seront sous la tutelle des
» Commissions administratives de ces maisons, lesquelles désigneront
» un de leurs membres pour exercer, le cas advenant, les fonctions de
» tuteur, et les autres formeront le conseil de tutelle.

Art. 2. » Quand l'enfant sortira de l'Hospice pour être placé comme
» ouvrier, serviteur ou apprenti, dans un lieu éloigné de l'Hospice où
» il avait été placé d'abord, la Commission de cet Hospice pourra, par
» un simple acte administratif, visé du Préfet ou du Sous-Préfet, déférer
» la tutelle à la Commission administrative de l'Hospice du lieu le plus
» voisin de la résidence actuelle de l'enfant.

Art. 3. » La tutelle des enfans admis dans les Hospices durera jusqu'à
» leur majorité ou émancipation par mariage ou autrement.

Art. 4. » Les Commissions administratives des Hospices jouiront,
» relativement à l'émancipation des mineurs qui sont sous leur tutelle,
» des droits attribués aux pères et mères par le Code civil.

» L'émancipation sera faite, sur l'avis des membres de la Commission
» administrative, par celui d'entre eux qui aura été désigné tuteur, et
» qui seul sera tenu de comparaître à cet effet devant le juge de paix,

» L'acte d'émancipation sera délivré sans autres frais que ceux d'en-
» registrement et de papier timbré.

---

(1) Voyez le *Code des Hôpitaux*, tome 1, N°. 1672 et suivans.

3.   20

Art. 5. » Si les enfans admis dans les Hospices ont des biens, le Re-
» ceveur de l'Hospice remplira, à cet égard, les mêmes fonctions que
» pour les biens des Hospices.

» Toutefois, les biens des Administrateurs-tuteurs ne pourront, à raison
» de leurs fonctions, être passibles d'aucune hypothèque. La garantie de
» la tutelle résidera dans le cautionnement du Receveur chargé de la
» manutention des deniers et de la gestion des biens.

» En cas d'émancipation, il remplira les fonctions de Curateur.

Art. 6. » Les capitaux qui appartiendront ou écherront aux enfans
» admis dans les Hospices, seront placés dans les Monts-de-Piété; dans
» les communes où il n'y aurait pas de Monts-de-Piété, ces capitaux se-
» ront placés à la caisse d'amortissement (1), pourvu que chaque somme
» ne soit pas au-dessous de 150 fr.; auquel cas, il en sera disposé selon
» ce que réglera la Commission administrative.

Art. 7. » Les revenus des biens et capitaux appartenant aux enfans
» admis dans les Hospices seront perçus, jusqu'à leur sortie desdits Hos-
» pices, à titre d'indemnité des frais de leur nourriture et entretien.

Art. 8. » Si l'enfant décède avant sa sortie de l'Hospice, son éman-
» cipation ou sa majorité, et qu'aucun héritier ne se présente, ses biens
» appartiendront en propriété à l'Hospice, lequel en pourra être envoyé
» en possession à la diligence du Receveur et sur les conclusions du Mi-
» nistère public.

» S'il se présente ensuite des héritiers, ils ne pourront répéter les
» fruits que du jour de la demande.

Art. 9. » Les héritiers qui se présenteront pour recueillir la succes-
» sion d'un enfant décédé avant sa sortie de l'Hospice, son émancipa-
» tion ou sa majorité, seront tenus d'indemniser l'Hospice des alimens
» fournis et dépenses faites pour l'enfant décédé, pendant le temps qu'il
» sera resté à la charge de l'Administration; sauf à faire entrer en com-
» pensation, jusqu'à due concurrence, les revenus perçus par l'Hospice.

» Les Commissions administratives des Hospices et les Préfets doivent
» veiller à ce que ces dispositions soient régulièrement suivies.

---

(1) Aujourd'hui la caisse des dépôts et consignations.

CHAPITRE X.

DE LA RECONNAISSANCE ET DE LA RÉCLAMATION DES ENFANS (1).

» Les enfans exposés ou abandonnés ne doivent être remis aux parens
» qui les réclameraient, qu'à la charge, par ces derniers, de rembourser
» toutes les dépenses que les enfans ont occasionnées.

» Il ne peut être fait d'exception que pour les parens qui sont reconnus
» hors d'état de rembourser tout ou partie de cette dépense.

» Les exceptions ne peuvent avoir lieu qu'autant qu'elles sont auto-
» risées par les Préfets, qui doivent prendre toutes les mesures néces-
» saires pour constater la position réelle des réclamans.

» Il importe d'obvier aux inconvéniens qui résultent du peu d'obstacles
» que les parens des enfans exposés éprouvent à les visiter et à se procurer
» des renseignemens sur les lieux qu'ils habitent, sur les personnes aux-
» quelles ils sont confiés. Les renseignemens à donner aux parens doivent
» se borner à leur faire connaître l'existence ou le décès des enfans.

» Les Administrations qui ont recueilli les enfans doivent intimer à
» leurs agens l'ordre de ne point s'écarter de cette règle, et son exécution
» rigoureuse préviendra successivement l'exposition et l'abandon d'un
» grand nombre d'enfans.

» Les personnes qui réclament un enfant doivent donner sur lui et les
» circonstances de son exposition des détails tels, qu'ils ne permettent pas
» de prendre le change sur l'enfant qui leur appartenait et sur celui
» qu'on leur rend.

» La remise d'un enfant aux parens qui le réclament ne doit avoir
» lieu que sur un certificat de leur moralité, délivré par le Maire de
» leur commune, et attestant en outre qu'ils sont en état d'élever leurs
» enfans. »

---

(1) Voyez le *Code des Hôpitaux*, tome 1, N°. 1685 et suivans.

20.

TABLEAUX

ET

PIÈCES DIVERSES A L'APPUI DES INSTRUCTIONS.

(N°. 1.)

DÉPARTEMENT
d

Exercice 182

ÉTAT du renouvellement des Conseils de charité, des Commissions administratives d'Hospices et des Bureaux de bienfaisance, pour l'Exercice

DÉSIGNATION		COMMUNES où ils sont situés.	NOMS des Membres sortans.	CAUSES de la sortie.	NOMS des Candidats présentés par le Préfet.	PROFESSIONS ou Fonctions des Candidats.	CHOIX de Son Exc. le Ministre de l'intérieur.	Observations.
des arrondissemens.	de l'Administration et des Établissemens.							

(N°. 2.)

DÉPARTEMENT

d ______

Exercice

RELEVÉ des Nominations faites par le Préfet du département d   , pour le renouvellement des Conseils de charité, des Commissions administratives d'Hospices et des Bureaux de bienfaisance de ce département, pour l'année

DÉSIGNATION		NOMBRE des Membres nommés.	MOTIFS de la nomination (1)	DATES des arrêtés de nomination	Observations.
de l'Adminis-tration et de l'Établisse-ment.	de la commune où il est situé.				
					(1) On indiquera dans cette colonne si la nomination a eu lieu pour cause de décès, de démission, de changement de domicile ou d'ancienneté.

(N°. 3.)

DÉPARTEMENT

d

Exercice

ÉTAT du mouvement des Hôpitaux du dép[artement]

DÉSIGNATION des HOSPICES et des lieux où ils sont situés.	MALADES CIVILS.						VIEILLARDS INCURABLES.						
	Existans le 1er. janvier.	Entrés dans le cours de l'année.	Sortis dans le cours de l'année.	Morts dans le cours de l'année.	Restans le 31 décembre.	Nombre de journées pour l'année.	Existans au 1er. janv. à titre de retraite à vie.	Admis pendant le cours de l'année.	Sortis.	Morts.	Restans au 31 décembre.	Nombre de journées pour l'année.	Existans au 1er. janvier.
Totaux.....													

Certifié véritable dans toutes ses parties par nous Préfet du

(159)

pendant l'année 182

pour l'année.	Existans au 1er. janvier dans l'intérieur des Hospic.	Déposés dans le cours de l'année.	Sortis pour être mis en nourrice.	Morts à l'Hospice.	Restans au 31 déc. dans l'intérieur des Hospic.	Nombre de journées pour l'année.	Existans au 1er. janvier.	Entrés dans le cours de l'année.	Sortis dans le cours de l'année.	Morts dans le cours de l'année.	Restans au 31 décembre.	Nombre de journées pour l'année.	OBSERVATIONS
	ENFANS TROUVÉS ET ENFANS ABANDONNÉS.						MALADES MILITAIRES.						

le   182

(N°. 4.)

Notice sur la construction et la distribution des édifices à bâtir ou à approprier à l'usage des Hôpitaux et Hospices, dressé par M. de Gisors, membre du Conseil des bâtimens civils, d'après la demande de M. le Conseiller d'état chargé de l'Administration des Hospices et des Établissemens de bienfaisance.

Des Hospices à construire entièrement à neuf.

<table>
<tr><td>Choix de l'emplacement et exposition.</td><td>« Un Hospice, comme un Hôpital, doit être construit sur un terrain » sec et un peu élévé, où néanmoins on puisse se procurer aisément » de l'eau en abondance. Il faut, autant que possible, qu'il soit à l'abri » des vents d'ouest et sud-ouest; on doit, en conséquence, le placer » tellement qu'il soit dominé, de ces côtés, par des hauteurs ou édi-» fices élevés, dont l'usage n'occasionne aucune exhalaison susceptible de » vicier l'air. On doit l'orienter au sud-est, à l'est ou au nord-est. Il est » avantageux de l'avoisiner de plantations d'arbres de haute futaie, » d'espèces dont les émanations ne soient ni fétides ni insalubres. Il » doit aussi être éloigné des établissemens bruyans, et de ceux dont » l'exploitation produit de la malpropreté et des exhalaisons pernicieuses » à la santé.</td></tr>
<tr><td>Constructions.</td><td>» Il importe beaucoup que les murailles des corps de logis destinés à » l'habitation et aux infirmeries aient assez d'épaisseur pour que ni l'ex-» trême chaleur ni l'extrême froid ne puissent les pénétrer. Ces murailles » doivent être construites avec les plus solides matériaux, et hourdées » avec le plus grand soin, afin que la vermine ne puisse y former aucun » repaire. La moindre épaisseur que l'on doive donner à ces murs est de » cinquante centimètres : cette épaisseur est insuffisante lorsqu'ils doivent » être construits en petits matériaux, tels que cailloux ou petits moellons » mal gisans. Ces mêmes murs doivent toujours être *enduits* à l'intérieur » des salles. Les pans de bois doivent être proscrits pour les constructions » extérieures de ces salles. Elles doivent, de préférence, être voûtées, » toutes les fois que cela est facile et que l'on peut donner aux murailles</td></tr>
</table>

» une épaisseur susceptible de résister à la poussée des voûtes. Le sol
» des salles du rez-de-chaussée doit toujours être élevé au-dessus du
» sol extérieur d'au moins soixante centimètres. On doit, lorsqu'il n'y a
» pas à vaincre de trop grandes difficultés, faire en sorte d'établir des
» courans d'air sous ces salles. Elles doivent être planchéiées, au moins
» dans la surface occupée par les lits; celles pratiquées aux étages supé-
» rieurs peuvent être carrelées. Les salles qui se trouvent immédiate-
» ment au-dessous des combles doivent en être séparées par un plan-
» cher plafonné. S'il y a nécessité absolue de pratiquer des dortoirs dans
» les combles eux-mêmes, les entrevous du chevronnage doivent être
» hourdés pleins, ou au moins cintrés par des augets à faire soit en
» plâtre, soit en mortier. Ces précautions ont pour objet de rendre ces
» combles moins chauds en été, et moins froids en hiver : ils doivent
» être lambrissés et bien enduits.

» Toutes les localités nécessaires à l'administration de l'établissement
» doivent être pratiquées dans sa partie antérieure, afin que les per-
» sonnes de l'extérieur n'aient pas à pénétrer habituellement dans son
» intérieur. Il est nécessaire qu'à son entrée il y ait une salle de réception,
» et des bains de propreté où l'on puisse nettoyer les arrivans.

» Les locaux destinés aux blessés, aux vénériens, aux impotens, aux
» convalescens, doivent être dans les pièces du rez-de-chaussée, en les
» y établissant bien distinctement et bien séparément. Il faut encore des
» quartiers séparés pour les maladies cutanées, ainsi que pour les fous
» et les épileptiques : il convient que ces quartiers soient aussi pratiqués
» au rez-de-chaussée. Les salles d'opérations chirurgicales doivent être
» éloignées de celles des malades, afin qu'ils n'entendent pas les cris et
» les plaintes de ceux que l'on opère. C'est dans le voisinage de ces
» salles d'opérations qu'il convient de placer les amphithéâtres pour l'ins_
» truction des élèves en médecine et en chirurgie. Les pharmacies et
» leurs laboratoires doivent être, autant que possible, au rez-de-chaussée.

» Les buanderies, lavoirs, étendoirs, doivent être sur les derrières
» ou sur les côtés de l'établissement, et disposés de manière à ce qu'ils
» puissent être en vue le moins possible, l'aspect de ces lieux étant
» désagréable.

» Les dortoirs et les salles de malades, autres que celles dont il vient

Dispositions des divers corps-de-logis, pour les services de toutes sortes.

3.   21

» d'être parlé, doivent être dans les étages supérieurs à celui du rez-
» de-chaussée. Les moindres largeurs à donner à ces salles sont de huit
» mètres pour celles à deux rangées de lits, et de cinq pour celles à
» une seule rangée : la hauteur de celles-ci peut suffire à quatre mètres,
» mais celle des autres doit être au moins de cinq. Les baies de croisées
» de ces mêmes salles doivent être disposées de manière que l'on puisse
» y établir des courans d'air, soit transversalement, soit longitudinale-
» ment. Lorsque les croisées sont sur la longueur des salles, la distance
» d'une baie à l'autre doit être de trois mètres ; savoir, deux mètres
» pour la largeur de deux lits, et un mètre pour l'intervalle qui les
» sépare. La largeur de ces baies doit n'avoir pas moins d'un mètre
» trente centimètres : le devant de ces mêmes baies doit rester libre ;
» leurs appuis ne doivent jamais être au-dessous de la hauteur des cou-
» chers. Il est nécessaire que les murailles des salles soient enduites,
» et que leurs planchers soient plafonnés.

» Il faut que dans le voisinage de ces mêmes salles il soit pratiqué
» de petites pièces pour tisanneries, dépôts de linge et d'ustensiles d'un
» usage journalier, pour logement d'infirmiers et infirmières, et autres
» services de détails.

» Les escaliers qui desservent les salles doivent être bien éclairés, et
» assez larges et assez doux pour que l'on puisse aisément y porter des
» malades, et que ceux de ces malades qui les fréquentent puissent le
» faire sans trop de fatigue. C'est dans le voisinage de ces escaliers que
» l'on doit établir les latrines, qui sont à disposer de manière qu'il y ait
» des courans d'air entre elles. On doit toujours pratiquer pour ces
» latrines de larges cheminées ou tuyaux d'évent qui montent depuis
» la voûte des fosses jusqu'au-dessus de la toiture des corps-de-logis
» des malades. Ces cheminées ou tuyaux d'évent sont inutiles lorsque
» les matières peuvent tomber dans des courans d'eau qui les entraînent
» de suite.

» Les salles peuvent être chauffées indifféremment par des poêles ou
» par des cheminées ; mais la nécessité d'économiser le combustible doit
» faire donner la préférence aux poêles. Ils doivent être construits avec
» des fours et un bassin supérieur, pour recevoir du sable, sur lequel
» on puisse, comme dans les fours, tenir chauds les alimens et boissons
» des malades.

» Il est important de pouvoir se procurer continuellement de l'eau
» dans les salles; tant que cela est possible, on doit y pratiquer des
» tuyaux et robinets alimentés par des réservoirs à établir à cet effet
» dans des positions élevées.

» Afin que toute la masse d'air contenue entre le plancher et le pla-
» fond ou la voûte d'une salle puisse être renouvelée, il faut pratiquer
» des ventilateurs dans chaque muraille longitudinale, et se correspon-
» dant directement, afin d'établir des courans d'air dans des momens
» opportuns. Dans les salles du rez-de chaussée, et dans celles qui ne
» sont pas immédiatement au-dessous des combles, les ventilateurs sont,
» *pour le bas* des salles, de petites ouvertures pratiquées à fleur du
» plancher, au-dessous des appuis des croisées ; *pour le haut*, ils se
» composent, soit de semblables ouvertures à fleur du plafond, soit de
» la partie haute des châssis à verre de ces croisées. On se figure aisé-
» ment comment ces ventilateurs-ci s'ouvrent et se ferment ; les autres
» sont garnis chacun d'une petite vanne mouvant verticalement dans des
» coulisses attachées à la muraille. Dans les salles voûtées, les ventila-
» teurs supérieurs, qui ne peuvent être dans les croisées, si elles ne
» pénètrent pas la voûte, sont pratiqués dans des lunettes ou des espèces
» de soupiraux ménagés à cet effet dans ces voûtes. Il est bien entendu
» que des ventilateurs ainsi disposés sont pour des salles isolées sur leur
» longueur, c'est-à-dire, pour des salles telles que l'on doit les projeter
» dans un Hospice ou un Hôpital à bâtir entièrement à neuf.

» Dans les salles des malades qui ne peuvent aller aux latrines, il
» convient de pratiquer dans la direction de la ruelle de deux lits accou-
» plés au-devant de chaque trumeau qui sépare les baies de croisées,
» et dans ce trumeau une espèce de niche ou renfoncement pour loger
» une chaise percée. Au bas de ce renfoncement doit être un soupirail
» par où cette chaise puisse être retirée par le moyen d'un balcon à
» établir au dehors, au niveau du plancher de chaque salle. Ce sou-
» pirail serait bouché extérieurement par un volet fermant bien hermé-
» tiquement.

Moyens de sa-
lubrité pour les
salles.

21.

Des bâtimens existans, à approprier à un Hospice ou à un Hôpital.

» Ce qui vient d'être dit concernant les dispositions pour les services
» de toute sorte et les moyens de salubrité d'un Hôpital et d'un Hospice
» à faire à neuf est applicable à des bâtimens existans, toutes les
» fois que des difficultés ne s'y opposent pas. Voici quelques détails
» relatifs à ces difficultés.

» Les salles auxquelles on ne peut donner deux expositions sont peu
» avantageuses, par la difficulté d'y établir des courans pour le renou-
» vellement de l'air. Le moyen à employer pour y parvenir consiste,
» 1°. à ouvrir des ventilateurs sous les appuis de leurs croisées, *pour*
» *le bas*, et de rendre mobile la partie haute des châssis à verre, *pour*
» *le haut;* 2°. à pratiquer dans le plafond ou dans la voûte de ces salles
» des cheminées d'évent, s'élevant au-dessus de la toiture. Le nombre
» de ces cheminées pour chaque salle doit être déterminé par sa lon-
» gueur, mais tellement qu'elles ne soient pas distantes l'une de l'autre
» de plus de six mètres.

» Si la division des croisées oblige à mettre des lits au-devant d'elles,
» il est absolument nécessaire que les appuis de ces croisées soient élevés
» à la hauteur des chevets des couchettes. S'il y a à cet exhaussement
» des obstacles insurmontables, on doit laisser une ruelle entre ces che-
» vets et la muraille. S'il est nécessaire d'augmenter le nombre des
» croisées existantes, et que l'on puisse choisir le côté où on les ouvrira,
» il faut donner la préférence à celui du levant, ou à celui du sud-est
» ou du nord-est.

» Si les murailles sont lézardées, on doit avoir grand soin de les
» remettre en bon état, et sur-tout de les enduire. Il faut aussi que
» toutes les salles soient plafonnées; que celles du rez-de-chaussée
» soient planchéiées. On doit aussi rendre les escaliers commodes et
» les communications faciles, et faire en sorte que le service d'un sexe
» ne soit jamais confondu avec celui de l'autre.

(N°. 5.)

DÉPARTEMENT
d

Arrondissement
d

Commune
d

HOSPICE d

BUDGET des Recettes et Dépenses de l'année 182

POPULATION HABITUELLE.			Obser-vations.
		fr. c.	
Nombre de malades civils...............	donnant	journées à	
Nombre de malades militaires.........	donnant	journées à	
Nombre de vieillards............	donnant	journées à	
Nombre des enfans et orphelins de familles indigentes admis dans l'Hospice.	donnant	journées à	
Nombre des enfans trouvés entretenus dans l'intérieur de l'Hospice.........	donnant	journées à	
Nombre des nourrices sédentaires.....	donnant	journées à	
Nombre des sœurs hospitalières......	donnant	journées à	
Nombre des préposés et servans nourris dans l'Hospice.	donnant	journées à	
Nombre des personnes attachées au service de santé, non nourries.........	donnant	journées à	
Nombre des employés de l'Administration, non nourris.................	donnant	journées à	
TOTAL...........			
Nombre des enfans trouvés et abandonnés placés en nourrice ou en pension......	donnant	journées à	
TOTAL GÉNÉRAL.....	TOTAL.		
TOTAL de la dépense générale présumée.....			

Chapitre Ier. *Recettes ordinaires.*

	SOM…
	portées par l'Administr…
Article 1er. Loyers des maisons et terrains.	
2. Fermage en argent des biens ruraux.	
3. Coupes de bois réglées.	
4. Rentes sur l'État.	
5. Rentes sur particuliers.	
6. Rentes sur communes.	
7. Produit des domaines et jardins exploités directement par l'Administration.	
8. Intérêts des capitaux placés au Mont-de-Piété.	
9. Fonds alloués sur l'Octroi.	
10. Produit des droits sur les spectacles, bals, concerts.	
11. Pensions.	
12. Journées de militaires.	
13. Produit de la pharmacie.	
14. Produit du travail de la maison.	
15. Dons, aumônes et collectes.	
16. Produit de la vente des effets des décédés.	
17. Amendes et confiscations.	
18. Fonds alloués pour le service des enfans trouvés.	
19. Recettes imprévues. (On expliquera en quoi elles peuvent consister).	
20. Produit de la vente des denrées ou grains excédant les besoins de l'établissement.	
21.	. . . .
22.	. . . .
23.	. . . .
24.	. . . .
25.	. . . .

Total du chapitre Ier. . . . .

	SOMMES	
	---	---
Chapitre Ier. *Dépenses ordinaires.*	portées par l'Administr.	arrêtées par le Préfet.
Traitemens des Médecins et Chirurgiens...................................		
Gages des employés et servans...................................		
Réparations et entretien des bâtimens de l'Hospice....................		
Contributions de ces bâtimens...................................		
Entretien du mobilier, des ustensiles...................................		
Dépenses du coucher...................................		
Linge et habillement...................................		
Blé, farine, pain............		
Viande.....................		
Vin..................... }achetés pour le service de l'établissement..		
Comestibles................		
Menus objets de consommation.		
Blanchissage...................................		
Chauffage...................................		
Éclairage...................................		
Dépenses de pharmacie, achats de médicamens....................		
Pensions ou rentes à la charge de l'établissement....................		
Entretien et menues réparations des propriétés....................		
Contributions assises sur ces propriétés....................		
Dépenses des mois de nourrice et pensions des enfans trouvés............		
Frais de layettes et vêtures...................................		
Frais de bureau...................................		
Frais de procédure...................................		
Dépenses imprévues...................................		
Total du chapitre Ier............		

SO

portées
par
l'Adminis

Chapitre II. *Recettes extraordinaires.*

Article 1er. Excédant du Budget de l'année précédente...........................
2.   Coupes de bois extraordinaires.................................
3.   Legs et donations...
4.   Rachats de rentes..
5.   Ventes de terrains ou maisons...............................
6.   Remboursement de capitaux.................................
7.   ....
8.   ....
9.   ....
10.   ....

Total du IIe. chapitre.....

Chapitre III. *Recettes en nature.*

Article unique. Montant des rentes, fermages ou autres produits en nature détaillés dans la note ci-jointe, et évalués en argent suivant le prix moyen des mercuriales, ci..

RÉCAPITULATION.

Chapitre Ier. Recettes ordinaires....................................
Chapitre II. Recettes extraordinaires...........................
Chapitre III. Revenus en nature.................................

Total général des recettes..............

	SOMMES	
	portées par l'Administr.	arrêtées par le Préfet.
CHAPITRE II. *Dépenses extraordinaires.*		
Constructions et grosses réparations.................		
Achats de terrains ou bâtimens.................		
TOTAL du IIe. chapitre...		
CHAPITRE III. *Consommation en nature.*		
...IQUE. Montant des grains, denrées et autres produits recueillis en nature, consommés dans l'établissement, et évalués en argent suivant le prix moyen des mercuriales, ainsi que le justifie la note de développement ci-annexée..................		
RÉCAPITULATION.		
CHAPITRE Ier. Dépenses ordinaires.........		
CHAPITRE II. Dépenses extraordinaires............		
CHAPITRE III. Consommations en nature............		
TOTAL GÉNÉRAL des dépenses......		
RÉSULTAT.		
Montant de la recette présumée..................		
Montant de la dépense..................		
EXCÉDANT..................		
DÉFICIT..................		

par nous, *Administrateurs de l'Hospice de la commune d*   *pour l'année*
     Fait à   *le*   182

Vu et arrêté par nous, Préfet du département d
conformément aux sommes portées dans la deuxième colonne.
        Le   182

es budgets qui doivent être soumis à l'approbation du Ministre, la deuxième
...era les sommes proposées par le Préfet, et l'on aura soin d'ajouter une
...ne, destinée à recevoir la fixation qui sera arrêtée par Son Excellence.

     3.   22

(N.° 6.)

DÉPARTEMENT
à

Arrondissement
à

Tableau du Mouvement de la Caisse de l'Hospice d

RECETTES.

NATURE DES RECETTES.	Folios du grand-livre.	SOMMES A RECOUVRER d'après les budgets.	RECETTES EFFECTUÉES avant l'ouverture du trimestre.	RECETTES EFFECTUÉES pendant le cours du trimestre.	RESTE A RECOUVRER.	EXCÉDANT de recouvremens et Recettes non prévues.
Sur l'Exercice courant.						
Loyers des maisons et terrains.						
Fermages en argent des biens ruraux. . .						
Coupes de bois réglées.						
Rentes sur l'État.						
Rentes sur particuliers..						
Rentes sur communes.						
Intérêts des capitaux placés au Mont-de-Piété.						
Fonds alloués sur l'Octroi.						
Produit des droits sur les spectacles, bals, concerts.						
Pensions (pour admission).						
Journées de militaires.						
Produit de la pharmacie..						
Produit du travail de la maison.						
Dons, aumônes et collectes..						
Produit de la vente des effets des décédés.						
Amendes et confiscations.						
Fonds alloués pour les Enfans-Trouvés.						
Coupes de bois extraordinaires.						
Legs et donations.						
Rachats de rentes.						
Ventes de terrains et maisons.						
Remboursemens de capitaux..						
Recettes imprévues.						
Produit de la vente des denrées ou grains excédant les besoins de l'établissement.						
TOTAUX.						
Sur les Exercices antérieurs.						
On aura soin de désigner ici les articles de recettes sur lesquels il y aurait des restes à recouvrer.						
TOTAUX.						

pendant le   *trimestre de 182*

DÉPENSES.

DES DÉPENSES.	Folios du grand-livre.	SOMMES A DÉPENSER d'après le budget.	PAYEMENS EFFECTUÉS avant l'ouverture du trimestre.	PAYEMENS EFFECTUÉS pendant le cours du trimestre.	RESTE A DÉPENSER.	EXCÉDANT DE DÉPENSES et dépenses non prévues.	Observations.
xercice courant.							
Médecins et Chirurgiens.							
...loyés et servans.							
...ntretien des bâtimens.							
...obilier et des ustensiles.							
...oucher.							
...ement.							
...u.							
... achetés pour le service de l'établissement.							
...e consom.							
...armacie.							
...tes à la charge de l'État.							
...enues réparations des							
...ssises sur ces propriétés.							
...ois de nourrice et pen-							
...s et vêtures.							
...lure.							
...t grosses réparations.							
...ns et bâtimens.							
...vues.							
TOTAUX.							
...ercices antérieurs.							
...de désigner ici les articles							
...r lesquels il y aurait des							
TOTAUX.							

Le Receveur avait en caisse, le dernier jour du trimestre précédent. . . . .

Il a reçu pendant le cours du trimestre de   la somme de. . . . .

         TOTAL. . . . . . .

Les dépenses se sont élevées, pendant le trimestre, à. . . . .

     Partant, il reste en caisse au . . . .

     Certifié par nous, Receveur de l'Hospice de   *le*

     Vu et vérifié par nous, Administrateurs de l'Hospice de   le

22.

(N°. 7.)

HOSP

DÉPARTEMENT
d

Arrondissement
d

JOURNAL général et Livre de caisse de toutes les Recettes e

NUMÉROS d'ordre.	FOLIOS du grand-livre.	RECETTES.	S
		———— Du 1er. *Janvier* 1823. ————	
1	1	Reliquat existant au 31 décembre 1822 dans la caisse des Hospices....	
		———— *Du* 1er. *Janvier.* ————	
2	1	*Loyers de maisons.* Reçu du S^r. la somme de deux mille francs pour loyers de la maison sise à qu'il tient à bail au prix annuel de suivant acte du dont cinq cents francs pour loyers échus le et quinze cents francs pour loyers échus le	
		———— *Du* 1er. *Janvier.* ————	
3	1	*Loyers de maisons.* Reçu du S^r. la somme de six cents francs pour loyers échus le de la maison sise à qu'il tient à bail au prix annuel de de suivant acte du . .	
		———— *Du* 2 *Janvier.* ————	
4	2	*Fermages en argent.* Reçu du S^r. la somme de huit cents francs pour les fermages échus le du domaine qui lui a été affermé au prix annuel de suivant acte du	
		———— *Du* 6 *Janvier.* ————	
100		*Produit de la vente des grains ou denrées excédant les besoins de l'établissement.* Reçu du S^r. la somme de cinq cents francs pour le prix de mille bottes de paille vendues au profit de l'établissement, suivant acte d'adjudication du ci.	

ar le S.   *Receveur de l'Hospice d* .

FOLIOS du [Grand]-livre.	DÉPENSES.	SOMMES PAYÉES.	
	——— *Du 1er. Janvier* 1823. ———	fr.	c.
1	*Traitemens et gages.* Payé aux employés et servans de l'Hospice pour les traitemens et gages du dernier trimestre de 1821, suivant l'état ordonnancé par l'Ordonnateur le la somme de quatre mille francs..	4,000	»
1	*Viande.* Payé au Sr. pour la fourniture de 200 kilogrammes de viande au prix de suivant l'adjudication qui lui a été passée le la somme de deux cents francs..	200	»
	——— *Du* 30 *Novembre.* ———		
	Blé. Payé au Sr. la somme de quatre cent quatre-vingts francs pour le prix de trente hectolitres de froment achetés pour subvenir au service de l'établissement, suivant acte d'adjudication du ci.............	480	»

(N°. 8.)

DÉPARTEMENT

d

Arrondissement

d

HOSPICE D

GRAND-LIVRE des comptes de Recettes et Dépenses en argent.

RECETTES.

N.os du journal	DATÉS.		SOMMES REÇUES.
		Loyers de maisons.	
		A recouvrer sur l'exercice courant, suivant le budget....	
		A recouvrer sur les exercices antérieurs, suivant le dernier compte..................................	
1	1er. janv.	Reçu du Sr. .... la somme de deux mille fr. pour loyers de la maison sise à .... qu'il tient à bail au prix annuel de .... suivant acte du .... dont 500 fr. pour loyers échus le .... et 1,500 fr. pour loyers échus le	fr. c. 2,000 »
2	1er. janv.	Reçu du Sr. .... la somme de six cents fr. pour loyers échus le .... de la maison sise à .... qu'il tient à bail au prix annuel de .... suivant acte du	600 »
		Fermages, en argent, des biens ruraux.	
		A recouvrer sur l'exercice courant, suivant le budget....	
		A recouvrer sur les exercices antérieurs, suivant le dernier compte..................................	
4	2 janvier.	Reçu du Sr. .... la somme de huit cents fr. pour les fermages échus le .... du domaine qui lui a été affermé au prix annuel de .... suivant acte du	800 »
		Produit de la vente des denrées ou grains excédant les besoins de l'établissement.	
		A recouvrer sur l'exercice courant, suivant le budget...	
		A recouvrer sur les exercices antérieurs, suivant le dernier compte..................................	
100	30 décem.	Reçu du Sr. .... la somme de cinq cents fr. pour le prix de mille bottes de paille vendues au profit de l'établissement, ci..................................	500 »
		(Suivre dans le même sens tous les articles du budget, en donnant à chaque section l'étendue nécessaire, selon le nombre présumé d'articles à y porter.)	

HOSPICE D

*GRAND-LIVRE des comptes des Recettes et Dépenses
en argent.*

DÉPENSES.

Nos. du journal	DATES.		SOMMES PAYÉES.
		Traitemens et Gages.	
		A dépenser sur l'exercice courant, suivant le budget.....	
		A acquitter sur les exercices antérieurs, suivant l'état annexé au dernier compte........................	
I	1er. janv.	Payé aux employés et servans de l'Hospice pour les traimens et gages du dernier trimestre 182 , suivant l'état ordonnancé par l'Ordonnateur le la somme de..	fr. c. 4,000 »
		Viande.	
		A dépenser sur l'exercice courant, suivant le budget....	
		A acquitter sur les exercices antérieurs, suivant l'état annexé au dernier compte........................	
2		Payé au Sr. pour sa fourniture de 200 kilogrammes de viande, au prix d'un franc le kilogramme, suivant l'adjudication qui lui a été passée le la somme de..	200 »
		Blé , Farine , Pain.	
		A dépenser sur l'exercice courant, suivant le budget....	
		A acquitter sur les exercices antérieurs, suivant l'état annexé au dernier compte.........................	
3		Payé au Sr. la somme de 480 francs , pour le prix de trente hectolitres de froment achetés pour subvenir aux besoins des Hospices..............	480 »
		(Suivre dans le même sens tous les articles du budget, en donnant à chaque section l'étendue nécessaire , selon le nombre présumé d'articles à y porter.	

(N°. 9.)

HOSP

DÉPARTEMENT
d
———
Arrondissement
d

Livre-Journal des Recettes et Dépenses effectuées par le R

N°. d'ordre.	FOLIOS du Grand-Livre.	RECETTES ou ENTRÉES.	QUANTITÉS REÇUES.		
			Hectolit.	Kilogr.	Mesures diverses
		Du 1er. janvier 1823.			
1	1	*Blé.* — Reçu du Sr. la quantité de cinquante hectolitres de froment pour les fermages échus le du domaine qui lui a été affermé au prix annuel de hectolitres de froment; suivant acte du lesquels, évalués à raison de 15 fr. l'hectolitre, représentent une somme de dix-sept cent cinquante fr., ci.....	50	»	»
		Du 4 janvier.			
6	1	*Vin.* — Reçu du Sr. la quantité de cent hectolitres de vin pour les fermages échus le du domaine qui lui a été affermé au prix annuel de suivant acte du lesquels, évalués à raison de 50 fr. l'hectolitre, représentent une somme de cinq mille francs, ci....................................	100	»	»
		Du 30 novembre.			
108	.....	*Blé.* — Reçu du Sr. trente hectolitres de froment achetés pour subvenir aux besoins de l'établissement, et qui, suivant l'acte d'adjudication, ont coûté quatre cent quatre-vingts francs, ci...............................	30	»	»
		Du 31 décembre.			
120	.....	*Paille.* — Reçu de l'économe mille bottes de paille excédant les besoins de l'établissement et à vendre au prix de cinq cents francs, suivant l'acte d'adjudication passé le ci...	»	»	1,000
		Report..			

sur les produits en nature appartenant à cet établissement.

DÉPENSES ou SORTIES.	QUANTITÉS SORTIES.			ÉVALUATION en argent d'après les mercuriales.
	Hectolit.	Kilogr.	Mesures diverses.	
——— *Du 1er. janvier 1823.* ———				
Blé. — Livré à l'Econome la quantité de cinquante hecto-litres de blé reçus en nature, et qui lui sont remis pour le service de l'établissement, suivant procès-verbal de ce jour, ci..	5o	»	»	fr. c. 75o »
——— *Du 4 janvier.* ———				
Vin. — Livré à l'Econome la quantité de cent hectolitres de vin reçus en nature, et qui lui sont remis pour le service de l'établissement, suivant procès-verbal de ce jour, ci..	100	»	»	.5,000 »
——— *Du 3o novembre.* ———				
Blé. — Livré à l'Econome la quantité de trente hectolitres de blé achetés pour le service de l'établissement, au prix de quatre cent quatre-vingts francs, ci	3o	»	»	48o »
——— *Du 31 décembre.* ———				
Paille. — Livré au Sr. adjudicataire de la vente de paille passée le les mille bottes qui lui ont été adjugées au prix de cinq cents francs, ci..	»	»	1,000	5oo »
Report...				

3.

(Nᵒ. 10.)

DÉPARTEMENT

d

Arrondissement

d

1ʳᵉ. SECTION.

HOSI

GRAND-LIVRE de

COMPTES des Produi

DOIT.

Nᵒˢ. du journal.	DATES.	MONTANT DES QUANTITÉS A CONSOMMER, d'après l'état de développement annexé au budget.	QUANTITÉS sorties.
1	1ᵉʳ. janv.	Livré à l'Économe la quantité de cinquante hectolitres de froment pour le service de l'établissement, ci......................	5o h.

Nᵒˢ. du journal.	DATES.	MONTANT DES QUANTITÉS A CONSOMMER, d'après l'état de développement annexé au budget........	QUANTITÉS sorties.
10	15 janvier	Livré à l'économe la quantité de cent hectolitres de vin pour le service de l'établissement, ci.............................	100 h.

2ᵉ. SECTION.

COMPTES des

Nᵒˢ. du journal.	DATES.		QUANTITÉS sorties.
95	3o novem.	Livré à l'Econome la quantité de trente hectolitres de blé achetés pour le service de l'établissement, ci.............	5o h.

Nᵒˢ. du journal.	DATES.		QUANTITÉS sorties.
120	31 déc.	Livré au Sʳ. adjudicataire de la vente de paille passée le les mille bottes qui lui ont été adjugées au prix de cinq cents francs, ci..............................	1,000 b.

s en nature.

l'Établissement.

AVOIR.

TES.	MONTANT DES QUANTITÉS A RECOUVRER sur l'exercice courant, d'après l'état de développement annexé au budget. sur les exercices antérieurs, d'après le dernier compte.	QUANTITÉS reçues.	ÉVALUATION en argent d'après les mercuriales.
anv.	Reçu du Sʳ. la quantité de cinquante hectolitres de froment, pour ses fermages échus le ci.	5o h.	75o f.

TES.	MONTANT DES QUANTITÉS A RECOUVRER sur l'exercice courant, d'après l'état de développement annexé au budget. sur les exercices antérieurs, d'après le dernier compte..	QUANTITES reçues.	EVALUATION en argent d'après les mercuriales.
vier.	Reçu du Sʳ. la quantité de cent hectolitres de vin, pour ses fermages échus le	1oo h.	5,ooo f.

ant d'achats.

TES.		QUANTITÉS reçues.	EVALUATION en argent.
vem.	Reçu du Sʳ. trente hectolitres de froment achetés pour subvenir aux besoins de l'établissement.	3o h.	48o f.

TES.		QUANTITÉS reçues.	ÉVALUATION en argent.
déc.	Reçu de l'Econome mille bottes de paille excédant les besoins de l'établissement, et à vendre au prix de cinq cents francs, d'après l'acte d'adjudication passé le	1,ooo b.	5oo f.

23.

(N°. 11.)

HOSPICE D

DÉPARTEMENT
d _____________

Arrondissement
d

COMPTE FINAL des Recettes et Dépenses, rendu par le
Sieur   *Receveur de l'Hospice d*
pour l'année 182

FOLIOS du Grand-Livre.	DÉTAIL DES ARTICLES DE RECETTE.	RECETTES RELATIVES	
		aux Exercices antérieurs.	à l'Exercice courant.
	PREMIÈRE PARTIE. GÉSTION EN DENIERS.		
	TITRE Ier.		
	CHAPITRE 1er. — *Recettes ordinaires.*		
	§ 1er. *Reliquat du dernier Compte.*		
	Fait recette le Comptable de la somme de dix-huit cents f. formant le reliquat du compte de 18 , ci..........	1,800 f.	
	§ 2. *Loyers de Maisons et Terrains.*		
	Fait recette le Comptable de la somme de due pour loyers de maisons et terrains, savoir : par le S^r. pour les loyers de la maison sise à dont pour les exercices et pour le présent exercice , ci......................		
	Nota. Il faut avoir soin de porter en recette toutes les recettes effectuées ou restant encore à effectuer : ces dernières seront ensuite portées au titre des Reprises.		
	TOTAL des recettes ordinaires............		
	CHAPITRE 2. — *Recettes extraordinaires.*		
	TOTAL des recettes extraordinaires........		

FOLIOS du Grand-Livre.	DÉTAIL DES ARTICLES DE RECETTES.	RECETTES RELATIVES	
		aux Exercices antérieurs.	à l'Exercice courant.
	TITRE II.		
	Reprises.		
	Fait reprise le Comptable de la somme de restant due sur les loyers des maisons et terrains, savoir: par le S^r. pour loyers de la maison sise à sur l'exercice la somme de ci... par le S^r. etc., ci.....................		
	TOTAL des reprises..............		
	RÉCAPITULATION.		
	Les recettes ordinaires s'élèvent à la somme de (*en toutes lettres*) ci......................		
	Les recettes extraordinaires à (*idem*) ci..................		
	TOTAUX.........................		
	Déduction faite des reprises, qui s'élèvent à la somme de (*en toutes lettres*) ci..........		
	L'effectif des recettes ordinaires et extraordinaires est de.		

Nota. L'addition des divers résultats des comptes ouverts au Grand-Livre (Recettes) doit présenter un total égal à celui de l'effectif des recettes ordinaires et extraordinaires.

FOLIOS du Grand-Livre.	DÉTAIL DES ARTICLES DE DÉPENSE.	DÉPENSES RELATIVES	
		aux Exercices antérieurs.	à l'Exercice courant.
	TITRE III.		
	CHAPITRE Ier. — *Dépenses ordinaires.*		
	— *Traitemens des Médecins et Chirurgiens.* —		
	Fait dépense le Comptable de la somme de pour traitemens payés aux Médecins et Chirurgiens de l'Hospice, sur l'exercice ci.....................		
	TOTAL des dépenses ordinaires.......		
	CHAPITRE 2. — *Dépenses extraordinaires.*		
	TOTAL des dépenses extraordinaires ..		
	RÉCAPITULATION.		
	Les dépenses ordinaires s'élèvent à la somme de (*en toutes lettres*) ci.......................		
	Les dépenses extraordinaires, à (*idem*) ci....		
	TOTAUX.....................		

FOLIOS du Grand-Livre.	DÉTAIL DES ARTICLES DE RECETTE.	QUANTITÉS REÇUES.			Évaluation en argent d'après les mercuriales
		Hectol.	Kilog.	Mesures diverses	
	SECONDE PARTIE. **GESTION EN NATURE.**				
	TITRE 1er.				
	CHAPITRE Ier. — *Produits en nature récoltés dans l'établissement.*				
	— *Blé.* —				
	Fait recette le Comptable du montant des fermages en blé à recouvrer ; Dont, sur les exercices antérieurs .... Et sur l'exercice courant.................... Savoir :				
	— *Vin.* —				
	— *Seigle.* —				
	Fait recette le Comptable des produits récoltés ; Dont , sur les exercices antérieurs............ Sur l'exercice courant.......................				
	CHAPITRE 2. — *Produits en nature provenant d'achats.*				
	— *Blé.* —				
	Fait recette le Comptable du montant des quantités de froment achetées pour subvenir aux besoins de l'Hospice, ci...................				
	MONTANT des produits provenant d'achats.				

FOLIOS du Grand-Livre.	DÉTAIL DES ARTICLES DE RECETTE.	QUANTITÉS REÇUES.			Évaluation en argent d'après les mercuriales
		Hectol.	Kilogr.	Mesures diverses	
	TITRE II.				
	Reprises.				
	Fait reprise le Comptable des articles restant dus sur le fermage en blé,				
	Sur les exercices antérieurs................				
	Et sur l'exercice courant....................				
	Savoir :				
	Par le S^r.				
	Par le S^r.				
	etc.				
	TOTAL des reprises,				
	Dont, sur les exercices antérieurs..........				
	Et sur l'exercice courant..................				
	RÉCAPITULATION.				
	Produits récoltés en nature..................				
	Produits en nature provenant d'achats........				
	TOTAUX................				
	DÉDUCTION faite des reprises, qui s'élèvent à.				
	L'EFFECTIF des produits en nature est de.......				
	Dont, sur les exercices antérieurs...........				
	Et sur l'exercice courant..................				

FOLIOS du Grand-Livre.	DÉTAIL DES ARTICLES DE DÉPENSES.	QUANTITÉS SORTIES			Évaluation en argent d'après les mercuriales
		Hectol.	Kilog.	Mesures diverses	
	TITRE III.				
	CHAPITRE 1er. — *Versemens sur les produits en nature récoltés dans l'établissement.*				
	——— *Blé.* ———				
	Fait dépense le Comptable du montant des quantités de froment remises à l'Économe pendant l'année 182 , ci				
	Montant des versemens sur produits récoltés.				
	CHAPITRE 2. — *Versement sur les produits en nature provenant d'achats.*				
	——— *Blé.* ———				
	Fait dépense le Comptable du montant des quantités de froment achetées pour subvenir aux besoins de l'établissement et remises à l'Économe, ci				
	——— *Paille.* ———				
	Fait dépense le Comptable des quantités vendues comme excédant les besoins de l'établissement, ci				
	Montant des versemens sur produits en nature provenant d'achats				
	RÉCAPITULATION.				
	Versemens sur produits récoltés				
	——— sur produits provenant d'achats				
	TOTAL des versemens				

RÉCAPITULATION GÉNÉRALE.

Les recettes effectuées en argent s'élèvent à. . . . .

Les recettes effectuées provenant des produits en nature récoltés par l'établissement ont été évaluées à. . . . .

Total. . . . .

Les dépenses effectuées en argent s'élèvent à

Les versemens faits sur les produits récoltés

ont été évalués à. . . . .

Partant, le Receveur est reliquataire (ou en avance)
de la somme de. . . . .

Dont   en argent et   en produits.

Rendu le   sauf erreur ou omission.

Le Receveur de l'Hospice,

(N°. 12.)

DÉPARTEMENT
d
—————
Arrondissement
d

ÉTAT des produits et consommations en nature de l'Hospice
de   pendant l'année 182   .

| NATURE des objets de consomma-tion. | QUANTITÉS | | | TOTAL. | QUANTITÉS | | Observations. |
	existant en magasin au 1er. janvier.	reçues dans le courant de l'année, provenant des revenus en nature.	reçues dans le courant de l'année, provenant des achats qui ont été faits.		consommées dans le cours de l'année.	restant en magasin au 31 décembre	
Farine...							
Pain.....							
Viande..							
Vin......							
Bière....							
Huile....							
Avoine ..							
Paille....							
Foin.....							
...							
...							
...							
...							
...							
...							
...							

Arrêté par nous, administrateurs de l'Hospice de

Le

24.

(N°. 13.)

DÉPARTEMENT
d
———————
Arrondissement
d

ÉTAT des Dépenses de l'Hospice de

qui restaient à acquitter sur l'année 182

NATURE DES DÉPENSES.	Sommes à dépenser d'après le budget.	Payemens effectués.	Reste à acquitter.	*Observations.*
Traitemens des Médecins et Chirurgiens.......				
Gages des employés et servans...............				
Réparations et entretien des bâtimens..........				
Entretien du mobilier et ustensiles...........				
Dépenses du coucher......................				
Linge et habillement.....................				
Blé, farine, Pain......................				
Viande..............................				
Vin...............................				
Comestibles.........................				
Menus objets de consommation..............				
Blanchissage.........................				
Chauffage...........................				
Éclairage...........................				
Dépenses de pharmacie, etc...............				
Pensions ou rentes à la charge de l'État........				
Entretien et menues réparations des propriétés.				
Contributions assises sur ces propriétés........				
Dépenses des mois de nourrice et pensions.....				
Frais de layettes et vêtures.................				
Frais de bureau.......................				
Frais de procédure......................				
Constructions et grosses réparations..........				
Achats de terrains et bâtimens..............				
Dépenses imprévues.....................				
TOTAUX..........				

Certifié par nous, Administrateurs de l'Hospice de

A   le   182

(N°. 14.)

DÉPARTEMENT
d
____

Arrondissement
d
____

Commune
d

RELEVÉ du compte rendu par le S^r.

Receveur de

pour l'année 182

arrêté par le Préfet en conseil de Préfecture, le

1re. PARTIE. — GESTION EN DENIERS. TITRE Ier. — RECETTES. CHAPITRE 1er. — *Recettes ordinaires.*	RECETTES SUR		TOTAL.
	les exercices antérieurs	l'exercice courant.	
ART. 1er. Loyers des maisons et terrains			
2. Fermages, en argent, des biens ruraux			
3. Coupes de bois réglées.			
4. Rentes sur l'État.			
5. Rentes sur particuliers.			
6. Rentes sur communes.			
7. Intérêts de capitaux placés au Mont-de-Piété			
8. Fonds alloués sur l'octroi.			
9. Produit des droits sur les spectacles, bals, concerts.			
10. Pensions (pour admission).			
11. Journées de militaires.			
12. Produit de la pharmacie.			
13. Produit du travail de la maison.			
14. Dons, aumônes et collectes.			
15. Produit de la vente des effets des décédés.			
16. Amendes et confiscations.			
17. Fonds alloués pour le service des Enfans-Trouvés.			
18. Recettes imprévues.			
19.			
20.			
21.			
22.			
TOTAL des recettes ordinaires.			
CHAPITRE 2. — *Recettes extraordinaires.*			
ART. 1er. Excédant du compte de l'année précédente. . . .			
2. Coupes de bois extraordinaires.			
3. Legs et donations.			
4. Rachats de rentes.			
5. Ventes de terrains et maisons.			
6. Remboursemens de capitaux.			
7.			
8.			
9.			
10.			
TOTAL des Recettes extraordinaires. . . .			

TITRE II. — REPRISES.	REPRISES SUR		TOTAL.
	les exercices antérieurs	l'exercice courant.	
(Détailler ici tous les articles de recettes sur lesquels il reste des recouvremens à faire.)			
TOTAL des Reprises............			
RÉCAPITULATION.			
Les recettes ordinaires ont été de...................			
Les recettes extraordinaires, de....................			
TOTAUX............			
Déduction faite des Reprises, qui s'élèvent à...........			
L'effectif des recettes ordinaires et extraordinaires est de.			

TITRE III. — DÉPENSES.

CHAPITRE 1er. — *Dépenses ordinaires.*

	DÉPENSES SUR		
	les exercices antérieurs	l'exercice courant.	TOTAL.
Traitemens des Médecins et Chirurgiens................			
Gages des employés et servans.....................			
Réparations et entretien des bâtimens de l'Hospice.......			
Contributions de ces bâtimens.....................			
Entretien du mobilier et des ustensiles.................			
Dépenses du coucher.............................			
Linge et habillement.............................			
Blé, farine, pain............ ⎫			
Viande.................... ⎪			
Vin....................... ⎬ achetés pour le service			
Comestibles .... ⎪ de l'établissement.			
Menus objets de consommation. ⎭			
Blanchissage....................................			
Chauffage......................................			
Éclairage......................................			
Dépenses de la pharmacie, achats de médicamens.......			
Pensions ou rentes à la charge de l'établissement........			
Entretien et menues réparations des propriétés..........			
Contributions assises sur ces propriétés...............			
Dépenses des mois de nourrice et pensions des Enf.-Trouv.			
Frais de layettes et vêtures.......................			
Frais de bureau.................................			
Frais de procédure..............................			
Dépenses imprévues.............................			
TOTAL des dépenses ordinaires.......			

CHAPITRE 2. — *Dépenses extraordinaires.*

	les exercices antérieurs	l'exercice courant.	TOTAL.
Constructions et grosses réparations....................			
Achats de terrains ou bâtimens......................			
TOTAL des dépenses extraordinaires......			

RÉCAPITULATION.

	les exercices antérieurs	l'exercice courant.	TOTAL.
Les dépenses ordinaires ont été de....................			
Les dépenses extraordinaires, de.....................			
TOTAUX...............			

	DÉPENSES SUR		TOTAL.
IIe. PARTIE. — GESTION EN NATURE.	les exercices antérieurs	l'exercice courant.	
Recouvremens à effectuer sur les produits en nature, évalués en argent....................................			
Reprises sur ces produits............................			
Recouvremens effectués............................			
Versemens faits sur les produits recouvrés en nature.....			
Reste à la charge du Comptable......			
RÉCAPITULATION GÉNÉRALE.			
Les recettes effectuées, tant en deniers qu'en produits récoltés, évalués en argent, ont été de................			
Les dépenses tant en deniers qu'en versemens sur les produits récoltés, évalués en argent, de...............			
Excédant......................			
Déficit.......................			

Certifié par nous, Préfet du département d

A   le   182

(193) (N°. 15.)

*Procès-verbal de vérification de la caisse et de la compta-
bilité du S^r.   Receveur
de l'Hospice de*

____

« Cejourd'hui   mil huit cent vingt
» nous, soussigné
» avons procédé à la vérification ordonnée par M. le Préfet du dépar-
» tement de   , et requis le Receveur
» de nous présenter les sommes en numéraire existant dans la caisse,
» et les récépissés de celles placées au trésor royal, nous en avons im-
» médiatement dressé le bordereau suivant :

VALEURS EN CAISSE.

» 1°. *Faire ici le bordereau des valeurs en caisse.*

____

» TOTAL des valeurs........

»Le bordereau ci-dessus de valeurs, s'élevant à la somme de (*en toutes
» lettres*), a été certifié exact et sincère par les soussignés,
» Le

Le Receveur,

» 2°. *Renseignemens sur le personnel du Receveur.*

» Indiquer ici la date de la nomination du Receveur par le Ministre;
» la fixation du cautionnement; si le cautionnement a été fourni, ou

3.   25

» bien ce qui s'est opposé à ce qu'il le fût ; le traitement dont il jouit ;
» enfin, faire connaître s'il exerce cumulativement d'autres fonctions.

» 3°. *Communication des pièces.*

» Demander communication de toutes les pièces relatives à la ges-
» tion ; en faire l'examen et déclarer si elles sont régulières, classées avec
» ordre, etc., etc.

» 4°. *Vérification des registres de comptabilité.*

» Examiner les registres du Receveur, le journal général et livre de
» caisse, et le grand-livre des recettes et dépenses ; arrêter le livre-
» journal ; indiquer si les registres et les écritures sont tenus avec exac-
» titude et régularité ; signaler les irrégularités qu'on y aura remar-
» quées.

» 5°. *Examen des états trimestriels.*

» Examiner (*s'il y a lieu*) les derniers états de situation transmis au
» Préfet pour le trimestre écoulé ; dire si les résultats en étaient con-
» formes aux écritures, etc.

» 6°. *Formation des états de situation à l'époque de la vérification.*

» Faire établir et signer par le comptable de nouveaux états de situa-
» tion, à la date de la vérification ; en prendre les résultats

 » En recettes. . . . .

 » En dépenses. . . . .

» Ce qui devra présenter un excédant. . . . .

» de recettes, égal au total des valeurs représentées au commencement
» de la vérification.

» S'il y a un déficit, indiquer d'où il provient.

» 7°. *Revenus de l'établissement.*

» Constater la situation des revenus de l'établissement ; si le recou-
» vrement en est arriéré, faire connaître la cause du retard ; si le

» Receveur a employé dans les délais prescrits, en acquisition de rentes
» sur l'État, les capitaux provenant de remboursemens de rentes, et
» le produit des legs et donations qui devaient recevoir cette desti-
» nation.

» 8°. *Dépenses.*

» Vérifier si les payemens ont été faits en vertu des crédits ouverts
» au budget, ou par des décisions spéciales, sur mandats réguliers et
» définitifs, et appuyés des quittances et pièces nécessaires à la validité
» de l'acquit.

» 9°. *Comptes du Receveur.*

» S'assurer quel a été le dernier compte rendu, et s'il y en a d'ar-
» riérés, en prescrire la reddition ; s'assurer aussi si le résultat de chaque
» compte a été fidèlement porté au compte suivant.

» 10°. *Observations.*

» Avoir soin de faire ensuite les observations générales auxquelles la
» vérification aura donné lieu.
» Signaler les abus, et indiquer les moyens que l'on croira propres
» à les détruire et à en prévenir le retour.

» 11°. *Terminer le procès-verbal de la manière suivante :*

» Ce fait, nous avons arrêté et signé le présent procès-verbal, qui
» sera transmis à M. le Préfet du département d

» Fait à   le

» *Le Receveur,*

(N. 16.)

DÉPARTEMENT
d

Exercice 182

ÉTAT *de mouvement des Enfans-Tr*

DÉSIGNATION de		DÉNOMINATION de		RESTANT le dernier jour de l'année précédente			Exposés dans le cours de l'année.	Nés dans les Hospices et délaissés par leurs mères (non mariées) dans le cours de l'année	TOTAL des enfans exposés et des enfans nés dans les Hospices.	TOTAL GÉNÉRA
l'arrondissem.	la commune.	l'Hospice.	la classe à laquelle appar-tiennent les enfans.	à l'Hospice.	à la campagn.	TOTAL des restans.				
			Enfans-Trouvés							
			Enfans aban-donnés.							
		TOTAUX								

...ndonnés pendant le cours de l'année 182

...scriptions.			RESTANT le dernier jour de l'année			NOMBRE DE JOURNÉES			TERME moyen pris sur le nombre des journées.	NOMBRE des vaccinations qui ont eu lieu.	OBSERVATIONS.
...écédés		TOTAL des radiations	à l'Hospice.	à la campagn.	TOTAL des restans.	à l'Hospice.	à la campagn.	TOTAL du nombre des journées.			
...ce.	à la campagn.										

(N°. 17.

DÉPARTEMENT
d

Exercice 182

État des Dépenses des mois de nourrice et pensions des Enfans

DÉSIGNATION de		DÉNOMINATION de		DÉPENSES des enfans entretenus à la campague dans le cours de l'année.				
l'arrondissem.	la commune.	l'Hospice.	la classe à laquelle appartien-nent les enfans.	Sommes dues pour mois de nourrice et pensions des enfans entretenus à la campag.	Indemnité payée en exécution de l'arrêté du 20 mars 1797.	Frais de revue et d'inspection des enfans.	TOTAL des dépenses.	mois de nour et pens
			TOTAUX..					

...bandonnés entretenus à la campagne pendant le cours de l'année.

TOTAL général des sommes payées.	SOMMES restant à payer.	INDICATION DES FONDS EMPLOYÉS aux payemens effectués dans le cours de l'année.					TOTAL GÉNÉRAL.	Observations.
		Produit des amendes et confiscations	Allocation au budget des dépenses variables.	Allocation au budget des centimes facultatifs.	Prélèvemens sur les revenus des Hospices.	Prélèvemens sur les revenus des communes.		

N°. (42.) Circulaire du Ministre de l'intérieur, *du 18 février 1823, portant que les Conseils de préfecture doivent statuer, dans le mois, sur les demandes en autorisation de plaider* (1).

18 février 1823.

« Monsieur le Préfet, je suis informé que nombre de causes dans
» lesquelles des communes ou des établissemens publics font partie ne
» peuvent être jugées, soit parce que les Conseils de préfecture tardent
» trop à statuer sur les demandes qui leur sont faites pour obtenir l'au-
» torisation d'ester en jugement : il en résulte que les rôles des tribu-
» naux sont surchargés et que la marche de la justice est entravée.

» La loi du 5 novembre 1790 a tracé des règles à suivre dans les
» actions contre l'État : elle dit qu'il n'en pourra être exercé par qui
» que ce soit contre le (Préfet) en sa qualité, sans qu'au préalable on
» ne se soit pourvu, par simple mémoire, au directoire du département
» (actuellement Conseil de préfecture) pour donner une décision, et
» que ces Conseils devront statuer dans le mois, à compter du jour de
» la remise du mémoire et des pièces justificatives.

» Cette disposition ne s'étend pas, à la vérité, aux procès entre des
» communes ou établissemens publics et des particuliers ; mais elle doit
» être appliquée par analogie, et, à cet égard, M. le Ministre de la
» justice, a adressé aux Procureurs généraux des instructions pour faire
» fixer un délai dans lequel les Maires et Administrateurs d'établisse-
» mens publics seraient tenus de produire leurs moyens.

» Il importe que les Conseils de préfecture considèrent comme urgentes
» les demandes en autorisation de plaider formées par les communes,
» en exécution de la loi du 21 octobre 1795 (29 vendémiaire an 4),
» et des décisions du Gouvernement, du 9 octobre 1801 (17 vendémiaire
» an 10), et 3 juillet 1806, et prononcent dans le mois.

» Je vous prie de communiquer ma lettre au Conseil de préfecture
» de votre département, et de faire en sorte, en votre qualité de Prési-
» dent de ce Conseil, que les affaires de cette espèce soient soumises assez

---

(1) Voyez le *Code des Hôpitaux*, tome 1, N°. 568 et suivans.

» promptement à sa délibération , pour qu'il soit en état de statuer
» dans le délai que j'ai indiqué. Veuillez aussi rappeler aux Maires et
» aux Administrateurs d'établissemens publics qu'il est de l'intérêt de
» leurs communes et de ces établissemens qu'ils ne diffèrent pas à de-
» mander de se faire autoriser à défendre dans les actions qui leur se-
» raient intentées par des particuliers.

» Je désire que vous m'informiez de ce que vous aurez fait à cet
» égard. »

(N°. 43.) Arrêté du Conseil général des Hospices , *du
5 mars 1823, sur les cautionnemens à fournir par les Comptables* (1).

Art. 1ᵉʳ. « Le Membre de la Commission administrative chargé des
» Hospices remettra à celui qui est chargé des Domaines une copie
» de la situation des cautionnemens , qu'il a présentée au Conseil dans
» sa séance d'aujourd'hui.

Art. 2. » Le Secrétaire général adressera au Membre de la Com-
» mission administrative chargé des Domaines ampliation de l'arrêté
» du 23 juin 1819 (2), ainsi que du tableau portant fixation des cau-
» tionnemens, qui y est annexé.

Art. 3. » Le Membre de la Commission administrative chargé des
» Domaines adressera au Receveur les bulletins convenables pour le
» mettre en demeure de faire les diligences nécessaires auprès des Agens
» et Économes, à l'effet de compléter ou de fournir leurs cautionnemens
» dans les délais fixés.

Art. 4. » Le Receveur tiendra les écritures spéciales nécessaires
» pour constater la situation du cautionnement de chaque Comptable,
» l'emploi des deniers qui en seront provenus , et le capital des inscrip-
» tions sur le grand-livre de la dette publique, déterminé par le cours

5 mars 1823.

---

(1) Voyez le *Code des Hôpitaux*, tome 1, N°. 753 et suivans; et tome 2, N°. 2319
et suivans.

(2) Voyez le *Code des Hôpitaux*, tome 2, N°. 2319.

3.   26

» de la rente au jour du versement; le tout conformément aux dispo-
» sitions de l'arrêté du 23 juin 1819.

Art. 5. » Le Receveur informera le Membre de la Commission chargé
» des Domaines de la situation des cautionnemens et des obstacles qu'il
» rencontrera dans leur recouvrement, et celui-ci en rendra compte au
» Conseil général.

Art. 6. » Les décisions du Ministre portant confirmation des pré-
» sentations faites par le Conseil de nouveaux Agens et Économes
» seront notifiées sans délai au Membre de la Commission chargé des
» Domaines, qui délivrera au Receveur les Bulletins prescrits par l'ar-
» ticle 2 du présent arrêté. »

(N°. 44.) Arrêté du Conseil général des Hospices, *du
12 mars 1823, portant que le titre d'honoraire ne pourra
être accordé aux Médecins, Chirurgiens ou Pharmaciens
des Hôpitaux qu'après vingt-cinq ans de service* (1).

12 mars 1823

Art. 1er. « Le titre de Médecin, Chirurgien ou Pharmacien hono-
» raire des Hôpitaux ne pourra, à l'avenir, être accordé aux titulaires
» qui cesseront leurs fonctions qu'après vingt-cinq ans de service dans
» leur grade, et d'après un arrêté spécial du Conseil général.

Art. 2. » Les Médecins, Chirurgiens ou Pharmaciens honoraires,
» pourront, comme les Médecins, Chirurgiens et Pharmaciens titulaires,
» être membres des jurys lors des concours. »

(N°. 45.) Extrait de l'Arrêté du Conseil général des
Hospices, *du 12 mars 1823, fixant la gratification annuelle à allouer aux Gardiens de la Halle aux poissons* (2).

12 mars 1323.

Art. 2. « L'Administration pourra allouer aux quatre gardiens de

---

(1) Voyez, pour le service de santé, le *Code des Hôpitaux,* tome 2, N°. 2854 et
suivans.

(2) Voyez, pour l'administration des Marchés, le *Code des Hôpitaux,* tome 1,
N°. 508 et suivans.

» la halle aux poissons une gratification annuelle qui n'excédera pas
» trois cents francs, outre l'indemnité pour balayage intérieur, dont il
» est parlé en l'art. 17 de l'instruction du Conseil des Hospices du 21
» avril 1819 (1).

Art. 3. » Ces gratifications et indemnités, ainsi que celles allouées
» aux gardiens des autres marchés, seront liquidées par exercice, à
» partir du 1er. janvier 1823, et seront, en conséquence, échues au 31
» décembre de chaque année. »

(N°. 46.) ARRÊTÉ DU CONSEIL GÉNÉRAL DES HOSPICES, *du 12 mars 1823, portant organisation d'un magasin de matériaux près la division des Domaines.*

Art. 1er. « Il ne sera déposé, à l'avenir, dans le magasin des maté-
» riaux de la troisième Division que les seuls objets reconnus d'un usage
» habituel, ou dont l'emploi utile pourrait être prévu d'une manière
» certaine.

Art. 2. » Tous les autres matériaux provenant de démolitions par-
» tielles exécutées dans les maisons des Hospices seront ou réemployés
» sur place, autant que le permettront leur état, leur forme et leur
» nature, ou donnés en compte aux entrepreneurs chargés des travaux
» de réparation.

Art. 3. » Le mode d'exécution de l'article précédent sera déterminé
» par des instructions, que le Membre du Conseil ayant la surveillance
» supérieure du domaine, et le Membre de la Commission chargé de
» cette division, sont autorisés à rédiger, et auxquelles les inspecteurs,
» vérificateurs et entrepreneurs, seront tenus de se conformer, chacun
» en ce qui le concerne.

Art. 4. » Un piqueur des travaux de bâtimens demeurera attaché à

12 mars 1823.

(1) Voyez le *Code des Hôpitaux*, tome 1, N°. 631, et tome 2, N°. 2844.

26.

» la division du Domaine ; ses fonctions seront déterminées par les ins-
» tructions dont il est parlé en l'article 3 ci-dessus (1). »

---

(1) « Instructions dressées en exécution des art. 3 et 4 de l'arrêté du Conseil , du
» 12 mars 1823, et relatives :

» 1°. A la prise en compte par les entrepreneurs de travaux de bâtimens des vieux
» matériaux provenant de démolitions partielles dans les maisons dépendant du do-
» maine des Hospices ;

» 2°. Et aux fonctions du piqueur, institué par ledit art. 4 de l'arrêté précité.

Art. 1er. » Conformément à l'art. 2 de l'arrêté du 12 mars 1823 , les matériaux
» provenant de démolitions partielles , qui ne seront pas rentrés en magasin , seront
» ou réemployés sur place, ou donnés en compte aux entrepreneurs chargés des tra-
» vaux de bâtimens.

Art. 2. » Dans l'un et l'autre cas , les dimensions ou poids des matériaux et leurs
» qualités seront constatés par un bordereau dressé en double expédition, dont
» l'une restera déposée au Bureau du Domaine, et l'autre sera envoyée au vérificateur.

» Dans le cas de prise en compte par les entrepreneurs , les vérificateurs devront
» être appelés à la rédaction des bordereaux, et y concourir en mettant à prix les
» objets livrés.

» Ces bordereaux seront, dans tous les cas, dressés en présence de l'employé du
» domaine chargé de la comptabilité des travaux de bâtimens de cette division.

Art. 3. » Les deux espèces de bordereaux dont il est parlé en l'article précédent
» seront remis à la troisième Division, où ils seront inscrits sur un registre tenu à
» cet effet ; ils seront ensuite envoyés aux vérificateurs, qui devront faire mention
» expresse , lors du réglement des mémoires , des réductions opérées par eux , soit
» pour les matériaux réemployés sur place, soit pour ceux donnés en compte à prix
» d'argent.

» Cette mention se fera par le *visa* du bordereau, qui sera renvoyé au Bureau du
» Domaine avec le mémoire réglé, et elle sera constatée par l'émargement qui sera
» fait à chaque renvoi du registre d'inscription des bordereaux dont il est parlé au
» premier paragraphe du présent article.

Art. 4. » Les entrepreneurs seront tenus de prendre en compte, aux prix fixés par
» les vérificateurs, les matériaux provenant des maisons aux réparations desquelles
» ils seront employés.

» Les contestations qui pourront s'élever à ce sujet seront décidées par l'archi-
» tecte et l'inspecteur chargés de la direction et de la surveillance des travaux ; et en
» cas de partage d'opinion, ils seront départagés par la décision du Membre de la
» Commission administrative chargé du Domaine.

Art. 5. » Le piqueur des travaux de bâtimens devra seconder les inspecteurs dans

(N°. 47.) ORDONNANCE DU ROI , *du 16 avril 1823, appli-*
quant aux aumôniers des Hôpitaux et Hospices de Paris
les dispositions du décret du 7 février 1809, concernant les
pensions de retraite (1).

« Sont applicables aux Aumôniers des Hospices et Hôpitaux de notre 16 avril 1823.
» bonne ville de Paris les dispositions du décret du 7 février 1809
» (concernant les pensions de retraite à accorder aux Administrateurs et
» aux Employés des mêmes établissemens). »

(N°. 48.) ARRÊTÉ DU CONSEIL GÉNÉRAL DES HOSPICES, *du*
23 avril 1823 , concernant les actions de bienfaisance
créées en faveur d'orphelins (2).

Art. 1er. « Le Membre de la Commission administrative chargé de 23 avril 1823.
» la deuxième Division comprendra sur la liste qu'il est chargé de faire
» dresser en vertu de l'article 1er. de l'arrêté du 25 septembre 1822 (3), les

---

» la surveillance des travaux , et spécialement dans les endroits où il se trouverait
» des matériaux de démolition à employer ou à donner en compte ; il remettra à
» l'Administration les avis qui lui seront donnés par les inspecteurs, et à ceux-ci
» les ordres qui leur seront transmis par l'Administration relativement à l'exécution
» des travaux.
» Il devra exécuter ponctuellement et avec toute la promptitude possible les
» ordres qui lui seront donnés à ce sujet, soit par les inspecteurs , soit par l'Ad
» ministration.
» De leur côté, les inspecteurs devront informer exactement le piqueur des en-
» droits où sa surveillance sera nécessaire.
(1) Voyez, pour les pensions de retraite , le *Code des Hôpitaux*, tome 1, N. 123;
et pour le Service des Cultes, le *même Code*, tome 2, N°. 2390.
(2) Voyez le *Code des Hôpitaux*, tome 1, N°. 279.
(3) Voyez ci-devant, N°. 20.

» enfans de l'Hospice des Orphelins au-dessous de douze ans, placés à
» Paris et à la campagne à l'époque du 1er. octobre dernier. Ces élèves
» participeront au tirage des dix actions de bienfaisance.

Art. 2. » Il n'est point dérogé aux autres dispositions contenues
» dans l'arrêté précité du 25 septembre. »

(N°. **49.**) Arrêté du Conseil général des Hospices, *du
30 avril 1823, chargeant le Membre de la Commission
chargé de la quatrième Division et l'Ordonnateur général
de constater l'état des caisses et de vérifier les Registres tenus dans les bureaux de Charité.* (1).

30 avril 1823.

« Le Membre de la Commission administrative chargé de la qua-
» trième Division et l'Ordonnateur général se transporteront succes-
» sivement dans les différens Bureaux de charité, à l'effet d'y constater
» l'état des caisses, et de vérifier les registres de recettes et dépenses des
» Agens comptables des Bureaux.

» Les mêmes membres de la Commission feront, à l'avenir, des ins-
» pections et des vérifications semblables, toutes les fois qu'ils le juge-
» ront nécessaire.

» Il sera rendu compte au Conseil général des résultats de ces diffé-
» rentes inspections. »

(N°. **50.**) Arrêté du Conseil général des Hospices, *du
7 mai 1823, concernant l'Hôpital Saint-Méry.*

7 mai 1823.

Art. 1er. « L'Hôpital Saint-Méry continuera d'être administré par
» le Bureau de charité du septième arrondissement.

Art. 2. » Les pauvres malades du quartier y seront reçus et traités
» comme dans les autres Hôpitaux.

Art. 3. » Il sera tenu un registre d'entrée et de sortie des malades,

---

(1) Voyez le *Code des Hôpitaux*, tome 2, Nos. 3199 et suivans et 3259.

» et la feuille de mouvement sera adressée, toutes les semaines, à l'Ad-
» ministration.

Art. 4. » La surveillance de cette maison sera comprise dans les attribu-
» tions du Membre de la Commission chargé de la quatrième Division.

Art. 5. » La dépense pour chaque lit ne pourra excéder quatre cents
» francs par an, et pour y subvenir, la somme de quatre mille huit
» cents francs sera mise, chaque année, à la disposition du Bureau de
» charité du septième arrondissement, à partir du 1er. avril dernier.
» Elle se composera : 1°. de la somme de trois mille trois cent quatre-
» vingt-un francs restans du revenu de la fondation ; 2°. d'un supplé-
» ment de mille quatre cent dix-neuf francs, à prendre sur les fonds
» généraux (des secours à domicile).

Art. 6. » Cette somme sera payée par douzième au Bureau, sur les
» états de journées qu'il fournira tous les mois. »

(N°. 51.) ARRÊTÉ DU CONSEIL GÉNÉRAL DES HOSPICES, *du
4 juin 1823, fixant le prix des toiles fabriquées à la
Filature des Indigens* (1).

Art. 1er. « L'estimation des diverses toiles fabriquées à la filature des
» indigens, faite par le Procès-verbal ci-dessus visé, est approuvée.

Art. 2. » En conséquence, le tarif ci-après transcrit servira pour les
» ventes qui ont eu lieu depuis le 1er. janvier dernier, et qui seront
» faites, jusqu'au 31 décembre prochain, aux divers Hôpitaux et Hos-
» pices de l'Administration, et aux autres établissemens charitables, à
» l'avenir, jusqu'au 31 décembre prochain.

Art. 3. » Conformément à la déclaration portée audit Procès-verbal
» d'expertise, lesdites toiles sont mises à prix dans leur état de fabrica-
» tion avec des fils écrus.

» Dans le cas où les fils employés à la fabrication desdites toiles auront
» été préalablement lessivés, il sera ajouté au tarif dix centimes par mètre.

Art. 4. » Si lesdites toiles ont été blanchies, il sera ajouté en outre
» aux divers prix du tarif le montant des prix qui auront été payés par
» l'Administration pour le blanchîment, suivant les marchés passés ou

4 juin 1823.

______

(1) Voyez le *Code des Hôpitaux*, tome 2, N°. 3318 et suivans.

» à passer avec les blanchisseurs et selon les divers degrés de blanc » donnés aux toiles.

TARIF adopté par le Conseil général pour régler, à compter du 1er. janvier 1823, les prix des ventes des toiles fabriquées à la Filature des indigens (1).

Nos. d'ordre.	DÉSIGNATION des TOILES.	LARGEUR.	PORTÉES.	USAGES DES TOILES.	PRIX FIXÉS pour la vente des toiles,	
					A L'AUNE.	AU MÈTRE.
		centimètres.			fr. c.	fr. c.
1	Toile écrue.	75	20	torchons.	1 »	» 83
2	id.	105	25	matelas.	1 50	1 25
3	id.	120	28	paillasses.	1 25	1 04
4	id.	105	25	id.	1 10	» 92
5	id.	105	28	tabliers.	1 55	1 30
6	id.	105	30	id.	1 60	1 33
7	id.	105	35	draps.	1 85	1 54
8	id.	90	31	id.	1 60	1 33
9	id.	80	31	chemises.	1 65	1 37
10	id.	105	41	draps.	2 20	1 83
11	id.	105	43	id.	2 35	1 96
12	id.	105	46	id.	2 40	2 »
13	id.	105	48	id.	2 65	2 21
14	id.	105	51	id.	2 70	2 25
15	id.	105	54	id.	2 85	2 37
16	id.	120	72	id.	3 50	2 92
17	id.	80	33	chemises.	1 70	1 42
18	id.	80	37	id.	1 75	1 46
19	id.	80	40	taies d'oreillers.	2 »	1 67
20	id.	80	45	chemises.	2 20	1 83
21	id.	80	48	id.	2 25	1 87
22	id.	80	50	serviettes.	2 35	1 96
23	id.	150	81	nappes.	5 60	4 67
24	id.	120 et 105	36 et 32	couches et langes.	1 65	1 37

(1) Voyez le *Code des Hôpitaux*, tome 2, No. 3319 et suivans.

(N°. 52.) Arrêté du Conseil général des Hospices, *du 4 juin 1823, changeant les dénominations des Hospices de Bicêtre et de la Salpêtrière* (1).

« A l'avenir, l'Hospice de Bicêtre portera le nom d'Hospice de la » Vieillesse (Hommes), et celui de la Salpêtrière, Hospice de la Vieillesse » (Femmes). »

4 juin 1823.

(N°. 53.) Arrêté du Conseil général des Hospices, *du 4 juin 1823, sur la destination des Hôpitaux* (2).

« Il a été fait lecture d'une lettre de M. le Secrétaire de l'hôtel des » écuries de S. A. R. Monseigneur le Duc d'Angoulême, par laquelle » il demande que les hommes attachés à ses écuries soient reçus, en cas » de maladie, à l'Hôpital Beaujon, en payant un prix de journée.
» Le Conseil général charge son Vice-Président de faire connaître à » M. le Secrétaire que les Hôpitaux sont institués pour secourir les » pauvres ; que, conformément à cette destination, le traitement doit y » être gratuit, et qu'il n'est pas possible au Conseil général de s'écarter » de ce principe. »

4 juin 1823.

(N°. 54.) Ordonnance du Roi, *du 18 juin 1823, relative à la comptabilité des Monts-de-Piété* (3).

Art. 1er. « A dater de 1823, les budgets et les comptes des Monts- » de-Piété seront réglés comme les budgets et les comptes des Hospices, » les Conseils de charité préalablement entendus, et les Conseils muni-

18 juin 1823.

---

(1) Voyez le *Code des Hôpitaux*, tome 1, N°. 1896 et suivans.
(2) Voyez le *Code des Hôpitaux*, tome 1, N°. 838.
(3) Voyez le *Code des Hôpitaux*, tome 1, N°. 296 et suivans, et le présent *Supplément*, page 112.

3.

27

» cipaux, à défaut des Conseils de charité, ou en concurrence avec eux
» dans les communes qui auraient fait des fonds pour ces établissemens.

Art. 2. » Seront également applicables aux Monts - de - Piété les
» formes déterminées à l'égard des Hospices, en ce qui concerne les cons-
» tructions, reconstructions, acquisitions, ventes et échanges, ainsi que
» les prêts et emprunts, autres que les opérations ordinaires de cette na-
» ture autorisées par les réglemens.

Art. 3. » Toutes dispositions contraires à la présente ordonnance
» demeurent abrogées. »

(N°. 55.) Circulaire de M. le Conseiller d'État *chargé de
l'administration générale des Communes des Hospices, etc.,
près le Ministère de l'intérieur, du 15 juillet 1823, sur les
Monts-de-Piété.*

15 juillet 1823.

« M. le Préfet, le Roi a rendu, le 18 juin dernier, concernant les Monts-
» de-Piété, une ordonnance que j'ai l'honneur de vous transmettre.

» Les Monts-de-Piété sont des institutions de bienfaisance, puisqu'ils
» ont pour objet de procurer des fonds, à un taux modéré, aux personnes
» qui sont dans le besoin, et que leurs bénéfices doivent être appliqués
» au profit des pauvres ou des Hospices.

» Sa Majesté a jugé qu'il était naturel, et qu'il serait utile que les bud-
» gets et les comptes de ces établissemens fussent réglés dans les mêmes
» formes que les budgets et les comptes des autres établissemens de
» charité ; et tel est l'objet de l'art. 1er. de l'ordonnance du 18 juin.

» Les budgets des Hospices dont les revenus ordinaires excèdent cent
» mille francs doivent être soumis à l'approbation du Ministre de l'in-
» térieur ; les autres doivent être arrêtés par les Préfets. La même règle
» devra être suivie à l'avenir pour les Monts-de-Piété ; mais vous sen-
» tirez facilement qu'on ne peut considérer comme revenus de ces éta-
» blissemens les fonds dont le mouvement sert à alimenter les prêts faits
» par eux. Ce n'est que le produit des intérêts payés par les emprun-
» teurs qui, avec les autres ressources annuelles que peuvent posséder

» les Monts-de-Piété, constitue le revenu qui doit servir de base pour sou-
» mettre leurs budgets à l'approbation des Préfets ou à l'approbation du
» Ministre. Le revenu devra être évalué d'après les produits de l'année
» précédente.

» Les Administrations des Monts-de-Piété devront désormais dresser,
» chaque année, avant le 1er. octobre, les budgets des recettes et des dé-
» penses de ces établissemens pour l'année suivante.

» Ces budgets seront soumis, ainsi que le veut l'ordonnance, à l'exa-
» men des Conseils de charité dans les villes où il existe des institutions
» de ce genre, et à l'examen des Conseils municipaux dans les villes où
» il n'existe pas de Conseils de charité. Malgré l'existence de ces Conseils,
» les Conseils municipaux seront appelés à délibérer sur ces budgets, dans
» les villes qui ont fait des fonds pour la dotation des Monts-de-Piété, et
» dans ce cas l'avis du Conseil de charité devra précéder la délibération
» du Conseil municipal.

» Ces préliminaires remplis, vous réglerez les budgets qui n'excéde-
» ront pas cent mille francs en revenus ordinaires, et vous adresserez au
» Ministre, avec votre avis, ceux qui excéderont cette quotité.

» Quant aux comptes, les directeurs des Monts-de-Piété devront les
» rendre dans les premiers six mois de chaque année, et après avoir été
» examinés, comme les budgets, soit par les Conseils de charité, soit par
» les Conseils municipaux, ils seront réglés définitivement par les Pré-
» fets, en Conseil de Préfecture, ainsi que les comptes des Hospices, et
» vous en adresserez seulement un relevé au Ministre.

» Son Excellence ne croit pas devoir arrêter des modèles pour la ré-
» daction des budgets et des comptes des Monts-de-Piété, non plus que
» pour la tenue des écritures de ces établissemens, parce que les formes
» qui conviendraient pour des Monts-de-Piété qui ont des revenus peu
» considérables pourraient ne s'appliquer que difficilement aux Monts-
» de-Piété très-importans, et réciproquement.

» Le Ministre se repose sur votre zèle du soin de prescrire, selon les
» localités, toutes les dispositions propres à garantir l'ordre et la régula-
» rité dans la comptabilité de ces établissemens, en vous rapprochant,
» autant que la différence de leurs opérations le comportera, des règles
» prescrites pour la comptabilité des Hospices.

27.

» Je me bornerai à vous recommander de veiller à ce que les budgets
» des Monts-de-Piété indiquent clairement,

» 1°. L'actif et le passif de ces établissemens;

» 2°. Les produits présumés des capitaux employés en prêts;

» 3°. Les autres ressources particulières des Monts-de-Piété, s'il y en a.

» 4°. Les dépenses d'Administration, tant pour le personnel que pour
» le matériel.

» Vous remarquerez que les dispositions de l'article 1er. doivent rece-
» voir leur exécution, à dater de 1823. En conséquence, les budgets
» des Monts-de-Piété pour l'année courante, qui ne seraient point en-
» core réglés, devront l'être conformément aux instructions que je viens
» de vous donner, et vous devez en presser immédiatement l'examen.
» Le nouveau mode prescrit par l'ordonnance pour l'apurement des
» comptes ne s'appliquera qu'à ceux de 1823; et les comptes des années
» antérieures, qui ne sont point encore apurés, seront réglés conformé-
» ment aux dispositions précédemment en vigueur.

» L'analogie établie entre la comptabilité des Monts-de-Piété et la
» comptabilité des Hospices devait naturellement s'étendre aux forma-
» lités prescrites pour les opérations qui concernent l'administration des
» biens de ces établissemens, c'est ce qu'a déterminé l'article 2 de l'or-
» donnance du 18 juin; et je ne puis, à cet égard, que vous inviter à
» vous reporter aux règles tracées relativement aux Hospices par l'ordon-
» nance du 31 octobre 1821 (1) et par les instructions du 8 février dernier.

» Je vous prie de prendre toutes les mesures nécessaires pour assurer
» l'exécution de l'ordonnance du 18 juin, et de me rendre compte de
» leurs résultats. »

(N°. 56.) **Arrêté du Conseil général des Hospices,** *du
16 juillet 1823, sur les bains d'eau chaude fournis aux indigens par l'établissement dit des* Thermophores (2).

16 juillet 1823.

« Le Membre de la Commission chargé de la 4e. Division est autorisé à

---

(1) Voyez ci-devant pages 69 et 112.

(2) Voyez le *Code des Hôpitaux,* tome 1, N°. 1022 et suivans; et tome 2, N°. 3288.

» faire fournir aux indigens les bains par l'établissement dit des *Thermo-*
» *phores*, placé à Paris, rue Saint-Louis, au Marais, n°. 27, et rue de
» Bondy, n°. 48, au prix de soixante centimes le bain d'eau chaude or-
» dinaire ;

» L'Ordonnateur général est autorisé à délivrer, tous les mois, mandat
» de paiement du montant desdits bains au profit du propriétaire des
» Thermophores. »

(N°. 57.) Arrêté du Conseil général des Hospices, *du*
23 juillet 1823, concernant les grands infirmes qui jouissent
du secours spécial de trois francs ou de six francs (1).

« 1°. Les secours mensuels de trois francs et de six francs conservés pro- 23 juillet 1823.
» visoirement jusqu'au 1er. juillet présent mois aux *indigens infirmes*
» anciennement admis aux secours spéciaux par les Bureaux de Charité
» sont *accordés définitivement* aux indigens de cette classe portés aux
» états nominatifs arrêtés par le Membre de la Commission adminis-
» trative et ci-dessus visés.

» 2°. Il sera établi des registres particuliers et des *états définitifs* de se-
» cours pour ces indigens infirmes, dans les formes déjà suivies pour les
» vieillards et aveugles.

» 3°. Aucun indigent, à quelque titre que ce soit, ne pourra être porté
» à l'avenir sur ces états, qui sont arrêtés définitivement au 30 juin ,
» et qui devront décroître à mesure des décès ou des changemens qui
» auront lieu chaque mois.

» 4°. Tous les ans, il sera fait un recensement des indigens portés sur
» ces listes , et l'état nominatif en sera présenté au Conseil général à
» la première séance de chaque trimestre.

» 5°. Les indigens infirmes jouissant du secours spécial et qui chan-
» geront d'arrondissement pourront être portés sur l'état pour continuer
» d'en jouir dans leur nouveau domicile , en justifiant de leur radia-
» tion de la liste dans le domicile précédent, si toutefois le Bureau juge
» qu'ils sont toujours dans le cas de recevoir ce genre de secours.

(1) Voyez le *Code des Hôpitaux*, tome 2, N°. 3246 et suivans.

» Le changement de demeure d'un quartier à un autre dans le même
» arrondissement ne donne pas lieu à mutation ; mais le nouveau domi-
» cile de l'indigent doit être mentionné sur les registres et sur les états
» nominatifs. »

(N°. 58.) Arrêté du Conseil général des Hospices , *du 23
juillet 1823, portant que le secours spécial de six francs et
de trois francs aux vieillards et aveugles ne pourra à
l'avenir être cumulé sur le même individu* (1).

23 juillet 1823.

« A l'avenir, le secours spécial de six francs et de trois francs attribué aux
» vieillards et aux aveugles ne pourra être cumulé sur le même individu.
» Les indigens qui jouissaient du secours de trois francs et à qui
» leur âge donnera droit de recevoir celui de six francs seront portés sur
» les états des octogénaires et rayés de celui sur lequel ils étaient ins-
» crits pour le secours de trois francs. »

(N°. 59.) Arrêté du Conseil général des Hospices , *du
30 juillet 1823, sur le placement d'une bibliothèque du
Conseil général dans une des salles de l'Administration.*

30 juillet 1823.

« Le Conseil charge le Membre de la Commission administrative qui
» a la surveillance du Domaine et le Secrétaire général de s'entendre
» pour faire établir dans une des salles de l'Administration une armoire
» pour y renfermer les ouvrages offerts au Conseil, et des exemplaires
» des rapports, réglemens ou autres pièces imprimés par ses ordres. »

(N°. 60.) Extrait de l'Arrêté du Conseil général des
Hospices , *du 27 août 1823 , concernant les opérations de
bornage et d'arpentage dans le domaine des Hospices* (2).

27 août 1823.

Art. 5. « A partir de la date du présent arrêté et jusqu'au régle-

---

(1) Voyez le *Code des Hôpitaux*, tome 2, N°. 3246 et suivans.
(2) Voyez le *Code des Hôpitaux*, tome 1, N°. 406 et suivans.

» ment à intervenir, les nouvelles opérations d'arpentage et de bornage
» seront confiées à des arpenteurs particuliers, conformément à l'arrêté du
» 9 mars 1808. »

(N°. 61.) Arrêté du Conseil général des Hospices, *du
27 août 1823, relatif aux mesures à prendre pour la
conservation des titres dans les Archives de l'Administration* (1).

« Les titres des propriétés acquises récemment ou à acquérir par la   27 août 1823.
» suite, au nom de l'Administration, seront divisés en deux portions.

» L'une comprendra tous les anciens titres, et généralement toutes
» les pièces qui précéderont la réalisation des contrats.

» Cette portion sera déposée provisoirement au Bureau du Domaine.

» La seconde se formera de la grosse du contrat, des divers actes de
» la purge des hypothèques conventionnelles et légales, du certificat de
» non-inscription après l'exposition du contrat, conformément à l'ar-
» ticle 2194 du Code civil, de la quittance et enfin du certificat de la
» radiation définitive.

» Toutes ces pièces, ainsi que toutes celles relatives aux incidens ju-
» diciaires ou extrajudiciaires survenus dans l'intervalle des actes qui
» en forment l'objet, seront remises directement au receveur, qui devra
» en prendre connaissance suffisante dans le délai d'un mois, à partir de
» la date de la quittance.

» Ce délai expiré sans qu'aucune cause extraordinaire n'exige une
» plus longue communication, le Receveur transmettra toutes lesdites
» pièces au Membre de la Commission administrative, qui lui en dé-
» livrera un récépissé contenant la date et l'analyse de chacune, et de
» plus une copie de la quittance certifiée par le Secrétaire général,
» pour ce récépissé et cette copie être mis à l'appui des comptes et
» tenir lieu de titres originaux.

» Dans les trois derniers mois de chaque année, le Membre de la
» Commission déposera aux Archives les pièces dont il vient d'être
» question, ainsi que tous les anciens titres de propriété, après en avoir

____

(1) Voyez le *Code des Hôpitaux,* tome 1, N°. 55 et suivans.

» fait faire tous les extraits et les copies nécessaires à la gestion courante
» du domaine.

  » Toutes les fois que l'examen des comptes donnera lieu à la commu-
» nication de ces titres à l'autorité chargée de la vérification, le dépla-
» cement s'en fera dans la forme et de la manière prescrites pour la
» production devant les tribunaux de toutes les autres pièces existant
» dans les dépôts publics. »

(N°. 62.) ARRÊTÉ DU CONSEIL GÉNÉRAL DES HOSPICES, *du 17 septembre 1823, relatif au payement des pensions accordées aux veuves des Administrateurs et Employés* (1).

17 septembre
1823.

  « 1°. Le Receveur ne pourra payer le trimestre à échoir au 1er. oc-
» tobre prochain, ni ceux à échoir à l'avenir, des pensions accordées
» aux veuves des Administrateurs et employés portés dans les états
» de trimestre des pensions, que sur la représentation de leurs certifi-
» cats de vie, délivrés sur l'attestation de deux témoins, lesquels
» déclareront qu'il est à leur parfaite connaissance que la veuve cer-
» tifiée vivante n'a pas contracté un nouveau mariage.

  » 2°. Le Receveur les préviendra de cette disposition par circulaire. »

(N°. 63.) ORDONNANCE DU ROI, *du 15 octobre 1823, concernant les cautionnemens des Receveurs des Hospices* (2).

octobre 1823.

  Art. 1er. « Les Receveurs des Hospices et des Bureaux de bienfai-
» sance seront exempts de fournir un cautionnement lorsque, en le
» calculant dans les proportions déterminées par l'article 22 de notre
» ordonnance du 31 octobre 1821 (3), il ne s'élèverait pas à cent fr. »

---

(1) Voyez le *Code des Hôpitaux*, tome 1, N°. 145.
(2) Voyez ci-devant page 82.
(3) Voyez ci-devant page 69.

(N°. 64.) CIRCULAIRE DE M. LE CONSEILLER D'ÉTAT *chargé de l'administration générale des Communes, des Hospices, etc., près le Ministère de l'intérieur, du 21 octobre 1823, sur les cautionnemens des Receveurs* (1).

« Monsieur le Préfet, suivant l'arrêté du Gouvernement, du 6 avril
» 1804 (16 germinal an 12) (2), les cautionnemens à fournir par les
» Receveurs des Hospices et établissemens de charité ne devaient pas
» excéder le douzième des recettes qui leur étaient confiées, ni ne pou-
» vaient être au-dessous de cinq cents francs, et d'après cette disposition ,
» on n'exigeait aucun cautionnement des Receveurs des Établissemens de
» bienfaisance dont les revenus étaient au-dessous de six mille francs.

» L'article 22 de l'ordonnance du Roi, du 31 octobre 1821, a statué que
» les cautionnemens des Receveurs des Hospices et des Bureaux de bien-
» faisance seraient désormais réglés suivant les proportions déterminées
» pour les cautionnemens des Receveurs des communes, c'est-à-dire, au
» dixième des recettes; et dans la vue de mieux garantir les intérêts
» des pauvres, cette disposition n'a admis aucune exception relative à la
» quotité des revenus d'après lesquels devaient être réglés les caution-
» nemens.

» Cependant il existe plusieurs Hospices, et un grand nombre de Bu-
» reaux de bienfaisance dont les revenus sont si modiques, que les cau-
» tionnemens de leurs Receveurs, fixés au dixième des recettes, devien-
» nent tout-à-fait insignifians; et il a été reconnu que le versement de
» ces cautionnemens, le calcul des intérêts en provenant, leur paiement,
» les écritures à tenir par les Monts-de-Piété, etc., donnaient lieu à des
» embarras, à des difficultés qui ne sont nullement compensés par les
» garanties qu'on peut y envisager, lorsqu'il ne s'agit que de trop petites
» sommes.

» C'est pour obvier à ces inconvéniens sans cependant exposer les in-
» térêts des pauvres que Sa Majesté, par une ordonnance du 15 oc-
» tobre, que j'ai l'honneur de vous transmettre, a cru devoir exempter

21 octobre 1823.

----

(1) Voyez ci-devant le N°. 63.
(2) Voyez le *Code des Hôpitaux*, tome 1, N°. 753 et suivans.

3.   28

» les Receveurs des Hospices et des Bureaux de bienfaisance de fournir
» un cautionnement, toutes les fois qu'en le calculant d'après les disposi-
» tions de l'ordonnance du 31 octobre 1821, il ne s'élèverait pas à cent francs.

» Ainsi il ne sera exigé aucun cautionnement des Receveurs des éta-
» blissemens de charité dont les revenus ordinaires ne s'élèveraient pas à
» mille francs, la responsabilité qui pèse toujours sur les Comptables de-
» vant offrir en pareil cas une suffisante sûreté.

» Vous voudrez bien assurer l'exécution de cette ordonnance, et si
» quelques Receveurs d'établissemens de charité de votre département
» avaient déjà fourni des cautionnemens au-dessous de cent francs, vous
» les leur ferez rembourser dans le moindre délai possible. »

(N°. 65.) LETTRE DE M. LE CONSEILLER D'ÉTAT *chargé de
l'administration générale des Communes et des Hospices
près le Ministère de l'intérieur, adressée au Conseil des
Hospices, le 4 novembre 1823, pour les prévenir de la
suppression du Comité central de vaccine* (1).

4 novembre
1823.

« Messieurs, l'ordonnance du Roi du 20 décembre 1820, portant ins-
» titution de l'Académie royale de médecine, ayant compris la propaga-
» tion de la vaccine au nombre des objets sur lesquels doivent porter
» les travaux de cette Société, le Ministre a cru devoir, par un arrêté
» du 10 juillet dernier, supprimer la Société et le Comité central de
» vaccine, et remettre à l'Académie royale de médecine les fonctions qui
» leur avaient été confiées.

» L'arrêté du Ministre porte, entre autres dispositions, que l'Académie
» aura, dans le lieu de ses séances, une salle spéciale, où seront pratiquées
» des vaccinations gratuites au moins deux fois par semaine, et qu'elle
» prendra les mesures nécessaires pour pouvoir faire les envois de vac-
» cins qui lui seraient demandés.

» En conséquence de ces dispositions, les vaccinations gratuites qui
» avaient lieu rue du Battoir Saint-André-des-Arts se font maintenant

____

(1) Voyez le *Code des Hôpitaux*, tome 2, N°. 3377.

» dans l'hôtel occupé par l'Académie royale de médecine, rue de Poi-
» tiers n°. 8; et les Archives du Comité central de vaccine ont été aussi,
» ou vont être transférées dans cet hôtel, de sorte que le local qu'occu-
» pait le Comité se trouvera disponible.
    » J'ai cru devoir vous informer de ces mesures. »

(N°. **66**.) Arrêté du Conseil général des Hospices, *du 5 novembre 1823, portant que les sangsues nécessaires au service des Hôpitaux seront versées à la Pharmacie centrale* (1).

    « Les sangsues nécessaires au service des Hôpitaux et Hospices de-
» vront être versées à la Pharmacie centrale des Hôpitaux pour être exa-
» minées conformément au cahier des charges imposées au fournisseur.
    » Les sangsues seront, comme les autres médicamens, transportées, par
» les soins de la Pharmacie centrale, dans les établissemens (2). »

5 novembre 1823.

(N°. **67**.) Arrêté du Conseil général des Hospices, *du 5 novembre 1823, portant que les sangsues prescrites dans les Hôpitaux et Hospices seront, comme les autres médicamens, portées sur les cahiers de visites* (3).

    « Les sangsues consommées dans les Hôpitaux et Hospices devront
» à l'avenir être portées, comme les autres médicamens, sur les cahiers
» de prescriptions tenus par les Médecins et Chirurgiens. »

5 novembre 1823.

---

(1) Voyez le *Code des Hôpitaux*, tome 2, N°. 2742.
(2) Voyez ci-devant N°. 16.
(3) Voyez le *Code des Hôpitaux*, tome 2, N°. 2976.

(N°. 68.) Arrêté du Conseil général des Hospices, *du 5 novembre 1823, portant qu'à l'avenir le Fournisseur des sangsues devra avoir, à la Pharmacie centrale, 40,000 sangsues en dépôt.*

5 novembre
1823.

« Il sera imposé au fournisseur, dans le prochain cahier des charges
» pour l'approvisionnement des sangsues, l'obligation d'avoir toujours en
» dépôt, à la Pharmacie centrale, quarante mille sangsues. »

(N°. 69.) Arrêté du Conseil général des Hospices, *du 12 novembre 1823, relatif aux effets mobiliers et de coucher introduits dans les Hospices par les personnes qui demandent la pension représentative* (1).

12 novembre
1823.

Art. 1er. « Les effets mobiliers et de coucher introduits dans les Hos-
» pices par les personnes qui, aux termes des réglemens, étaient tenues
» de les apporter, ne leur seront pas délivrés lorsqu'ils demanderont à
» jouir de la pension représentative.

Art. 2. » Les effets de cette nature apportés par les indigens qui n'y
» étaient pas tenus par les réglemens pourront être remis en totalité ou
» en partie à ceux qui étaient admis avant la date du présent arrêté, lors-
» qu'ils en feront la demande, dans le cas seulement de l'obtention de la
» pension représentative, et sous la condition de les rapporter en rentrant
» dans l'Hospice.

Art. 3. » Cette remise n'aura pas lieu à l'égard de ceux des admis
» spécifiés en l'article 2, dont l'admission dans les Hospices sera posté-
» rieure à la date du présent, à cet effet ils en seront prévenus au mo-
» ment de leur entrée. »

----

(1) Voyez le *Code des Hôpitaux*, tome 1, N°. 2028; tome 2, N°. 2139 et suivans.

(N°. **70.**) Arrêté du Conseil général des Hospices , *du 26 novembre 1823 , sur l'admission dans les Hospices des indigens atteints de cécité* (1).

« Les indigens du département de la Seine atteints de cécité, de can-
» cers, ou de toute autre infirmité déclarée opérable par les Médecins du
» Bureau central , seront assimilés , en ce qui concerne leur admission
» dans les Hospices, aux indigens affectés des mêmes infirmités reconnues
» incurables. »

26 novembre 1823.

(N°. **71.**) Arrêté du Conseil général des Hospices , *du 24 décembre 1823 , portant qu'il sera attaché à la clinique interne de l'Hôtel-Dieu un aide en chirurgie, etc.* (2)

Art. 1ᵉʳ. « Le Chirurgien en chef de l'Hôtel-Dieu est autorisé à
» choisir un élève parmi ceux qui auront fait leur internat dans les Hô-
» pitaux, pour être attaché au département de la chirurgie, avec le titre
» d'aide de clinique pour la chirurgie.

Art. 2. » Cet aide sera choisi parmi les élèves qui, dans le concours
» où sont jugés les travaux des élèves internes, auront mérité quelques-
» uns des prix que l'Administration a coutume de décerner à titre de ré-
» compense ou d'encouragement.

Art. 3. » Les fonctions de cet aide ne pourront durer au-delà de
» deux ans ; son successeur sera choisi d'après les formes établies aux
» deux articles qui précèdent.

Art. 4. » L'élève, aide de clinique, pour la chirurgie , fera partie du
» nombre d'internes attachés chaque année par le Conseil au service de
» la chirurgie , et ne sera pas en excédant de ce nombre ; il conférera, au
» besoin, avec les autres élèves internes, recevra leurs communications
» et ne pourra cependant leur donner des ordres.

Art. 5. » L'élève aide de clinique de chirurgie , indépendamment des

24 décembre 1823.

(1) Voyez le *Code des Hôpitaux*, tome 1, la note du N°. 1880.
(2) Voyez le *Code des Hôpitaux*, tome 1, N°. 899.

» fonctions communes aux autres internes, sera chargé, sous la direction
» du Chirurgien en chef, de préparer et disposer les matériaux de tous
» genres, tels que notes, extraits relevés, préparations anatomiques,
» appareils, instrumens, etc., nécessaires aux opérations et aux leçons
» qui ont lieu tous les jours dans l'Hôpital; il sera chargé en outre de
» recueillir, d'enregistrer, de conserver et de représenter les instrumens,
» les appareils, les pièces, les observations et autres objets provenant,
» soit des leçons, soit du traitement des maladies.

Art. 6. » Ledit élève, aide de clinique, sera logé dans l'Hôpital; il
» recevra un traitement annuel de cinq cents francs.

Art. 7. » Des dispositions seront faites dans l'Hôpital par le
» Membre de la Commission administrative pour former une salle ou
» galerie, dans laquelle seront classés méthodiquement les appareils et
» les instrumens, les maladies les plus importantes, les pièces anato-
» miques et pathologiques les plus remarquables, représentées en cire,
» en plâtre, au crayon, ou sur la toile.

» Le Membre de la Commission administrative est également autorisé
» à faire fournir pour le même objet, par la Pharmacie centrale, les ma-
» tières nécessaires à la préparation des pièces anatomiques, et par les
» autres fournisseurs tous les autres ustensiles et parties de mobilier dont
» cette galerie devra être pourvue.

Art. 8. » Avant de procéder au moulage en plâtre de dessins, de
» peintures et autres accessoires, l'aperçu de la dépense sera mis sous
» les yeux du Conseil, qui donnera les autorisations qu'il jugera né-
» cessaires.

Art. 9. » Il sera établi un Registre d'inventaire de tous les instrumens,
» pièces, dessins, modèles, observations, livres, gravures, etc., qui com-
» poseront la galerie, et ces objets y seront inscrits au moment de leur en-
» trée. Cet inventaire sera estimatif, et l'on prendra pour base la valeur
» des choses, ou les frais que leur préparation aura occasionnés.

» Les effets mobiliers garnissant la galerie feront aussi partie de l'in-
» ventaire.

» Aucun objet ne pourra en sortir ni être détruit, comme étant hors de
» service, que par un ordre écrit du Chirurgien en chef. Ces ordres seront
» conservés et inscrits sur le Registre d'inventaire, et mentionnés par an-
» notation en marge des articles.

Art. 10. » Le Membre de la Commission administrative pourra s'as-
» surer, lorsqu'il le jugera nécessaire, de l'existence de tous les objets
» composant la galerie, et de leur inscription sur le Registre d'inventaire.

Art. 11. » Les dispositions qui précèdent n'auront d'effet que pen-
» dant le temps où le chirurgien en chef actuel (1) exercera les fonctions de
» Chirurgien en chef de l'Hôtel-Dieu , et ne seront exécutées par son
» successeur qu'en vertu d'une autorisation nouvelle. »

(N°. 72.) ORDONNANCE DU ROI, *du 30 décembre 1823 , sur
le recouvrement et l'application des amendes* (2).

Art. 1er. « Conformément à l'article 19 de la loi du 19 décembre 1790,
» les receveurs de l'enregistrement continueront de faire la recette des

30 décembre
1823.

---

(1) M. le baron Dupuytren.

(2) Une ordonnance du Roi , du 19 février 1820, portait :

« Les amendes prononcées par jugemens définitifs, antérieurs au 1er. janvier der-
» nier , des tribunaux correctionnels et de simple police rurale et municipale , con-
» tinueront d'être perçues par les Receveurs des Domaines, à la charge par eux d'en
» faire, avec celles dont ils ont opéré le recouvrement, le versement dans la caisse
» de service, pour être ensuite employées, avec les intérêts qui en proviendront; sa-
» voir, un tiers aux dépenses des enfans-trouvés, et les deux autres tiers aux dé-
» penses communales indiquées dans les états de répartition qui en seront soumis
» par les Préfets à l'approbation de notre Ministre Secrétaire d'Etat de l'intérieur.

» Nos Ministres Secrétaires d'Etat de l'intérieur et des finances se concerteront
» pour assurer, à l'avenir, l'exécution de l'art. 466 du Code pénal (*), et pour en sou-
» mettre les moyens à notre approbation. »

La circulaire du Ministre de l'intérieur, du 29 mars 1820, qui accompagnait l'envoi
à MM. les Préfets des départemens de l'ordonnance du 19 février, était ainsi conçue :

« Monsieur le Préfet, depuis long-temps on a mis en question si le produit des
» amendes attribuées aux communes pour délits de la compétence des tribunaux de
» police correctionnelle, et pour contraventions aux lois et réglemens de simple
» police rurale et municipale, devait, aux termes du décret du 17 mai 1809, con-
» tinuer de former un fonds commun applicable, pour un tiers, aux dépenses des
» enfans-trouvés , et pour les deux autres tiers aux communes qui éprouvent le plus
» de besoins.

(*) Voyez ci-après la note du N°. 77.

» amendes prononcées, tant par voie de police rurale et municipale
» que par voie de police correctionnelle, à la charge par eux d'en tenir
» une comptabilité distincte et séparée, d'en rendre compte annuelle-
» ment aux Préfets, et de leur transmettre, au mois de janvier de

---

» Conformément à l'avis du Conseil d'État, approuvé par le Roi le 9 novembre
» 1814, le décret du 17 mai 1809 a dû continuer de recevoir son exécution pour
» les amendes prononcées par les tribunaux de police correctionnelle, parce qu'il
» n'a été dérogé aux dispositions qu'il contient par aucun article du Code pénal.

» Quant aux amendes de simple police rurale et municipale, le Conseil d'État
» avait pensé que l'art. 466 du Code pénal était trop positif pour ne pas en faire
» jouir exclusivement les communes où les contraventions ont eu lieu, et que, d'a-
» près cet article, le décret du 17 mai 1809 ne pouvait plus servir de règle pour
» l'application des amendes de cette nature.

» Néanmoins, la Régie des Domaines, chargée de faire procéder aux recouvre-
» mens des amendes, ayant toujours objecté que l'exécution rigoureuse de cette
» disposition obligerait ses agens à tenir par commune une comptabilité beaucoup
» trop minutieuse et compliquée, et que les frais de registres et d'écritures qui en
» résulteraient absorberaient en plusieurs lieux les produits, l'art. 466 du Code
» pénal et l'avis du Conseil d'État qui le rappelle n'ont pu recevoir jusqu'à présent
» leur exécution.

» Une correspondance est ouverte avec le Ministre des finances sur les moyens
» d'y parvenir ; mais en attendant qu'une mesure définitive ait pu être adoptée
» pour l'avenir, il était urgent de statuer, dans l'intérêt des communes, sur l'emploi
» des amendes prononcées par des jugemens définitifs et antérieurs au 1er. janvier
» dernier.

» Tel est l'objet de l'ordonnance rendue par le Roi le 19 février, et dont vous
» trouverez ci-jointe l'ampliation. Je vous prie de m'en accuser réception.

» Les propositions que vous aurez à faire pour l'application des produits dispo-
» nibles devront être appuyées de l'état de ces produits et des budgets des com-
» munes que vous jugerez convenable d'appeler à la répartition. Les états de propo-
» sition devront indiquer l'objet principal de la dépense à laquelle les fonds devront
» être appliqués.

» Je ne vous prescrirai rien sur la nature des dépenses auxquelles on pourrait de
» préférence appliquer les produits ; toutefois je vous ferai remarquer qu'il est des
» dépenses communes à plusieurs municipalités, telles que celles qui concernent les
» justices de paix, les dépôts de sûreté et les prisons communes de police municipale,
» auxquelles on pourrait en faire une juste et convenable application. »

» chaque année, 1°. un état sommaire, et divisé par communes, des
» sommes dont ils auront opéré le recouvrement, dans le cours de l'année
» précédente, sur les amendes prononcées par voie de simple police;
» 2°. un état dressé dans la même forme et présentant les recouvremens
» opérés sur les amendes de police correctionnelle.

Art. 2. » Les Greffiers des tribunaux seront tenus d'envoyer aux Pré-
» fets, au commencement de chaque semestre, le relevé des jugemens
» portant condamnation d'amendes et rendus dans le cours du semestre
» précédent, pour servir à contrôler les états de recouvrement produits
» par les Receveurs.

Art. 3. » Pourront en outre les Préfets faire vérifier, quand ils
» le jugeront convenable, soit par les Inspecteurs généraux ou particu-
» liers des finances, soit par les inspecteurs de l'Administration de l'en-
» registrement et des domaines, les états de recouvrement qui leur au-
» ront été remis par les Receveurs. Ces comptables seront tenus de donner
» aux Inspecteurs désignés pour cette opération communication de leurs
» registres et de toutes les pièces et documens qu'elle rendra nécessaires.

Art. 4. » Les amendes de police rurale et municipale qui seront
» recouvrées à compter du 1er. janvier 1824 appartiendront exclusive-
» ment aux communes dans lesquelles les contraventions auront été
» commises, le tout ainsi qu'il est prescrit par l'art. 466 du Code pénal.

» Le produit en sera versé dans leurs caisses, distraction faite préala-
» blement des remises et taxations des Receveurs, sur les mandats qui en
» seront délivrés, au nom des Receveurs municipaux, par les Préfets, immé-
» diatement après la remise et la vérification des États de recouvrement.

Art. 5. » Les amendes de police correctionnelle qui seront recouvrées
» à compter dudit jour 1er. janvier 1824 seront versées par les Rece-
» veurs des domaines, distraction faite de leurs remises ou taxations,
» et sur les mandats des Préfets délivrés également au vu des états de
» recouvrement, au nom des Receveurs de finances, à la caisse de ces
» derniers comptables, qui en feront recette distincte au profit des com-
» munes, comme des produits communaux centralisés à la recette géné-
» rale de chaque département, pour être employés sous la direction des
» Préfets.

Art. 6. » Le produit des amendes versé à la caisse des Receveurs des

3.   29

» finances formera un fonds commun qui sera tenu à la disposition des
» Préfets, et qui sera applicable, 1°. au remboursement des frais de
» poursuite tombés en non-valeurs, soit en matière de police correc-
» tionnelle, soit en matière de simple police ; 2°. au paiement des droits
» qui seront dus aux Greffiers des tribunaux pour les relevés des juge-
» mens mentionnés en l'art. 2 ; 3°. au service des enfans trouvés et aban-
» donnés, jusqu'à concurrence du tiers du produit excédant lesdits frais ;
» 4°. et pour les deux autres tiers, aux dépenses des communes qui
» éprouveront le plus de besoins, d'après la répartition qui en sera faite
» par les Préfets, et par eux soumise, dans le cours du premier semestre
» de chaque année, à l'approbation de notre Ministre Secrétaire d'Etat
» de l'intérieur. »

Amendes de police correctionnelle recouvrées dans le cours de l'année.

    Produits bruts des amendes recouvrées,. . . . .   10,000 f.

Prélèvemens autorisés par l'ordonnance du 30 dé-
cembre 1823.

1°. Remises et taxations du Receveur des
    domaines. . . . .   500 f.
2°. Frais de poursuite tombés en non-va-
    leurs..   300   1,000
3°. Droits des greffes des tribunaux.   200

                  PRODUITS NETS.   9,000

Application des produits.

Pour le tiers affecté au service des enfans trouvés et
    abandonnés.   3,000

RESTE en fonds applicables aux besoins des communes
    qui éprouvent le plus de besoins.   6,000

RÉP*

DÉSIGNATION des COMMUNES.	REVENUS ordinaires.	REVENUS extraordinair.	TOTAL DES REVENUS.	DÉPENSES ordinaires.	DÉPENSES extraordinair.	

communes.

ET NATURE des dépenses elles la répartition proposée.	ÉVALUATION de ces dépenses.	SOMMES proposées par le Préfet.	SOMMES allouées par le Ministre.	OBSERVATIONS.

(N°. 73.) ARRÊTÉ DU CONSEIL GÉNÉRAL DES HOSPICES, *du 14 janvier 1824, approuvant les instructions données aux Gardiens de la halle au beurre et aux œufs.*

14 janvier 1824.

Art. 1er. « Les instructions relatives au service des Gardiens de la halle au beurre et aux œufs, lesquelles seront transcrites ci-après, sont approuvées pour être exécutées dans tout leur contenu.

Art. 2. » Le Membre de la Commission administrative chargé des Domaines veillera à leur exécution. »

DISPOSITIONS GÉNÉRALES.

Art. 1er. « Le Gardien de la halle au beurre et aux œufs, nommé par l'arrêté du Conseil du 20 août 1823, fera sans interruption le service de ladite halle pendant le jour et pendant la nuit.

Art. 2. » Il sera établi aux frais de l'Administration, pour l'usage de ce Gardien, un lit dans un des petits bureaux qui se trouvent dans l'intérieur de la halle.

Art. 3. » En cas de maladie, ou d'absence dûment autorisée, le Gardien devra se faire remplacer, et son service ne pourra être confié qu'à une personne agréée par le Membre de la Commission chargé des Domaines.

Art. 4. » Le Gardien ne pourra en aucun cas s'absenter sans une permission écrite du même administrateur, toutes les fois que l'absence ne devra pas excéder huit jours ; en cas de plus longue absence, la permission ne pourra être accordée que par le Conseil.

Art. 5. » Le Gardien pourra recevoir des marchands, pour la garde des marchandises non vendues qui auront été laissées sous la halle, une rétribution dont le montant et le mode de perception sont déterminés ainsi qu'il suit ; savoir,

» Par chaque mille d'œufs, la somme de deux centimes et demi que les facteurs sont chargés de recevoir chacun pour la partie qui le concerne, et dont ils tiendront compte au Gardien.

» Et par chaque panier de fromage de toute qualité, pareille somme
» de deux centimes et demi que le Gardien touchera lui-même directe-
» ment des marchands.

» Il pourra en outre vendre à son profit les pailles et fumiers prove-
» nant des étalages, et qui seront laissés, tant sous la halle que sous les
» abris extérieurs; il sera tenu de faire enlever ces pailles et fumiers, im-
» médiatement après le balayage.

Art. 6. » Il est expressément défendu au Gardien d'exiger ou de re-
» cevoir des marchands des rétributions autres que celles déterminées
» par l'article précédent, sous peine de la retenue dont il sera parlé en
» l'article 22 ci-après, outre les restitutions qui pourraient être ordon-
» nées, s'il y a lieu.

Art. 7. » Le Gardien sera tenu d'obtempérer à tous les ordres qui
» lui seront donnés par l'Inspecteur des marchés, soit pour l'exécution
» des présentes instructions, soit pour toutes autres causes, même non
» prévues dans ces instructions, mais toujours relatives à la halle au
» beurre et aux œufs.

Art. 8. » Le service du Gardien aura pour objet d'assurer :

» 1°. La conservation des constructions, des ustensiles, et du mobilier
» de la halle;

» 2°. L'entretien de la propreté;

» 3°. La bonne exécution de l'éclairage;

» 4°. Le maintien de l'ordre et de la tranquillité pendant le jour et
» pendant la nuit.

Conservation des constructions, du mobilier et des ustensiles.

Art. 9. » La conservation des constructions, du mobilier et des us-
» tensiles de la halle est mise sous la responsabilité du Gardien.

» Ce mobilier et ces ustensiles se composent :

» 1°. De deux grands bureaux et de quatre petits, garnis de tables,
» casiers, armoires, rideaux de portes et de croisées, de volets, de chaises
» foncées en crin et de chaises foncées en paille;

» 2°. De tablettes fixes pour les étalages le long des murs et de
» quatre échelles mobiles;

» 3°. Des étalages mobiles, consistant en montans et tablettes ;

» 4°. De six tables, huit tabourets et huit pupîtres mobiles, et d'un
» marchepied pour monter sur l'estrade ;

» 5°. De six balances, brouettes avec leurs traîneaux et bricoles ;

» 6°. De deux matelas, un traversin, deux couvertures et une capote ;

» 7°. D'un plumeau, une lanterne et une ratissoire ;

» 8°. D'une échelle pour monter au-dessus des bureaux ;

» 9°. D'un réverbère avec son crochet, et d'une cloche de service avec
» la corde pour la faire mouvoir ;

» 10°. des auvens mobiles extérieurs, des cadenas et des clefs des
» grilles.

Art. 10. » Il sera dressé incessamment par l'Inspecteur des halles et
» marchés, en présence du Gardien, un inventaire détaillé de tous les
» objets mobiliers ci-dessus désignés et autres garnissant l'établissement.

» Cet inventaire, dont il sera remis une expédition au Gardien, sera
» récolé en sa présence par l'inspecteur, dans le courant du mois de jan-
» vier de chaque année.

Art. 11. » Les jours où les montans et tablettes mobiles devront ser-
» vir, le Gardien les posera une heure au moins avant la vente, et les
» déposera aussitôt qu'elle sera finie.

Art. 12. » Il sera tenu d'ouvrir les grilles pour recevoir les marchan-
» dises qui seront apportées à la halle à quelque heure du jour et de la
» nuit que ce puisse être, et sans qu'il ait le droit d'exiger pour cela au-
» cune rétribution.

Art. 13. » Il ouvrira la halle, tous les jours de la semaine, une heure
» avant le commencement des ventes, et la fermera immédiatement
» après qu'elles seront terminées.

Art. 14. » Les auteurs des dégradations ou des vols, pris en flagrant
» délit, devront être conduits sur-le-champ, soit au bureau de l'Inspec-
» teur, soit devant le Commissaire de police. Dans le cas contraire, le
» Gardien en fera sa déclaration devant le Commissaire de police, et dres-
» sera du tout un rapport, qu'il enverra dans les vingt-quatre heures à l'Ad-
» ministration ; dans ce cas, il sera responsable des faits de sa négligence.

Art. 15. » Il devra s'opposer à ce que des facteurs, les employés ou les
» marchands ne fassent des changemens dans la disposition d'aucune des

» parties de la halle sans en avoir obtenu l'autorisation par écrit de l'Ad-
» ministration.

» Si des changemens s'étaient opérés sans qu'il eût pu y former oppo-
» sition, ou malgré son opposition, il devra de suite en référer à l'Ins-
» pecteur de la police, ou au Commissaire des halles et marchés, et en
» donner avis en même temps à l'Administration. Dans le cas où il né-
» gligerait de la prévenir, il sera passible d'une retenue équivalente à
» trois jours de ses gages.

ENTRETIEN DE LA PROPRETÉ.

Art. 16. » Le Gardien devra balayer et nettoyer tous les jours après
» les ventes, et aussitôt que les divers employés se seront retirés des bu-
» reaux :
» 1°. Les deux grands bureaux ;
» 2°. L'estrade de vente ;
» 3°. Le sol intérieur de la halle ;
» 4°. Et la partie extérieure abritée par les auvens mobiles.

Art. 17. » Il devra aussi nettoyer :
» 1°. Tous les jours, les tables de vente ;
» 2°. Une fois au moins par semaine les fers et crochets composant
» l'appui de l'estrade, et la jonction des tables et le marchepied pour ar-
» river à l'estrade ;
» 3°. Une fois au moins par mois les balances, brouettes et leurs
» traîneaux ;
» 4°. Et enfin une fois au moins, tous les trois mois, la partie basse et
» le soubassement en pierre des six bureaux et le socle en pierre de la
» table de vente.

Art. 18. » Il veillera à ce qu'il ne soit rien déposé de malpropre sur
» les tables ou tablettes, ni sur aucun point de la halle.

ÉCLAIRAGE.

Art. 19. » Le Gardien est chargé de veiller à ce que l'éclairage se
» fasse avec exactitude, conformément au tableau ci-après, et de cons-
» tater jour par jour les négligences apportées dans le service.

3.   30

» Il indiquera dans ses rapports journaliers les heures où l'allumage
» aura commencé, et celles où chaque bec se sera éteint; ces rapports
» contiendront en outre des renseignemens sur la bonne ou mauvaise
» nature de l'éclairage, et seront remis, chaque jour, à l'Inspecteur des
» marchés, s'il est présent: dans le cas contraire, ils seront transmis
» directement à l'Administration.

Tableau des heures d'éclairage de la Halle au beurre.

	Heures d'allumage.	Heures d'extinction.
Janvier.	4 $\frac{1}{2}$	8
Février.	5	7
Mars.	5 $\frac{1}{2}$	6
Avril.	6 $\frac{1}{2}$	4 $\frac{1}{2}$
Mai.	7 $\frac{1}{2}$	4
Juin.	8 $\frac{1}{2}$	3
Juillet.	8 $\frac{1}{2}$	3
Août.	7 $\frac{1}{2}$	4
Septembre.	6 $\frac{1}{2}$	5
Octobre.	5 $\frac{1}{2}$	6
Novembre.	5	7 $\frac{1}{2}$
Décembre.	4 $\frac{1}{2}$	8

Art. 20. » Pendant les deux trimestres d'hiver, il sera fait, dans la
» nuit du mercredi au jeudi, entre deux et trois heures du matin, un nou-
» veau chargement d'huile dans la lampe de la lanterne. Le Gardien
» sera tenu de faire lui-même ce second éclairage; l'huile et les instru-
» mens nécessaires à cet effet lui seront remis par l'Entrepreneur de l'é-
» clairage, à qui l'obligation en sera imposée dans le cahier des charges
» de ce service.

Maintien de l'ordre et de la tranquillité.

Art. 21. » Le Gardien devra veiller, sous la direction des Inspecteurs
» et des Commissaires généraux des marchés, à ce que l'ordre et la tran-
» quillité ne soient jamais troublés dans la halle dont la surveillance lui
» est confiée. Il ne pourra cependant, dans le cas de trouble ou de dé-
» sordre, user envers les perturbateurs que de la voie de l'invitation, sans
» jamais sévir contre personne de quelque manière que ce soit; dans le
» cas où son invitation resterait sans effet, il devra s'adresser aux Agens
» de police présens ou au Commissaire de police du quartier.

Art. 22. » Toutes les dispositions des présentes instructions devront
» être exécutées rigoureusement, et la moindre infraction de la part du
» Gardien à ce qu'elles prescrivent donnera lieu contre lui à une retenue,
» au profit des pauvres, de deux francs pour la première fois, et quatre
» francs pour la seconde; s'il se rendait coupable d'une seconde récidive,
» il subirait une nouvelle retenue de quatre francs et il encourrait en
» outre la destitution.

Art. 23. » Les infractions aux présentes, ou l'exactitude de leur exé-
» cution de la part du Gardien, seront constatées, tous les mois, par un
» certificat de l'Inspecteur des marchés. »

(**N°. 74.**) ARRÊTÉ DU CONSEIL GÉNÉRAL DES HOSPICES , *du
22 janvier 1824, ordonnant l'insertion d'une nouvelle condition dans les cahiers de charges dressés pour le service
de l'Administration.* (1)

« L'article ci-après sera inséré comme condition générale dans tous
» les cahiers de charges dressés pour le service de l'Administration.

» *L'Entrepreneur ne pourra, sous peine de résiliation de son marché, et
» de tous dommages-intérêts, céder ou transporter, soit directement, soit
» indirectement, tout ou partie de son service sans le consentement formel
» et par écrit de l'Administration.*

» *Tout mandat général sera considéré par l'Administration comme une
» cession indirecte.* »

22 janvier 1824.

---

(1) Voyez le *Code des Hôpitaux* , tome 2, N°. 2732.

30.

(N°. 75.) Circulaire du Ministère de l'intérieur, *du 27 janvier 1824, sur les cautionnemens fournis par les Receveurs des Hospices et Bureaux de bienfaisance* (1).

27 janvier 1824.

« Monsieur le Préfet, un arrêté du Gouvernement, du 6 avril 1804
» (16 germinal an 12) (2), avait assujetti les Receveurs des Hôpitaux et
» des autres établissemens de charité à fournir un cautionnement en nu-
» méraire, qui ne pourrait excéder le douzième des recettes, ni être au-
» dessous de cinq cents francs.

» L'article 22 de l'ordonnance du Roi, du 31 octobre 1821 (3), a statué que
» les cautionnemens des Receveurs des Hospices et des Bureaux de bien-
» faisance seraient désormais réglés suivant les proportions déterminées
» pour les cautionnemens des Receveurs des communes, et il n'a été fait
» d'exception à cette règle générale que par l'ordonnance du 15 oc-
» tobre 1823 (4), qui a exempté d'un cautionnement les Receveurs qui, d'a-
» près les bases posées par l'ordonnance du 31 octobre 1821, auraient à
» en fournir un inférieur à cent francs.

» L'importance qu'on doit attacher à garantir les deniers des pauvres
» faisait une loi aux Préfets d'assurer l'exécution de ces dispositions, et
» cependant les vérifications faites par les Inspecteurs des finances m'ont
» instruit que, dans beaucoup de lieux, les cautionnemens des Receveurs
» des établissemens de charité n'ont point été fixés, ou n'ont point été
» fournis par ces comptables.

» Pour me mettre à même de juger jusqu'à quel point les choses sont
» en règle, à cet égard, dans votre département, je vous prie de m'adres-
» ser le plus promptement possible, dans les formes indiquées par le mo-
» dèle ci-joint, le tableau des cautionnemens fournis par les Receveurs
» des Hospices et des Bureaux de bienfaisance. Vous porterez sur ce

---

(1) Voyez le *Code des Hôpitaux*, tome 1, N°. 752 et suivans, et le présent *Supplément*, page 82.

(2) Voyez le *Code des Hôpitaux*, tome 1, N°. 753.

(3) Voyez ci-devant, page 69, les notes.

(4) Voyez ci-devant, page 216.

» tableau tous les Hospices et les Bureaux de bienfaisance de votre dé-
» partement, en indiquant par un astérisque ceux dont les Receveurs
» sont dans le cas d'exception prévu par l'ordonnance du 15 octobre
» dernier.

» Si, parmi les Receveurs qui sont tenus à un cautionnement, il en
» est qui ne l'aient pas encore fourni, vous vous occuperez sans délai de
» le faire régler, conformément aux dispositions de l'ordonnance du 31
» octobre 1821, et aux instructions du 8 février 1823; et vous vous as-
» surerez ensuite que le versement en a été réalisé.

» Je vous recommande de joindre exactement à toutes les propositions
» que vous serez dans le cas de soumettre au Ministre pour la fixation
» du cautionnement d'un Receveur d'Hospice ou de Bureau de bienfai-
» faisance un état détaillé des recettes ordinaires de l'établissement. »

Tableau des cautionnemens fournis par les Receveurs des Hospices et des Bureaux de bienfaisance du département d

DÉSIGNATION		NOM du Receveur en exercice.	DATE de la nomination.	MONTANT du cautionnement		DATE de la décision qui l'a réglé.	DÉSIGNATION du Mont-de-Piété dans la caisse duquel les cautionnem. en numéraire ont été versés.	ÉPOQUE du versement.	Observations.
de l'établissement.	de la commune où il est situé.			en argent.	en immeub.				

(N°. **76**.) Arrêté du Conseil général des Hospices, *du* 28 *janvier* 1824 *, portant qu'à l'avenir les rapports relatifs aux demandes de secours particuliers seront faits dans la séance du Conseil qui sera la plus rapprochée du* 15 *de chaque mois* (1).

« A l'avenir, et à compter du mois de février prochain, les rapports rela- 28 janvier 1824.
» tifs aux demandes de secours particuliers seront faits au Conseil géné-
» ral dans la séance qui sera la plus rapprochée du 15 de chaque mois. »

(N°. **77**.) Circulaire du Ministère de l'intérieur , *du* 29 *janvier* 1824, *sur le recouvrement, l'application et l'emploi des amendes* (2).

« Monsieur le Préfet, une ordonnance du 30 décembre dernier a défini- 29 janvier 1824.
» tivement statué sur les règles qui doivent être désormais observées pour
» le recouvrement, l'application et l'emploi du produit des amendes pro-
» noncées par voie de police rurale et municipale, et par voie de police
» correctionnelle.
» Vous trouverez ci-jointe la copie de cette ordonnance. Je vous invite à
» prendre, en ce qui vous concerne, les mesures qui vous paraîtront né-
» cessaires pour son exécution.
» Elle a principalement pour objet d'assurer l'accomplissement de l'ar-
» ticle 466 du Code pénal (3), portant que les amendes prononcées par voie

---

(1) Voyez le *Code des Hôpitaux,* tome 2, N°. 3284.
(2) Voyez le *Code des Hôpitaux,* tome 1, N°. 310 et suivans.
(3) L'article 466 du Code pénal est ainsi conçu :
« Les amendes pour contraventions pourront être prononcées depuis un franc jus-
» qu'à quinze francs inclusivement, selon les distinctions et classes ci-après (dans
» les articles 467 et suivans) spécifiées, et seront appliquées au profit de la commune
» où la contravention aura été commise. »

» de police municipale et rurale appartiennent aux communes où les
» contraventions ont eu lieu : en conséquence, ceux de ces produits qui
» seront recouvrés à compter du 1er. de ce mois ne pourront plus entrer
» dans le fonds commun, autorisé par le décret du 17 mai 1809 (1).

» A cet effet, elle impose aux Receveurs des domaines chargés d'en
» poursuivre le recouvrement l'obligation d'en tenir une comptabilité
» distincte et séparée de celle des amendes prononcées par voie de po-
» lice correctionnelle; de vous transmettre, au mois de janvier de chaque
» année, un état sommaire, et par commune, des sommes recou-
» vrées dans le cours de l'année précédente, et de les verser dans les
» caisses communales, distraction faite de leurs remises et taxations, sur
» les mandats qui en seront par vous délivrés au nom des Receveurs
» municipaux.

» Elle oblige également les Receveurs des domaines à vous remettre,
» chaque année, un état particulier des amendes prononcées par voie de
» police correctionnelle. Le Code pénal ne dérogeant point, pour leur
» application, aux dispositions du décret du 17 mai 1809, leur produit
» recouvré depuis le 1er. du présent mois sera versé, à l'instar des fonds
» de cotisations municipales, sur vos mandats, par les Receveurs des
» domaines, distraction faite de leurs remises et taxations, dans les
» caisses des Receveurs des finances, où il formera un fonds commun
» applicable aux charges énoncées en l'article 6 de l'ordonnance, et pour
» l'excédant, aux dépenses des municipalités qui éprouveront le plus de
» besoins, et notamment à celles qui sont indiquées au dernier para-
» graphe de la circulaire du 29 mars 1820 (2), d'après la répartition qui en
» sera par vous soumise, dans le cours du premier semestre de chaque
» année, à l'approbation du Ministre de l'intérieur.

» Les états de répartition que vous aurez à soumettre au Ministre de-
» vront être conformes au modèle que vous trouverez ci-joint.

» Comme il importe, au surplus, de séparer la comptabilité des pro-
» duits recouvrés antérieurement au 1er. du présent mois sur les amendes

---

(1) Voyez le *Code des Hôpitaux,* tome 1, N°. 320 et suivans.
(2) Voyez ci-devant page 223, les notes.

» de police rurale et municipale, et sur les amendes de police correction-
» nelle, de la comptabilité des amendes recouvrées à compter de la même
» époque, vous voudrez bien m'adresser, dans le plus bref délai, l'état
» de la répartition que vous croirez devoir en être faite, et vous confor-
» mer au modèle dont je viens de parler.

» Je dois ajouter à ces observations que les fonds provenant du fonds
» commun autorisé par le décret du 17 mai 1809 ne peuvent être ap-
» pliqués qu'à des dépenses municipales de leur nature ; que ce sont prin-
» cipalement les communes pauvres et sans ressources qu'il importe d'ap-
» peler aux répartitions, et que c'est au nom des Receveurs municipaux
» des communes que vous devez délivrer vos mandats pour être par eux
» employés, sur les ordonnances du Maire, au paiement des dépenses
» énoncées dans les états de répartition.

» Les dispositions des articles 2 et 3 de l'ordonnance vous assurant
» tous les moyens de contrôle et de vérification, je me bornerai à vous
» faire observer qu'aux termes des instructions du 11 janvier 1814, vous
» aurez à pourvoir au paiement des relevés qui vous seront adressés par
» les Greffiers des tribunaux, dans la proportion des droits qui leur sont
» attribués par l'article 49 du décret du 18 juin 1811. »

(N°. 78.) LETTRE DE M. LE PRÉFET DE LA SEINE, *sur les
budgets des Hospices, adressée, le 5 février 1824, au
Conseil général des Hospices de Paris* (1).

« Jusqu'à ce moment, le budget des Hospices n'a point été soumis à   5 février 1824.
» l'approbation du Ministre de l'intérieur ; il était simplement annexé au
» budget de la ville, comme pièce justificative de la demande du crédit

---

(1) Voyez le *Code des Hôpitaux*, tome 1, N°. 658 et suivans.

3.   31

» relatif à votre Administration. L'ordonnance du 31 octobre 1821 (1) a ce-
» pendant prescrit que les budgets de tous les Établissemens charitables
» sans exception, dont les revenus s'élèvent à cent mille francs et plus,
» doivent être réglés par le Ministre. L'article 13 de cette ordonnance
» a été rendu expressément applicable à la ville de Paris (2). Son Excellence
» vient de me rappeler qu'il était nécessaire que les Établissemens qui
» avaient négligé de se soumettre à cette disposition voulussent bien s'y
» conformer.

» Le Conseil sentira facilement que l'accomplissement d'une forma-
» lité dont l'exécution est si formellement demandée ne saurait éprou-
» ver de retard : je le prie de vouloir bien, en conséquence, donner
» l'ordre de m'envoyer le plus tôt possible une copie du budget des Hos-
» pices pour l'année 1824, celle qui m'a été adressée ayant été de suite
» transmise au Ministre à l'appui du budget de la ville. »

(N°. 79.) ARRÊTÉ DU CONSEIL GÉNÉRAL DES HOSPICES, *du
18 février 1824, qui accorde des jetons aux Arbitres
chargés des réceptions à la Pharmacie centrale* (3).

18 février 1824.

« A partir de ce jour, les Arbitres nommés pour la réception des dro-
» gues à la Pharmacie centrale recevront à chaque vacation un jeton en
» argent, qui sera le même que celui distribué aux membres du Jury
» des concours.

» Le chef de la Pharmacie centrale fera signer aux Arbitres à chaque
» vacation, une feuille constatant leur présence ; cette feuille sera en-
» voyée au Secrétariat de l'Administration. »

---

(1) Voyez ci-devant page 66.
(2) Voyez le *Code des Hôpitaux*, tome 1, N°. 658, et le présent *Supplément*,
pages 68 et 72.
(3) Voyez le *Code des Hôpitaux*, tome 2, N°. 3144.

(N°. 80.) Arrêté du Conseil général des Hospices, *du 18 février 1824, concernant les états de lieux* (1).

« La fixation des rétributions proportionnelles, portée en l'arrêté du 31 18 février 1824.
» août 1808, pour confections d'états de lieux, est maintenue. Le Membre
» de la Commission chargé des Domaines fera dresser un tarif, qui sera
» soumis à l'approbation de celui de ses Membres ayant la surveillance
» supérieure du Domaine et d'après lequel les allocations pour le tra-
» vail des plans à annexer aux états de lieux dont il s'agit seront ac-
» quittées.

» A l'avenir, les rétributions proportionnelles pour états de lieux,
» aussi bien que les allocations pour les plans, ne seront payées aux Ar-
» chitectes ou Inspecteurs qui les auront dressés qu'autant qu'ils remet-
» tront à l'Administration des plans par étages des bâtimens qui feront
» l'objet de ces états, sur une échelle d'un à deux cent cinquante, tant
» pour les propriétés de ville que pour les bâtimens des fermes. »

(N°. 81.) Arrêté du Conseil général des Hospices, *du 17 mars 1824, qui soumet au traitement tous les aliénés admis dans les Hospices de la Vieillesse (Hommes et Femmes)* (2).

Art. 1er. « Les fous, imbécilles et épileptiques de tous les genres et de 17 mars 1824.
» tous les âges, qui seront présentés au Bureau central pour être placés
» dans les Établissemens destinés aux aliénés, seront indistinctement
» envoyés dans les salles de traitement des Hospices de la Vieillesse
» (Hommes et Femmes), sur le simple bulletin délivré par les Membres
» de ce Bureau, accompagné de toutes les pièces qui auront servi à éta-
» blir les apparences de leur aliénation ; et d'un certificat d'indigence lé-

---

(1) Voyez le *Code des Hôpitaux*, tome 1, N°. 366 et suivans.
(2) Voyez le *Code des Hôpitaux*, tome 1, N°. 2064 et suivans.

» galement établi, indiquant le nº. et la date de l'inscription de l'aliéné
» au rôle des secours publics, conformément au titre 7 du réglement,
» arrêté par le Ministre de l'intérieur le 10 octobre 1801 (18 vendé-
» miaire an 10) (1).

» Les aliénés étrangers au département de la Seine, et ceux qui au-
» ront été recueillis sur la voie publique et qui seront présentés d'ur-
» gence par la police, seront seuls momentanément dispensés de la pro-
» duction du certificat d'indigence.

Art. 2. » Tous ces individus seront soumis aux traitemens physiques
» et moraux que les Médecins croiront convenable de leur administrer
» pendant tout le temps qu'ils jugeront nécessaire pour s'assurer que
» ces aliénés sont présumés incurables, ou susceptibles d'être rendus à
» la Société.

Art. 3. » Les certificats d'incurabilité présumée seront délivrés dans
» les formes prescrites par l'arrêté du Conseil du 26 février 1806 (2), et ils
» seront remis aux Agens de surveillance avant le passage des individus
» dans les sections d'incurables.

» Les certificats de guérison ou de non-aliénation seront également re-
» mis aux Agens de surveillance, qui procéderont ainsi qu'il est déter-
» miné par l'arrêté du Conseil du 7 avril 1819 (3).

Art. 4. » Lorsque les Agens de surveillance auront reçu les certifi-
» cats d'incurabilité présumée, ils autoriseront, s'il y a urgence, le pas-
» sage immédiat des individus dans les sections d'incurables, et réuniront
» toutes les pièces exigées par l'article 2 de l'arrêté précité du 26 fé-
» vrier 1806 (4), ainsi que tous les renseignemens qu'ils pourront se pro-
» curer, soit sur le dernier domicile des individus, soit sur leur fortune ou
» celle de leurs parens, et ils adresseront le tout au Membre de la Com-
» mission administrative chargé des Hospices, afin d'en obtenir les actes
» d'admission provisoire, jusqu'à ce que l'état de ces aliénés ait été fixé
» par le Tribunal compétent.

---

(1) Voyez le *Code des Hôpitaux*, tome 1, Nᵒˢ. 1837, 1840, 2068.
(2) Voyez le *Code des Hôpitaux*, tome 1, Nº. 2079.
(3) Voyez le *Code des Hôpitaux*, tome 1, Nº. 2073 et suivans.
(4) Voyez le *Code des Hôpitaux*, tome 1, Nº. 2079.

Art. 5. » Les Membres de la Commission administrative chargés des
» Hospices et du service de santé, chacun en ce qui les concerne, veille-
» leront à l'exécution du présent arrêté. »

(N°. 82.) Arrêté du Conseil général des Hospices, *du
31 mars 1824, portant qu'à partir du 15 avril 1824 le
pain des indigens des Hospices des Incurables et des Ménages sera fait avec des farines première qualité.*

« A partir du 15 avril prochain, le pain qui sera délivré aux indigens
» des Hospices des Incurables (Hommes et Femmes) et des Ménages
» sera blanc, composé de farine première. »

31 mars 1824.

(N°. 83.) Arrêté du Conseil général des Hospices, *du
7 avril 1824, concernant les cautionnemens versés ou à
verser par les divers Agens de l'Administration* (1).

Art. 1er. « A dater du 1er. juillet prochain, les cautionnemens versés
» ou à verser par les divers Agens de l'Administration des Hospices,
» pour garantie de leur gestion, en une des valeurs autorisées, ne pour-
» ront être convertis en une autre valeur.

» Jusqu'à cette époque seulement, les Agens seront libres de con-
» vertir leur cautionnement, soit en numéraire, soit en immeubles, soit
» en rentes sur l'État.

Art. 2. » Les intérêts des sommes versées, à titre de cautionnement, au
» Mont-de-Piété, seront payés aux taux fixés pour les placemens de fonds
» faits dans cet établissement.

7 avril 1824.

---

(1) Voyez le *Code des Hôpitaux*, tome 1 , Nos. 752, 768, 1487 et suivans, et
tome 2, Nos. 2319 et suivans, 3223, 3266 et suivans.

» Le présent sera adressé au Receveur et aux membres de la Commis-
» sion administrative, qui préviendront les Comptables sous leurs ordres
» des dispositions qu'il renferme. »

(N°. 84.) Lettre de M. le Préfet de la Seine , *adressée,
le 17 avril 1824, aux Membres du Conseil général des
Hospices sur les matériaux provenant de démolitions ou
autres causes* (1).

« Messieurs,

17 avril 1824.

» Les délibérations que j'ai l'honneur de vous renvoyer m'ont donné
» lieu de remarquer que l'Administration avait donné aux Entrepre-
» neurs chargés des travaux y mentionnés de vieux matériaux, dont la
» valeur a été déduite des sommes qui leur étaient dues.

» Ce mode de procéder, usité quelquefois pour les dépenses de même
» nature faites par le département, a provoqué de justes observations de
» la part de l'autorité supérieure : j'ai pris, en conséquence, le 28 juin
» 1823 un arrêté qui a pour objet de prescrire la marche à suivre à l'avenir,
» toutes les fois que la ville de Paris ou le département aura en sa possession
» de vieux matériaux provenant de démolitions ou de toute autre cause ;
» les dispositions de cet arrêté tendent à établir un ordre plus parfait dans
» la partie importante de l'Administration relative aux constructions. Je
» ne doute point, Messieurs, que vous ne jugiez dès-lors qu'il est conve-
» nable d'en faire l'application aux Hospices, puisque c'est une amélio-
» ration qu'il est possible d'ajouter à toutes celles que vous avez déjà pra-
» tiquées (2).

----

(1) Voyez le *Code des Hôpitaux*, tome 1 , N°. 631.

(2) L'arrêté de M. le Préfet de la Seine, du 28 juin 1823, est ainsi conçu :

Art. 1er. « Les matériaux provenant de démolitions ou d'autres causes, qui se-
» ront jugés ne pouvoir être vendus par voie d'adjudication , comme étant de na-

(N°. 85.) Lettre de M. le Conseiller d'État *chargé de l'Administration des Hospices et établissemens de charité, en date du 18 mai 1824, sur la tutelle des enfans trouvés* (1).

Aux termes de la loi du 4 février 1805 (15 pluviôse an 13 (2), les enfans admis dans les Hospices, à quelque titre que ce soit, sont placés sous la tutelle des Commissions administratives, et il leur est rendu compte à leur majorité ou émancipation. A ce sujet, il s'est élevé la question de savoir si ces comptes de tutelle doivent être présentés, devant notaires, à l'acception des pupilles devenus majeurs, et si ceux-ci doivent également donner quittance notariée des sommes qui leur sont payées par suite de la liquidation. M. le Conseiller d'État, chargé de l'Administration générale des communes, Hospices et établissemens de charité, a répondu, le 18 mai 1824.

18 mai 1824.

» ture à être plus utilement réemployés dans les travaux ordonnés pour le compte du » département ou de la ville de Paris, pourront désormais, et sauf toutefois notre » autorisation spéciale, être livrés aux entrepreneurs chargés de ces travaux, sous » la condition d'en verser le prix dans les caisses de l'Administration.

Art. 2. » En conséquence, et dans les cas de cette espèce, il sera dressé par » l'architecte ou par l'ingénieur un procès-verbal d'estimation ou prisées, énonçant » la nature et les quantités des matériaux livrés, avec indication de leur origine et » appréciation de leur valeur en argent, au pied duquel procès-verbal l'entrepre- » neur acquéreur certifiera qu'il a reçu lesdits matériaux, qu'il les a pris moyennant » la somme y exprimée et qu'il s'engage à verser cette somme dans la caisse qui lui » sera indiquée.

Art. 3. » Ledit procès-verbal, accompagné de l'autorisation en vertu de laquelle » il aura été dressé, sera joint à la liasse des mémoires où se trouveront compris, » ceux de l'entrepreneur acquéreur, pour être par nous transmis séparément au » comptable chargé d'en recevoir le montant dudit entrepreneur.

Art. 4. » Au moyen de ces dispositions, il ne sera plus fait déduction sur le » montant des mémoires des entrepreneurs du prix des matériaux par eux pris en » charge, et ces mémoires devront offrir, au contraire, la totalité des travaux exé- » cutés pour être ainsi liquidés et employés en dépense intégralement.»

(1) Cet article est extrait littéralement du *Mémorial des Percepteurs et des Receveurs des Communes, Hospices, Bureaux de bienfaisance, etc.*, rédigé par M. Durieu.

(2) Voyez le *Code des Hôpitaux*, tome 1, N°. 1672.

» Les actes de cette espèce, comme ceux de délégation de tutelle et
» d'émancipation, au moins aussi importans, doivent être faits sans frais,
» attendu que l'intention du législateur a été d'éviter que la modique
» fortune des enfans placés dans les Hospices ne fût restreinte par des
» frais inutiles : en conséquence il n'y a point d'inconvénient à ce que
» ces comptes soient rendus directement par les Commissions administra-
» tives, et approuvés par MM. les Préfets en Conseil de Préfecture ; en-
» fin la quittance et la décharge, données sous seing-privé par les en-
» fans majeurs, sont suffisantes pour mettre à couvert la responsabilité
» du Receveur. »

(N°. 86.) Arrêté du Conseil général des Hospices, *du
19 mai 1824, concernant les recensemens de la population
indigente de Paris* (1).

19 mai 1824.

Art. 1er. « Il sera procédé, tous les ans, au recensement à domicile de
» la population indigente, d'un certain nombre d'arrondissemens qui se-
» ront désignés par le Conseil.

» Le Membre de la Commission chargé de la quatrième division se
» concertera, pour l'exécution, avec les administrateurs des Bureaux de
» Charité désignés.

Art. 2. » La somme nécessaire pour indemniser les Employés qui se-
» ront chargés extraordinairement du travail du recensement sera mise,
» chaque année, à la disposition du Membre de la Commission, à raison
» de cinq cents francs par arrondissement recensé.

» La somme totale sera employée et répartie par lui, à raison du plus
» ou du moins de travail qu'aura exigé cette opération dans chacun des
» arrondissemens.

» Les répartitions auront lieu sur des états d'émargemens arrêtés dans
» les formes ordinaires par le Membre de la Commission, et approuvés par

____

(1) Voyez le *Code des Hôpitaux*, tome 2, N°. 5229 et suivans.

» le Membre du Conseil ayant la surveillance spéciale du service des Bu-
» reaux de Charité.

Art. 3. » Les 8e., 10e. et 11e. arrondissemens, seront recensés dans
» le cours de la présente année.

Art. 4. » L'Ordonnateur général est autorisé à délivrer annuelle-
» mént les mandats de payement qui seront nécessaires pour l'exécution
»-du présent arrêté. »

(N°. 87.) Décision du Ministre des finances, *du 20 mai
1824, sur les payemens du salaire des nourrices* (1).

Une question a été adressée à S. Exc. le Ministre des finances, relativement aux avances à faire par les Percepteurs des contributions directes pour le salaire des nourrices des enfans trouvés conformément
aux instructions précédemment données à ce sujet.

Des Administrateurs, interprétant ces instructions dans un sens ab-
solu, avaient chargé les Percepteurs des villes mêmes où étaient situés
les Hospices d'effectuer ces avances. Son Excellence, en faisant connaître les motifs qui ont déterminé cette mesure, a indiqué, par une
nouvelle décision du 20 mai 1824, que nous allons transcrire, dans
quelles circonstances elle doit recevoir son application.

« Les décisions concertées entre les Ministères de l'intérieur et des
» finances ont eu pour objet, d'une part, d'éviter aux créanciers des
» Hospices les frais de déplacemens onéreux, de distances souvent éloi-
» gnées, pour venir toucher le prix des mois de nourrice chez les Rece-
» veurs de ces Établissemens ; de l'autre, d'utiliser les ressources libres
» chez les Percepteurs par des emplois locaux qui évitent les frais et les
» embarras du transport des fonds.

20 mai 1824.

---

(1) Cet article est extrait littéralement du *Mémorial des Percepteurs et des Receveurs des Communes, Hospices, Bureaux de bienfaisance, etc.*, rédigé par
M. Durieu.

Pour les Hôpitaux de Paris, voyez le *Code des Hôpitaux*, tome 1, N°. 1531.

3   32

» En autorisant donc les Percepteurs des communes où résident les
» parens nourriciers à leur faire ces paiemens à titre d'avance, et sauf
» remboursement dans la forme prescrite, le Ministère n'a pas entendu
» que les Percepteurs des villes dans lesquelles se trouvent les Hospices
» fussent substitués aux Receveurs de ces établissemens, puisque c'eût
» été déplacer les attributions des Comptables sans motif et sans avan-
» tage réel, au préjudice du service de la perception qui réclame, sur-
» tout dans les villes, tout le temps et les soins des Percepteurs.

» D'après ces considérations, j'ai décidé que les Percepteurs des villes
» dans lesquelles se trouvent les Hospices, et auxquels on aurait indû-
» ment prescrit d'effectuer les paiemens dont il s'agit, cesseront à l'a-
» venir d'être chargés du service des dépenses relatives aux enfans trou-
» vés ; ce service devra être fait, comme il l'était précédemment dans ces
» villes, par les soins et sous la responsabilité des Receveurs des Hospices. »

(N°. 88.) Arrêté du Conseil général des Hospices, *du 2 juin 1824, concernant les acquisitions d'immeubles par l'Administration* (1).

2 juin 1824.

« A l'avenir, lorsqu'un des Membres de la Commission aura à pro-
» poser au Conseil l'acquisition d'un immeuble, il devra préalablement
» s'entendre avec l'Ordonnateur général pour connaître l'état de la caisse
» et aviser aux moyens de paiement. »

(N°. 89.) Lettre du Ministre de l'intérieur, *adressée à M. le Préfet de Police, le 8 juin 1824, sur l'admission dans les Hospices de Paris des aliénés détenus dans les prisons* (2).

8 juin 1824.

« Monsieur le Préfet, j'ai reçu les lettres des 8 janvier et 8 mai par
» lesquelles vous m'avez instruit des difficultés que les Agens de l'Admi-

------

(1) Voyez le *Code des Hôpitaux,* tome 1, N°ˢ. 422, 592.
(2) Voyez le *Code des Hôpitaux,* tome 1, N°. 2089 et suivans.

» nistration des Hospices opposent à l'admission des insensés extraits des
» maisons centrales de Melun et Poissy pour être détenus à Bicêtre.

» La loi du 25 septembre 1797 (4 vendémiaire an 6) donne à l'auto-
» rité civile la faculté de placer dans les Hospices les condamnés malades
» pour lesquels il n'existe pas de moyens de traitement dans les prisons ;
» les insensés sont des malades, ils doivent donc être admis.

» La circonstance de la condamnation n'est pas un obstacle, non plus
» que le danger de simulation de la folie, attendu que dans un Établis-
» sement destiné aux aliénés il doit y avoir des moyens de contenir les
» plus furieux, et que si la fraude peut être découverte, c'est sur-tout
» dans une maison bien organisée, où les Médecins et les Employés sont
» exercés à observer ce genre d'infirmité.

» En conséquence, j'ai décidé que les insensés dont j'aurai autorisé la
» translation à Paris devront être reçus dans les Hospices sur l'exhibition
» de l'ordre des Préfets de Seine-et-Marne et de Seine-et-Oise, ou, au
» besoin, sur le vôtre, et que cette admission sera gratuite à l'égard
» des individus condamnés à Paris. Quant à ceux qui auront été jugés
» dans d'autres départemens, je ferai payer leurs pensions sur les centimes
» centralisés. »

(N°. 90.) Arrêté du Conseil général des Hospices, *du 9 juin
1824, sur la rectification d'inscriptions hypothécaires prises
en vertu de baux à longs termes à la charge de bâtir* (1).

« Le Receveur de l'Administration remettra une copie littérale de

9 juin 1824.

---

(1) Cet arrêté est motivé de la manière suivante :
« Sur le rapport du Membre de la Commission administrative chargé du Domaine,
» qui expose que la plupart des inscriptions emportant hypothèque générale, qui ont
» été prises anciennement par suite de baux à longs termes faits à la charge de bâtir
» et d'abandonner les constructions à l'expiration desdits baux, sont libellées de
» manière à ne donner garantie que pour le payement de la redevance, sans étendre
» cette garantie à la conservation des constructions ;
» Considérant qu'il est extrêmement important de s'occuper dès-à-présent de la
» rectification de ces inscriptions. »
Voyez le *Code des Hôpitaux*, tome 1, N°. 454.

32.

» toutes les inscriptions prises en vertu des baux anciens, faits à charge
» de bâtir, au Membre de la Commission administrative chargé du Do-
» maine, qui, après avoir pris l'avis du Comité consultatif, proposera les
» mesures qui seront jugées convenables pour parvenir à la rectification
» dont il s'agit. »

(N°. 91.) Extrait de la Loi, *du 16 juin 1824, relative aux droits d'enregistrement et de timbre* (1).

16 juin 1824.

    Art. 7. « Les départemens, arrondissemens, communes, Hospices,
» séminaires, fabriques, congrégations religieuses, consistoires, et géné-
» ralement tous établissemens publics légalement autorisés, paieront dix
» francs pour droit fixe d'enregistrement et de transcription hypothé-
» caire sur les actes d'acquisition qu'ils feront, et sur les donations ou
» legs qu'ils recueilleront, lorsque les immeubles acquis ou donnés de-
» vront recevoir une destination d'utilité publique et ne pas produire de
» revenus, sans préjudice des exceptions déjà existantes en faveur de
» quelques-uns de ces établissemens.

    » Le droit de dix francs, fixé par le présent article, sera réduit à un
» franc, toutes les fois que la valeur des immeubles acquis ou donnés
» n'excédera pas cinq cents francs en principal. »

(N°. 92.) Arrêté du Ministre de l'intérieur, *du 3 juillet 1824, concernant l'organisation des cliniques de la Faculté de médecine dans les Hôpitaux de Paris* (2).

TITRE Ier.

DISPOSITIONS GÉNÉRALES.

3 juillet 1824.

    Art. 1er. « Les cliniques instituées par l'ordonnance du Roi du 2
» février 1823 dans la Faculté de médecine de Paris seront établies
» ainsi qu'il suit :

---

(1) Voyez le *Code des Hôpitaux*, tome 1, N°. 99.
(2) Voyez le *Code des Hôpitaux*, tome 1, N°. 3395.

» Une clinique médicale
» Une clinique chirurgicale } à l'Hôtel-Dieu.
» Une clinique chirurgicale à l'Hôpital de la Charité.
» Deux cliniques médicales à la clinique de la rue des Saints-Pères.
» Une clinique chirurgicale
» Une clinique d'accouchement } à l'Hospice de la rue de l'Ob-
servance.
» Il sera pourvu ultérieurement, si les besoins de la Faculté l'exigent,
» à l'établissement d'une quatrième clinique médicale dans le local qui
» sera par nous désigné.

Art. 2. » Chacune des cliniques aura un Amphithéâtre, ou salle de
» cours, et un cabinet pour le Professeur.

Art. 3. » Le nombre des lits affectés à chaque clinique sera de trente
» à cinquante moitié pour hommes, moitié pour femmes, dans des salles
» particulières.

Art. 4. » Le nombre des malades sera toujours tenu au complet.

Art. 5. » Le choix des malades sera fait par le Bureau central d'ad-
» mission.

» A cet effet, il sera tenu pour chaque clinique un mouvement jour-
» nalier et spécial, qui sera adressé au Bureau central tous les jours avant
» neuf heures du matin.

» Les malades pourront être aussi admis sur un billet du Professeur.
» Le Professeur pourra remettre également des notes sur le genre de
» maladies qu'il désire avoir dans sa clinique, sans qu'on puisse ad-
» mettre dans les salles de clinique de l'Hôtel-Dieu et de la Charité des
» individus atteints de maladies autres que celles qui se traitent ordinai-
» rement dans ces Hôpitaux.

Art. 6. » Un malade ne pourra être dirigé sur une salle de clinique
» que de son consentement ; celui qui montrerait de la répugnance à s'y
» rendre sera désigné pour une autre salle.

Art. 7. » Les malades une fois admis dans les salles de cliniques
» ne pourront être transférés dans une autre salle ou dans une autre mai-
» son que sur la demande écrite et motivée du Professeur.

» Si le malade présente des signes d'une mort prochaine, il ne pourra
» être transféré.

Art. 8. » Le malade qui, après avoir été traité dans une clinique, se

» présenterait au Bureau central d'admission avec les symptômes de la
» même maladie, sera dirigé sur la clinique où il aura déjà été traité,
» à moins qu'il ne témoigne à cet égard une répugnance prononcée.

Art. 9. » On suivra pour les autopsies qui seront jugées nécessaires
» les règles établies pour les Hôpitaux. Elles ne pourront être faites que
» par le Professeur ou en sa présence, et le chef de clinique sera chargé
» spécialement des précautions à prendre, de la surveillance à exercer
» pour prévenir les abus et ne donner lieu à aucune plainte.

Art. 10. » La nourriture des malades dans les cliniques sera en gé-
» néral la même que dans les Hôpitaux, conformément au régime ali-
» mentaire fixé en 1806 (1). Néanmoins, les alimens particuliers qui
» seraient prescrits par le Professeur, et portés sur les cahiers de visite,
» seront fournis par l'Administration.

Art. 11. » Les médicamens seront en général prescrits conformément
» au *Codex* à l'usage des Hôpitaux. Cependant les remèdes particuliers
» non compris dans le *Codex*, que le Professeur jugerait nécessaire de
» prescrire, et qui seront portés sur le cahier de visite, seront fournis par
» l'Administration.

Art. 12. » L'Administration des Hospices ne sera pas tenue de four-
» nir pour le service des cliniques les instrumens de chirurgie, les ob-
» jets en or ou en argent, non plus que les mannequins, les forceps ou
» autres instrumens pour les accouchemens. Ces fournitures seront à la
» charge de la Faculté de médecine.

Art. 13. » Les infirmiers, infirmières et gens de service seront dési-
» gnés et choisis par les Agens de surveillance et les Supérieures des
» sœurs. Ils seront tenus d'obéir aux ordres du Professeur en ce qui con-
» cerne le service de la clinique, et ils pourront être renvoyés sur une
» demande de lui motivée.

Art. 14. » Les Agens de surveillance et les Sœurs supérieures pour-
» ront déplacer ou renvoyer immédiatement les infirmiers, infirmières
» et gens de service, ainsi que les malades insubordonnés et ceux qui
» commettraient quelque désordre. Néanmoins, hors le cas d'urgence ou
» de flagrant délit, le renvoi des malades ne pourra avoir lieu que sur
» l'avis du Professeur.

______

(1) Voyez le *Code des Hôpitaux*, tome 2, Nᵒ. 2466 et suivans.

» La police des salles et de l'Amphithéâtre appartiendra exclusivement
» au Professeur pendant le temps des visites et des leçons, et les ordres
» qu'il aura donnés sur la tenue des salles et le soin des malades devront
» être exécutés même en son absence.

Art. 15. » Lorsque les Professeurs auront des observations à faire,
» des demandes à former, ils les adresseront soit aux membres de la
» Commission administrative des Hospices, qui en référeront, s'il y a lieu,
» au Conseil général, soit au Conseil général par l'intermédiaire du
» Doyen de la Faculté.

» En cas de dissentiment entre la Faculté de médecine et le Conseil
» des Hospices, il nous en sera référé.

TITRE II.

DES CLINIQUES ÉTABLIES A L'HÔTEL-DIEU ET A LA CHARITÉ.

Art. 16. » L'Administration des Hospices désignera à l'Hôtel-Dieu
» et dans l'Hôpital de la Charité les salles qui seront affectées aux cli-
» niques qui doivent être établies dans ces deux Hôpitaux en vertu de
» l'article 1.er.

Art. 17. » Les Professeurs de clinique qui ne seront point Médecins
» ou Chirurgiens de l'Hôpital ne visiteront que les malades qui occupe-
» ront les lits destinés à la clinique.

» S'ils sont Médecins ou Chirurgiens de l'Hôpital, ils ne feront leur
» clinique que dans les salles spécialement affectées à cette destination,
» et se conformeront pour cette partie de leur service aux dispositions
» particulières arrêtées pour les cliniques.

Art. 18. » Les visites des Professeurs de clinique se feront à des
» heures qui ne dérangent pas l'ordre du service.

Art. 19. » Le nombre des élèves pour chaque clinique ne pourra s'é-
» lever au-dessus de cinquante.

» Ils seront nommés par la Faculté de médecine, et ne seront admis
» que sur une carte personnelle signée par le Doyen de la Faculté et par
» l'Agent de surveillance de l'Hôpital.

Art. 20. » Les chefs ou aides de clinique seront nommés par la Fa-

» culté de médecine, sur la présentation des Professeurs, et choisis de
» préférence parmi les élèves internes de l'Hôpital.

» Les élèves nécessaires pour les pansemens seront pris de préférence
» parmi les élèves externes de l'Hôpital.

Art. 21. » Les élèves ne pourront entrer dans les salles de clinique
» qu'avec le Professeur, et ils sortiront en même temps, à moins
» d'une désignation particulière du Professeur pour observer certains
» malades.

» L'entrée des autres salles de l'Hôpital leur sera formellement in-
» terdite.

Art. 22. » Les élèves seront soumis à toutes les règles de police inté-
» rieure et d'ordre établies dans les Hôpitaux.

» La surveillance sera exercée sur eux par le chef de clinique et par
» l'Administration de l'Hôpital, sauf ce qui appartient à la police exercée
» par le Professeur.

Art. 23. » Les membres de la Commission des Hospices chargés de
» l'Hôtel-Dieu et de la Charité auront l'Administration des salles con-
» sacrées aux cliniques, y rempliront les mêmes devoirs et y exerceront
» les mêmes attributions que dans les autres parties de l'Hôpital; le
» tout sauf la police et la direction du traitement, attribuées au Pro-
» fesseur.

Art. 24. » Les bains, douches, fumigations, etc., seront portés aux
» cahiers de visite et administrés aux malades des cliniques dans le
» même local et aux mêmes heures qu'aux autres malades de l'Hô-
» pital, sauf les prescriptions particulières que le Professeur jugerait
» nécessaires.

Art. 25. » Le service religieux près les malades sera fait dans les
» salles de clinique par les Aumôniers de l'Hôpital.

TITRE III.

DES CLINIQUES DE LA RUE DES SAINTS-PÈRES ET DE LA RUE DE L'OBSERVANCE.

Art. 26. » L'Administration des Hospices aura l'administration éco-

» nomique de l'Hôpital de clinique de la rue des Saints-Pères et de
» l'Hôpital de clinique de la rue de l'Observance, comme des clini-
» niques établies dans les Hôpitaux.

» Elle nommera en conséquence les employés qui devront être chargés
» du service de ces deux établissemens, et pourvoira à leurs besoins
» conformément aux dispositions du titre 1er.

Art. 27. » Les dispositions concernant le nombre et la police des
» élèves qui suivront ces cliniques seront déterminées, en tout ce qui
» n'aura pas été prévu par le titre 1er. de la présente décision, par un
» réglement qui sera arrêté par la Faculté de médecine.

Art. 28. » Le nombre des lits de l'Hospice de la rue de l'Observance
» sera porté à soixante, et partagé de manière à former dans des salles
» séparées une clinique de chirurgie et une clinique d'accouchement.

Art. 29. » Le nombre des lits de l'Hospice de la rue des Saints-Pères
» sera porté à soixante-dix ou quatre-vingt, au moyen de la réunion de
» la petite salle qui faisait autrefois partie de la clinique, et, s'il est
» nécessaire, d'une portion de la grande salle de la Charité qui est
» contiguë.

» Les lits seront partagés de manière à former dans des salles séparées
» deux cliniques médicales.

Art. 30. » Il sera dressé par deux commissaires, dont l'un nommé
» par l'Administration des Hospices, et l'autre par la Faculté de mé-
» decine, un inventaire détaillé et estimatif du mobilier existant dans
» les deux Hospices de la rue des Saints-Pères et de la rue de l'Ob-
» servance.

» Il sera fait remise de ce mobilier à l'Administration des Hospices,
» qui sera tenue de le compléter et de pourvoir sous ce rapport, comme
» sous les autres, à tous les besoins des cliniques.

Art. 31. » Les bâtimens de l'Hospice de la rue des Saints-Pères se-
» ront rendus à l'Administration des Hospices, qui sera désormais char-
» gée des petites et grosses réparations qu'ils pourront exiger.

» La même Administration sera chargée des réparations locatives des
» bâtimens de l'Hospice de la rue de l'Observance ; il continuera d'être
» pourvu aux grosses réparations sur les fonds affectés à l'entretien des
» bâtimens civils. »

·3.   33

(N°. 93.) Arrêté du Conseil général des Hospices , *du 7 juillet 1824, portant que l'extrait du procès-verbal de la distribution des prix aux Élèves Sages-Femmes sera remis, chaque année, aux élèves avant leur sortie de la Maison d'accouchement* (1).

7 juillet 1824.

« Il sera remis, chaque année, aux Élèves Sages-Femmes de l'École
» d'accouchement qui auront été nommées à la distribution générale des
» prix, et avant leur sortie de la maison, un extrait imprimé du procès-
» verbal de ladite distribution. »

(N°. 94.) Circulaire du Ministre de l'intérieur , *du 20 juillet 1824, sur l'apurement des comptes des Hospices et Bureaux de bienfaisance* (2).

20 juillet 1824.

« Monsieur le Préfet, plusieurs fois le Ministre de l'intérieur a appelé
» votre attention sur l'importance de ne point laisser arriérer l'apure-
» ment des comptes des Hospices et des Bureaux de bienfaisance, et de
» tenir toujours au courant cette partie du service.
» J'ai cependant lieu de craindre que, dans un assez grand nombre
» de départemens, les comptes de divers établissemens de charité n'aient
» pas été rendus pour plusieurs années, ou n'aient pas été arrêtés.
» Je vous prie de me faire connaître quelle est la situation de votre
» département sous ce rapport, et de m'adresser un tableau conforme
» au modèle ci-joint, des comptes qui restent à arrêter pour les années
» antérieures à 1823. »

---

(1) Voyez le *Code des Hôpitaux*, tome 1, N°. 1213 et suivans.
(2) Voyez le *Code des Hôpitaux*, tome 1, N°. 723 et suivans.

*T*ABLEAU *des comptes des Hospices et Bureaux de bienfaisance, pour les années antérieures à* 1823, *qui n'ont pas encore été apurés.*

DÉSIGNATION		INDICATION		OBSERVATIONS.
des ÉTABLISSEMENS.	DES COMMUNES où ils sont situés.	DES ANNÉES dont les comptes n'ont point été rendus par les Receveurs.	DES ANNÉES dont les comptes rendus par les Receveurs n'ont pas encore été approuvés.	

(N°. 95.) CIRCULAIRE DU MINISTRE DE L'INTÉRIEUR , *du* 28 *juillet* 1824, *sur les fonds alloués pour secours à la classe indigente* (1).

« Monsieur le Préfet, dans plusieurs départemens, les Conseils géné-
» raux sont dans l'usage de voter des fonds pour secours à la classe indi-
» gente.

» Jusqu'ici je me suis attaché, en réglant les budgets variables, à di-
» viser les sommes provenant de ces votes, c'est-à-dire à n'allouer que
» le tiers ou les deux cinquièmes pour secours en subsistances dans le cas
» d'extrême misère locale ou de disette, et à répartir le surplus aux fonds
» alloués pour travaux de charité.

28 juillet 1824.

(1) Voyez le *Code des Hôpitaux*, tome 2, N°. 2717.

33.

» Comme les Conseils généraux ne sont tenus que de faire face
» aux services désignés dans le chapitre XIII du budget de l'intérieur;
» comme, en second lieu, l'autorité, quelle que soit sa surveillance, ne
» saurait prévenir tous les abus qui résultent infailliblement des distri-
» butions de secours en argent; et comme enfin le fonds des dépenses
» imprévues des départemens ne doit être affecté qu'à des objets d'une
» utilité départementale, j'ai résolu de ne plus autoriser désormais au-
» cune allocation de fonds par les Conseils généraux pour secours à la
» classe indigente.

» Vous pouvez, en conséquence, Monsieur le Préfet, vous dispenser
» de proposer au Conseil général de votre département le vote de fonds
» pour cette dépense. »

(N°. 96.) Arrêté du Conseil général des Hospices, *du
28 juillet 1824, portant nouvelles conditions à insérer
au cahier des charges pour la fourniture des farines, à
partir du 1ᵉʳ. janvier 1825 (1).*

28 juillet 1824.

« Les articles et conditions ci-après seront ajoutés au cahier des charges
» ordinaires pour la fourniture des farines, et seront souscrits par les
» fournisseurs auxquels le Conseil général aura confié ce service, à par-
» tir du 1ᵉʳ. janvier 1825.

Art. 1ᵉʳ. » La fourniture générale sera divisée en quatre parties
» égales, qui seront confiées à quatre fournisseurs différens.

Art. 2. » Si l'Administration jugeait convenable de faire consommer
» tout ou partie de son approvisionnement de réserve, elle en prévien-
» dra les fournisseurs de farine deux mois à l'avance, et ceux-ci seront
» tenus d'interrompre le cours de leurs livraisons dans la proportion qui
» leur aura été indiquée.

Art. 3. » La durée du marché de chaque fournisseur pourra, s'il le
» demande, être prorogée d'un temps égal à celui pendant lequel il y

---

(1) Voyez le *Code des Hôpitaux,* tome 2, N°. 2735, et ci-après Nᵒˢ. 97 et 98.

» aura eu interruption de ses livraisons dans le cas prévu par l'article
» précédent.

Art. 4. » Les fournisseurs s'obligeront expressément à ne demander
» aucune indemnité à l'Administration pour raison de cette interruption.

Art. 5. » L'Administration se réserve le droit de modifier ses de-
» mandes de farines suivant les besoins de son service, sans avoir égard
» aux quantités fixées par chaque qualité et de telle sorte qu'elle puisse
» exiger en farine de première qualité les quantités de sacs désignées
» au présent traité comme présumées nécessaires en farine de seconde.

Art. 6. » Les farines proviendront exclusivement des blés de sai-
» sons, celles des blés de mars ne seront pas reçues.

Art. 7. » Les farines dont le gruau aurait été extrait par quelque
» procédé que ce soit ne seront pas reçues pour le service de l'Adminis-
» tration. »

(N°. 97.) Circulaire du Ministre de l'intérieur, *du
4 octobre 1824, sur la rédaction des actes de décès dans
les Hôpitaux et autres maisons publiques* (1).

« Monsieur le Préfet, l'article 80 (2) du Code civil porte qu'en cas de   4 octobre 1824.
» décès dans les Hôpitaux militaires civils, ou autres maisons publiques,
» les Supérieurs, Directeurs, Administrateurs et Maîtres de ces maisons,
» seront tenus d'en donner avis, dans les vingt-quatre heures, à l'Offi-
» cier de l'état civil, qui s'y transportera pour s'assurer du décès et en
» dresser l'acte, conformément aux articles précédens, sur les déclara-
» tions qui lui auront été faites et sur les renseignemens qu'il aura pris.

» Le même article veut qu'il soit tenu en outre, dans ces Hôpitaux et
» maisons, des registres destinés à inscrire ces déclarations et ces rensei-
» gnemens, et que l'Officier de l'État civil envoie l'acte de décès à celui
» du dernier domicile de la personne décédée.

---

(1) Voyez le *Code des Hôpitaux,* tome 2, N°. 2360 et suivans.
(2) Voyez le *Code des Hôpitaux,* tome 2, N°. 2360.

» Je suis informé que ces dispositions ne sont pas par-tout observées
» avec l'exactitude qu'elles exigent ; que les Officiers de l'État civil ne
» sont pas toujours avertis dans les délais prescrits ; que les registres
» destinés aux déclarations de décès sont tenus sans suite et sans régula-
» rité, et cependant tout est ici obligé, tout engage la responsabilité de
» ceux qui en sont chargés et des autorités surveillantes.

» Il paraîtrait aussi que des Officiers de l'État civil ne sont pas exacts
» à déférer dans les vingt-quatre heures aux avis qu'ils reçoivent, ou ne
» se conforment pas suffisamment aux articles 78 et 79 (1) du Code civil.
» Ces négligences intéressent trop essentiellement l'ordre public et les fa-
» milles, pour que l'Administration ne doive pas s'empresser d'y remédier.
» Vous devrez rappeler aux chefs des Hôpitaux civils et militaires, et de
» toutes maisons publiques qui sont dans ce cas, les obligations qui leur
» sont imposées, et aux Concierges ou Gardiens des prisons celles que leur
» prescrit l'article 84. Vous devrez en faire sentir aux uns et aux autres
» toute l'importance, et me signaler toutes les infractions dont ils pour -
» raient se rendre coupables, afin que je puisse y donner telle suite que
» de droit, soit directement, soit en avertissant les autres Ministres pour
» les Agens placés sous leurs ordres.

» Veuillez m'accuser réception de cette lettre. »

(N°. 98.) Extrait de l'arrêté du Conseil général des
Hospices, *du 6 octobre 1824, sur le marché à passer
pour la fourniture des farines (2).*

6 octobre 1824.

« Le deuxième paragraphe de l'article 1er. du cahier des charges, par
» lequel l'Administration se réservait le droit de changer à sa volonté les

____

(1) L'article 78 du Code civil est ainsi conçu :

« L'acte de décès sera dressé par l'officier de l'état civil, sur la déclaration de
» deux témoins. Ces témoins seront, s'il est possible, les deux plus proches parens
» ou voisins, ou, lorsqu'une personne sera décédée hors de son domicile, la personne
» chez laquelle elle sera décédée, et un parent, ou autre. » Voyez, pour l'article 79,
le *Code des Hôpitaux,* tome 1, N°. 1543.

(2) Voyez ci-devant N°. 95.

» proportions établies pour les quantités à livrer de chaque qualité de fa-
» rine, ou même de se faire livrer la totalité de la fourniture, soit en
» farine première, soit en farine seconde, sera supprimé.

   » L'article 26 dudit cahier de charges sera modifié ainsi qu'il suit :

» Le paiement des farines livrées par anticipation en exécution de
» l'article 6 dudit cahier de charges sera effectué par moitié en janvier
» et février. »

(N°. 99.) Arrêté du Conseil général des Hospices, *du*
13 octobre 1824, portant nouvelle modification au cahier
des charges pour la fourniture de farines (1).

   « Les fournitures de farines à faire par anticipation dans les mois d'oc-   13 octobre 1824.
» tobre et de novembre, conformément à l'article 6 du cahier des charges,
» seront faites par moitié dans le mois de novembre et dans les quinze
» premiers jours de décembre.

   » Le cahier des charges sera rectifié dans le sens qui vient d'être in-
» diqué. »

(N°. 100.) Arrêté du Conseil général des Hospices, *du*
20 octobre 1824, autorisant l'insertion d'une nouvelle
clause dans le cahier des charges pour la fourniture de
la viande (2).

   « La clause ci-après sera insérée au cahier des charges pour la four-   20 octobre 1824.
» niture de la viande.

   » La viande sera de bonne qualité, bien saignée et livrée sans issue.
» Les bœufs seront âgés de six à neuf ans, et lorsqu'ils auront été abattus
» et mis à la cheville, ils devront peser au moins trois cents kilogrammes,
» non compris les issues, le suif, la tête et les joues, qui ne devront point
» entrer dans les livraisons. »

---

(1) Voyez ci-devant N°. 95.
(2) Voyez le *Code des Hôpitaux*, tome 2, N°. 2743.

(**N°. 101.**) Ordonnance du Roi , *du 27 octobre 1824,
concernant les annuités payées pour obtenir une admission à l'Institution de Sainte-Périne* (1).

27 octobre 1824.
Art. 1er. « A l'avenir, toute personne qui, ayant souscrit pour son
» admission à Sainte-Périne, ne continuerait pas le service des annuités
» exigées par le décret du 1er. avril 1808, recevra, lors de sa soixantième
» année révolue, une rente viagère proportionnée au montant des an-
» nuités qu'elle aura versées et aux accroissemens que leur accumulation
» aura produits depuis chaque époque de versement jusqu'au jour où la
» rente commencera à courir.

Art. 2. » Cette rente proportionnelle sera liquidée d'après les bases
» qui ont servi à fixer le montant de la rente intégrale, attribuée par l'ar-
» ticle 8 du décret précité aux souscripteurs qui ont acquitté la totalité
» de la souscription. »

(**N°. 102.**) Ordonnance du Roi , *du 27 octobre 1824, sur
l'emploi du legs de M. le baron de Montyon en faveur des
convalescens sortant des Hôpitaux* (2).

27 octobre 1824.
« Les revenus de la fondation faite par le sieur Antoine-Jean-Bap-
» tiste-Robert Auget , baron de Montyon , en faveur des pauvres de
» notre bonne ville de Paris, et dont notre ordonnance du 29 juillet 1821
» a autorisé l'acceptation, seront employés conformément au réglement
» arrêté par le Conseil général d'Administration des Hospices de ladite
» ville , dans sa délibération du 7 juillet 1824, et dont la copie restera
» annexée à la présente ordonnance. »

Réglement sur l'emploi du legs de M. le baron de Montyon (3).

Art. 1er. « Les revenus du legs de M. le baron Auget de Montyon,

(1) Voyez le *Code des Hôpitaux,* tome 2, N°. 2199 et suivans.

(2) M. le baron de Montyon est décédé dans le mois de décembre 1820. Son legs
est de 230,000 francs de rente environ.

(3) Ce réglement est motivé de la manière suivante :

« Considérant qu'aux termes du testament, les revenus du legs de M. de Montyon

» ayant été destinés par lui à donner des secours aux pauvres sortant des
» Hôpitaux, ils ne pourront être confondus avec les revenus ordinaires
» des Hospices.

. » Il en sera tenu un compte séparé en recette et en dépense, qui for-

---

» doivent être exclusivement consacrés aux pauvres convalescens sortant des Hôpitaux
» et de préférence à ceux qui en auront le plus besoin ;

» Que pour connaître la nature et le degré des besoins de chacun il faut prendre
» des renseignemens, avant de déterminer et d'appliquer les secours ; ce qui ne peut
» s'exécuter que par l'intermédiaire des Bureaux de Charité ;

» Que cependant les premiers jours qui suivent la sortie de l'Hôpital peuvent être
» les plus pénibles à passer pour un grand nombre, soit à cause de leur faiblesse,
» soit par défaut de travail ;

» Qu'un secours donné le jour même de la sortie de l'Hôpital étant plus ou moins
» utile à la plupart des convalescens, on peut, sans inconvénient, l'offrir à tous, en
» le bornant au plus strict nécessaire ;

» Qu'ensuite les Bureaux de Charité, après avoir pris des renseignemens, pourront
» accorder des secours proportionnés aux besoins de chaque individu ;

» Que la somme à mettre à leur disposition pour cet objet doit être répartie entre
» eux sur la base de la population générale, et non pas seulement de la population
» indigente de chaque arrondissement, parce que tous les pauvres convalescens sortant
» des Hôpitaux peuvent avoir droit à cette espèce de secours, quand même ils ne
» seraient pas inscrits au contrôle des indigens, la longueur et les suites d'une
» maladie passée dans un Hôpital pouvant causer non moins de préjudice à un ouvrier
» qui n'est pas porté sur le rôle des indigens, et à sa famille, qu'à celui qui y est inscrit
» et qui reçoit habituellement des secours ;

» Que la destination du legs de M. de Montyon étant bien clairement déterminée,
» il ne peut y avoir de difficulté dans l'emploi à faire des revenus pour secourir les
» pauvres convalescens ; mais que ce genre de secours étant nouveau, l'expérience
» est nécessaire pour discerner le mode le plus convenable à suivre dans sa répartition
» et dans son application ;

» Qu'il y a lieu en conséquence de se réserver la faculté de fixer, pour chaque
» année, la somme applicable à chacune des espèces de secours destinés aux
» convalescens ;

» Que pour s'assurer les moyens de parvenir à une juste répartition, et de prouver
» l'emploi fidèle des revenus, conformément à la volonté du testateur, il est nécessaire
» d'établir, tant à l'Administration générale des Hospices que dans les Bureaux de
» Charité, une comptabilité exacte et entièrement distincte. »

3.   34

» mera un chapitre particulier dans les Comptes généraux de l'Adminis-
» tration des Hospices.

» Ce compte sera arrêté chaque année et publié par la voie de l'im-
» pression.

Art. 2. » Un secours sera donné aux pauvres convalescens immédia-
» tement à leur sortie des Hôpitaux.

Art. 3. » D'autres secours leur seront distribués, s'il y a lieu, par
» l'intermédiaire des Bureaux de charité, après vérification et reconnais-
» sance des besoins et de la position de chaque individu.

Art. 4. » Chaque année, le Conseil général des Hospices fixera la
» somme applicable à l'une et à l'autre espèce de secours, et un fonds
» de réserve pour les frais particuliers d'administration, et pour sub-
» venir, soit à un excédant de dépense dans les secours indiqués aux ar-
» ticles précédens, soit à des secours extraordinaires et non prévus en fa-
» veur des convalescens.

Art. 5. » Tous les registres, bons et autres pièces, employés pour
» l'exécution du legs de M. de Montyon, porteront en tête ces mots :
» *Fondation de M. de Montyon.*

Secours à la sortie des Hôpitaux.

Art. 6. » Tout convalescent sortant d'un Hôpital (les Maisons de
» santé, l'Hôpital des Vénériens et celui des Enfans exceptés) recevra,
» s'il le demande, un secours, qui consistera en un pain de trois livres
» et soixante-quinze centimes en argent.

Secours à distribuer par les Bureaux de charité.

Art. 7. » La somme destinée à donner des secours, par l'intermé-
» diaire des Bureaux de charité, aux pauvres convalescens sortis des Hô-
» pitaux, sera répartie proportionnellement à la population générale de
» chaque arrondissement, et tenue à la disposition desdits Bureaux pour
» être employée par eux selon les besoins.

Art. 8. » Ces secours seront applicables à tous les convalescens sor-
» tant des Hôpitaux, qui en auront besoin, qu'ils soient ou non portés
» sur les contrôles des Bureaux de charité ; mais ils ne devront les re-
» cevoir qu'après des renseignemens recueillis sur leur position, et sur
» le dommage résultant de leur maladie.

Art. 9. » Pour mettre les Bureaux à portée de prendre ces rensei-
» gnemens, tout convalescent sortant de l'Hôpital recevra de l'Agent de

» surveillance un billet qui énoncera ses noms, âge et domicile, la na-
» ture de sa maladie, le jour de l'entrée et de la sortie (1).

Art. 10. » Le double du billet de sortie délivré aux convalescens
» sera envoyé, chaque jour, par l'Agent de surveillance de l'Hôpital à la
» quatrième Division, où il en sera tenu un registre par arrondissement,
» avec toutes les indications portées au billet.

Art. 11. » Dans le même jour, la quatrième Division adressera à
» chaque Bureau de charité les billets des convalescens domiciliés ou
» logés dans son arrondissement, et l'Agent comptable du Bureau,
» après en avoir pris note, en fera la distribution aux Administrateurs,
» ou aux Commissaires et Dames de charité, chacun pour les pauvres de
» son quartier.

Art. 12. » Les secours à distribuer par les Bureaux seront divisés en
» trois classes ;

» Secours provisoires,

» Secours définitifs,

» Secours extraordinaires,

» Tous seront donnés, autant que possible, en nature, et consisteront
» en alimens, vêtemens, linge, couvertures, matelas, outils et combus-
» tibles.

» Cependant, le tiers de la valeur totale du secours pourra être donné
» en argent, pour un emploi déterminé, et qui sera fait, sous la surveil-
» lance du Bureau, par l'intermédiaire des Administrateurs, Commis-
» saires et Dames de charité.

Art. 13. » Il sera tenu un registre particulier des délibérations et
» décisions relatives à la distribution de ces secours.

Art. 14. » Les secours provisoires ne seront donnés qu'aux pauvres
» inscrits sur le contrôle des indigens.

Secours provisoires.

» Ce secours ne pourra excéder la valeur de trois francs, et consis-
» tera en pain, bouillon ou viande, et combustibles ; le tout réparti en
» plusieurs jours.

Art. 15. » Le secours provisoire sera accordé sur un bon délivré
» par l'Administrateur chargé du quartier où le pauvre est domicilié,

______

(1) Voyez le modèle ci-après, page 275.

» ou par le Commissaire ou la Dame de charité, et visé par l'Adminis-
» trateur.

» Ce bon indiquera la somme et spécifiera la nature du secours à dé-
» livrer.

» Le pauvre à qui il sera remis le présentera à l'Agent comptable du
» Bureau de charité, qui le visera, en fera registre, et adressera le
» pauvre à la maison de secours où il devra recevoir ce qui lui est accordé.

Secours
définitifs.

Art. 16. » Les secours définitifs seront accordés par les Bureaux, qui
» en délibéreront sur le rapport de l'Administrateur chargé du quartier
» où est domicilié le pauvre convalescent qui les réclame, qu'il soit ou
» non inscrit sur les contrôles.

Art. 17. » Le rapport sera fait à la plus prochaine séance du Bureau,
» qui statuera sur la quotité, la nature et la durée du secours, lequel ne
» pourra excéder la valeur de vingt-cinq francs, y compris celle du se-
» cours provisoire, s'il a été accordé.

Secours
extraordinaires.

Art. 18. » Les secours extraordinaires, c'est-à-dire ceux dont la va-
» leur excédera vingt-cinq francs, ne pourront être accordés que par le
» Conseil général des Hospices, auquel les demandes et les propositions
» des Bureaux seront soumises par le Membre de la Commission chargé
» de la quatrième Division.

Art. 19. » Les demandes adressées au Conseil seront motivées, et
» indiqueront l'emploi à faire de la somme demandée.

» Cet emploi sera surveillé par le Bureau de charité, comme celui des
» secours définitifs.

» Les sommes accordées pour secours extraordinaires seront à la charge
» du Bureau qui aura fait la demande, et imputées sur son crédit dans
» la répartition générale des revenus du legs.

Magasin.

Art. 20. » Pour subvenir à la distribution des secours en nature, les
» Bureaux auront dans leur magasin des chemises, des couvertures et
» des étoffes propres à l'habillement des hommes et des femmes.

» Ces objets ne seront pas confondus avec ceux de même nature des-
» tinés aux secours ordinaires; il en sera tenu un compte spécial et qui
» fera partie de celui que les Bureaux auront à rendre de l'emploi du
» legs de M. de Montyon.

» La pièce, ou les tablettes et armoires où seront déposés ces effets,

» seront distinguées par une inscription portant : *Legs de M. de Mon-*
» *tyon.*

Art. 21. » Les fonds nécessaires pour former le magasin seront pris
» sur les revenus échus, et il sera entretenu par les Bureaux au moyen
» des revenus courans, sur la portion allouée à chacun d'eux.

» La somme à employer à cette destination sera réglée, tous les ans,
» par le Conseil général sur la proposition des Bureaux, et le rapport du
» Membre de la quatrième Division.

Art. 22. » La somme revenant à chaque Bureau par la répartition   Comptabilité.
» générale sera tenue à sa disposition dans la caisse du Receveur géné-
» ral des Hospices.

» Un fonds d'avance, qui ne pourra excéder le douzième de la somme
» totale, sera versé dans la caisse de l'Agent comptable pour acquitter
» les dépenses au fur et à mesure des besoins.

» Pour obtenir le renouvellement du fonds d'avance, l'Agent comp-
» table sera tenu de présenter, tous les mois, un compte sommaire, visé
» et certifié par le Trésorier honoraire, et par le Président ou le Vice-Pré-
» sident du Bureau.

Art. 23. » A la fin de chaque exercice, et dans les délais fixés pour
» les comptes annuels, il sera rendu par l'Agent comptable de chaque
» Bureau un compte particulier en recette et dépense, matières et de-
» niers, dans les formes ordinaires de la comptabilité des Bureaux de
» charité, et selon les modèles qui seront donnés par l'Administration.

Art. 24. » Il sera en outre rendu par chaque Bureau, à la fin de
» l'exercice, un compte moral et administratif sur l'emploi de la somme
» dépensée.

» Ce compte indiquera le nombre des pauvres secourus, la répartition
» du secours entre eux, et les effets qu'il aura produits. Il comprendra
» tous les détails qui peuvent intéresser la Société et l'Administration
» générale, faire connaître le bon usage d'une fondation également im-
» portante par sa valeur et sa destination, et fournir au Conseil général
» les élémens du compte qu'il rendra.

(N°. 103.) CIRCULAIRE DU MINISTRE DE L'INTÉRIEUR , *du 6 novembre 1824, sur les journées des malades militaires traités dans les Hôpitaux* (1).

6 novem. 1824.

« Monsieur le Préfet, les journées des malades militaires traités dans
» les Hospices ou les Hôpitaux civils sont payées à ces établissemens par
» le Ministre de la guerre.

» Il paraît que le mode suivi pour le paiement de ces journées n'est
» point uniforme dans tous les établissemens de bienfaisance.

» Son Exc. le Ministre de la guerre, que cette comptabilité intéresse
» particulièrement, m'a engagé à prendre une décision à cet égard;
» maisl'ordonnance du 31 octobre 1821 et les instructions du 8 février
» 1823 (2) renferment toutes les dispositions nécessaires pour rendre
» régulière et uniforme cette partie de la comptabilité des Hospices.

» Elles portent que les Receveurs de ces établissemens ont seuls qua-
» lité pour recevoir et pour payer, et que les recettes et les paiemens ef-
» fectués sans leur intervention donneraient lieu à des répétitions et à des
» poursuites contre qui de droit.

» Il résulte de ces dispositions que les Receveurs des Hospices sont
» *seuls* autorisés à délivrer les pièces comptables constatant la dépense
» des malades militaires, et que les mandats délivrés pour le paiement
» des journées de traitement doivent être expédiés en leurs noms.

» Vous voudrez bien faire part de cette disposition aux Commissions
» administratives des Hospices de votre département, et m'accuser récep-
» tion de cette lettre. »

---

(1) Voyez le *Code des Hôpitaux*, tome 1, N°. 788 et suivans.
(2) Voyez ci-devant, page 112.

(N°. 104.) ARRÊTÉ DU CONSEIL GÉNÉRAL DES HOSPICES, *du 1ᵉʳ. décembre 1824, sur les gratifications à allouer aux Gardiens des marchés des Prouvaires et à la Verdure et au partage de leurs rétributions* (1).

Art. 1ᵉʳ. « Les articles 5, 13 et 17 des instructions relatives aux Gar- » diens des marchés des Prouvaires et à la Verdure continueront à re- » cevoir leur exécution sauf les modifications qui vont être exprimées.

Art. 2. » Lorsque le service aura été fait régulièrement et avec soin, » il pourra être alloué aux Gardiens un supplément de gratification dont » le Conseil fixera chaque fois le montant sur la proposition du Membre » de la Commission chargé du Domaine.

Art. 3. » Le Receveur du marché à la Verdure se fera remettre, tous » les samedis, le montant intégral des rétributions perçues dans la se- » maine par les Gardiens des deux marchés, à quelque titre que ce soit » et quel que soit le montant de ces rétributions.

Art. 4. » Il établira ensuite un compte de recette et de dépense dont » il partagera le reliquat par égale portion, entre les huit Gardiens, les- » quels émargeront, en recevant, l'état de répartition qui sera dressé à la » suite dudit compte.

Art. 5. » Ce compte et cet état émargé seront remis, toutes les se- » maines, au Bureau du Domaine par le Receveur du marché de la Ver- » dure, qui les certifiera, et qui devra veiller en outre avec soin à ce que » les dépenses qui y sont portées soient exactement acquittées et au- » tant qu'il sera possible les acquitter lui-même. »

1ᵉʳ.décem.1824.

---

(1) Voyez le *Code des Hôpitaux,* tome 1, N°. 544.

(N°. 105.) Arrêté du Conseil général des Hospices, *du 8 décembre 1824, sur la garantie par l'Administration des mois de nourrice, frais accessoires, et autres dispositions concernant le Bureau des Nourrices* (1).

8 décemb. 1824.

Art. 1er. « A compter du 1er. janvier 1825, la garantie des mois de
» nourrices par l'Administration n'aura lieu que sur le pied de dix francs
» par mois, quels que soient les prix convenus entre les pères et mères et
» les nourrices, et quels que soient les versemens faits par les pères et
» mères pour le compte de ces dernières, avec cette condition expresse
» que si à l'époque où les enfans cesseront d'être en nourrice, les pères et
» mères ont versé au-delà de dix francs par mois et des frais accessoires
» portés dans l'article 2, l'excédant sera payé aux nourrices.

Art. 2. » L'Administration garantit également : 1°. aux Médecins
» et Chirurgiens le paiement de l'abonnement de cinquante centimes par
» enfant et par mois; 2°. aux Préposés le paiement du vingtième de
» toutes les sommes qu'ils seront chargés de payer, ensemble le prix in-
» tégral et le vingtième des frais de retour des enfans, conformément au
» tarif arrêté, chaque année, par le Membre du Conseil général et celui
» de la Commission, plus les frais funéraires et d'actes de décès.

Art. 3. » La garantie des mois de nourrices et des frais accessoires
» fixés par les deux articles qui précèdent cessera d'avoir son effet pour
» les pères et mères qui ne paieraient pas exactement, aussitôt que leurs
» enfans auront atteint l'âge de douze mois révolus, de sorte que le pre-
» mier mois devant toujours être payé d'avance, ainsi que les frais de dé-
» part et l'abonnement du Médecin; la garantie ne pourra porter pour ces
» enfans que sur onze mois; quant aux enfans âgés de plus de douze mois,
» l'ordre de retour sera donné aussitôt que les pères et mères seront re-
» connus débiteurs d'un mois.

Art. 4. » Pour l'exécution de l'article qui précède, le Directeur re-

---

(1) Voyez le *Code des Hôpitaux*, tome 1, N°. 1726.

En mars 1825, le Conseil général des Hospices a fait un réglement pour le recouvrement des mois de nourrices.

» mettra, à la fin de chaque mois, au Membre de la Commission adminis-
» trative l'état des enfans dont le retour devra être ordonné, et ce dernier
» écrira de suite aux Préposés. Le Directeur et les Préposés seront garans
» envers les nourrices dans le cas où ils ne pourraient justifier des ordres
» de retour donnés en temps utile.

Art. 5. » A compter de la même époque, 1ᵉʳ. janvier 1825, le recou-
» vrement des mois de nourrices, dixième et frais, continuera d'avoir lieu
» par mois; le paiement au contraire ne sera effectué aux nourrices
» que dans les premiers jours de chaque trimestre : à cet effet, il sera
» confié aux Préposés de la direction ayant cautionnement un fonds
» d'avance égal à la quotité des sommes à payer dans chaque arron-
» dissement. »

(N°. **106.**) Décision du Ministre de l'intérieur , *du 18 décembre 1824, portant qu'il y aura dans l'Hôpital de la Pitié un chirurgien en chef et un chirurgien de deuxième classe* (1).

Art. 1ᵉʳ. « Il y aura dans l'Hôpital de la Pitié un Chirurgien en chef
» et un Chirurgien de deuxième classe.

Art. 2. » Le Préfet du département de la Seine est chargé de l'exé-
» cution de la présente décision. »

18 déc. 1824.

---

(1) Voyez le *Code des Hôpitaux,* tome 1, N°. 977, et tome 2, N°. 2881 et suivans.
En avril 1825, le Conseil général des Hospices a décidé que les docteurs qui se présenteraient pour concourir aux places de chirurgiens de deuxième classe dans les Hôpitaux et aux places de chirurgiens au Bureau central d'admission auraient à justifier de leurs diplômes et de 25 ans d'âge et à déposer des certificats de médecins ou de chirurgiens.

3.　　　　　　　　　　　　　　　　　35

(N°. **107**.) Arrêté du Ministre de l'intérieur , *du 22 décembre 1824, concernant la nomination du pharmacien à la Maison d'Accouchement* (1).

22 déc. 1824.

Art. 1ᵉʳ. « Les dispositions du réglement du 23 février 1802(19 ventôse an 10), concernant la nomination des Pharmaciens des Hospices et » Hôpitaux, cesseront d'être appliquées à la Maison d'Accouchement : tout » Pharmacien qui justifiera d'un titre régulier de réception pourra être » appelé aux fonctions de Pharmacien en chef dans ledit établissement. »

(N°. **108**.) Extrait de l'Arrêté du Conseil général des Hospices, *du 22 décembre 1824, sur l'exécution du réglement concernant le legs de M. le Baron de Montyon* (2).

22 déc. 1824.

Art. 2. « A partir du 1ᵉʳ. janvier 1825, les convalescens qui le demanderont recevront à leur sortie de l'Hôpital le secours fixé par l'article 6 » du réglement.

» Les Membres de la Commission administrative chargés des Hôpi- » taux régleront provisoirement pour chaque maison le mode de distri- » bution du secours, et de concert avec le Membre chargé de la quatrième » Division et l'Ordonnateur, la forme à suivre par les Agens de surveil- » lance pour la comptabilité tant en argent qu'en pains.

Art. 3. » Sur les revenus échus et placés provisoirement au Mont- » de-Piété, il sera pris une somme de soixante mille francs pour être em- » ployée par les Bureaux de Charité à former le premier fonds de ma- » gasin de secours à distribuer en nature aux convalescens.

» Il sera tenu et rendu par les Agens comptables un compte particulier » de l'emploi de cette somme.

Art. 5. » Les registres, bons, bulletins et autres pièces à employer » pour l'exécution du legs de M. de Montyon, seront fournis aux Bureaux » de Charité par l'Administration générale. »

(1) Voyez le *Code des Hôpitaux*, tome 2, N°. 3078.
(2) Voyez ci-devant, page 264.

(*Suivent les modèles adoptés par l'Administration pour la comptabilité du legs de M. de Montyon.*)

ADMINISTRATION GÉNÉRALE
des Hospices de Paris.

FONDATION MONTYON

EN FAVEUR DES CONVALESCENS SORTANT DES HÔPITAUX.

BUREAU DE CHARITÉ.

du   arrondissement.

BILLET DE SORTIE de l'Hôpital

le   182

		OBSERVATIONS.
Nom du convalescent.		
Prénoms		
Age		
Demeure { Rue / Arrondissement		
Profession		
Dates de { l'Entrée à l'Hôpital / la Sortie		
Nature de la maladie		
Secours immédiats donnés en { Argent / Pain		
N°. du Registre d'inscription tenu au Bureau de la Fondation Montyon.	*L'Agent de surveillance,*	

RENSEIGNEMENS RECUEILLIS PAR LE BUREAU DE CHARITÉ.

		OBSERVATIONS.
N°. du Contrôle des indigens.		
Nombre et Âge des Enfans		
Moyens d'existence, gain, par jour.		
Prix du loyer		(*Modèle* n°. 1.)

35.

FONDATION DE M. DE MONTYON.

Registre tenu au Bureau de la Fondation Montyon.

HÔPITAL

NUMÉROS du Registre de Sortie de l'Hôpital.	NOMS des CONVALESCENS.	Arrondiss.	NUMÉROS du Registre de l'arrondiss.	SECOURS de		OBSERVATIONS.
				75 centimes en argent.	3 livres de pain.	

(Modèle n°. 2.)

FONDATION DE M. DE MONTYON.

DIVISION.

HOPITAL

Feuilles de remboursement aux Agens de surveillance du secours de 75 c. par eux avancé aux convalescens sortant des Hôpitaux.

ÉTAT des Convalescens sortis de l'Hôpital   et qui ont obtenu les secours de la FONDATION DE M. MONTYON, pendant le mois d   182

NUMÉROS du Registre de Sortie de l'Hôpital.	DATES de la Sortie.	NOMS des CONVALESCENS.	PRÉNOMS.	DEMEURES		SECOURS de	
				Rues.	Nos.	75 centim. en argent.	3 livres de pain.

(*Modèle* n°. 3.)

ARRONDISSEMENT.

ANNÉE 182

FONDATIO

Modèle des Registres tenus tant dans le Bureau M

NUMÉROS du Registre d'inscription	NOMS des CONVALESCENS.	PRÉNOMS DES CONVALESCENS et Noms de naissance des Femmes mariées.	Age.	PROFESSION.	HOPITAL dans lequel ils ont été traités.	DATE de l'Entrée à l'Hôpital.

...inistration des Hospices que dans les Bureaux de Charité.

...TURE de ...ALADIE.	DEMEURES DES CONVALESCENS À PARIS.			NUMÉRO d'inscription au Contrôle des indigens, si le convalescent y est inscrit.	
	Rues.	Nos.	Arr.		

(*Modèle* n°. 4.)

ADMINISTRATION GÉNÉRALE
des Hospices et Secours de Paris.

BUREAU DE CHARITÉ
DU   ARRONDISSEMENT.

Nº. du Registre d'inscription.

ENREGISTRÉ
le   182
Nº.

(*Modèle* nº. 5.)

FONDATION DE M. DE MONTYON.

SECOURS PROVISOIRE EN ARGENT.

Bon pour la somme de

à payer par l'Agent comptable du Bureau de Charité, rue

nº.   à

convalescent , demeurant rue

nº.

Paris, le   182

Vu par le Trésorier
honoraire ,

L'Administrateur ,

FONDATION DE M. DE MONTYON.

ADMINISTRATION GÉNÉRALE
DES HÔPITAUX, HOSPICES CIVILS ET SECOURS DE PARIS.

An 182

BUREAU DE CHARITÉ

DU   ARRONDISSEMENT.

CHAPITRE

MANDAT DE PAYEMENT.

M.

L'AGENT COMPTABLE payera à

Nombre des pièces.

NATURE
de la dépense.

ARRÊTÉ
du Bureau,
du
an 182

ENREGISTRÉ
Journal des Payemens
N°.
le
an 182

VU
PAR LE TRÉSORIER
HONORAIRE,

Paris, le   182

LE SECRÉTAIRE
HONORAIRE,

LE PRÉSIDENT,

Pour acquit,

(*Modèle* n°. 6.)

3.

36

Registre de Recettes des objets à confectionner.

ENTRÉES.		SORTIES.			OBSERVATIONS.
DATES.	QUANTITÉS.	DATES.	NOMS DES PERSONNES chargées de la confection.	QUANTITÉS.	

(*Modèle* n°. 7.)

Registre de rentrées et de dépôt en magasin des objets confectionnés.

RENTRÉES.			DÉPOT EN MAGASIN.			OBSERVATIONS.
DATES.	NOMS DES PERSONNES qui livrent les Effets confectionnés.	QUANTITÉS	DATES.	NOMS DES PERSONNES auxquelles les Effets sont confiés.	QUANTITÉS	

(*Modèle* n°. 8.)

36.

(284)

N°. du Registre d'inscription.

ARRÊTÉ DU BUREAU

du   182

ENREGISTRÉ

le   182

(1) Ce bon, qui peut être délivré pour les diverses espèces d'objets distribués en nature, ne comprendra point de secours en argent.

(*Modèle* n°. 9.)

FONDATION DE M. DE MONTYON.

SECOURS   EN NATURE.

L'AGENT COMPTABLE est autorisé à faire délivrer (1) à   nommé
convalescent   , demeurant rue

N°.   SAVOIR :

. . . .
. . . .
. . . .
. . . .
. . . .

Paris, le   182

L'ADMINISTRATEUR,

ADMINISTRATION GÉNÉRALE
des Hospices et Secours de Paris.

BUREAU DE CHARITÉ

DU   ARRONDISSEMENT.

ENREGISTRÉ

le   182

FONDATION DE M. DE MONTYON.

SECOURS   EN NATURE.

Bon

qui   délivré par

            rue   N°.

à   convalescent , demeurant

rue   N°.

Paris ,   182

L'AGENT COMPTABLE ,

(Modèle n°. 10.)

Modèle des comptes ouverts dans les Bureaux de Charité pour chacun des objets distribués en nature.

DATES des entrées en magasin	QUANTITÉS	VALEUR en ARGENT.	NUMÉRO du Registre d'inscript. des convales-cens.	DATES de la délivrance des secours.	NOMS des CONVALESCENS.	QUANTITÉS	VALEUR en ARGENT.	Observations.

(*Modèle n°. 11.*)

ADMINISTRATION GÉNÉRALE
des Hospices et Secours de Paris.

FONDATION DE M. DE MONTYON.

BUREAU DE CHARITÉ

DU   ARRONDISSEMENT.

N°. du Registre
d'inscription.

Nom

Prénoms

Demeure

Date de la sortie de l'Hôpital

NUMÉRO du Journal des Dépenses.	DATES		DÉSIGNATION des objets distribués en nature.	SECOURS PROVISOIRES		SECOURS DÉFINITIFS		SECOURS EXTRAORDINAIRES	
	des Arrêtés du Bureau de charité et du Conseil général.	de la délivrance des Secours.		en argent.	en nature évalués en argent.	en argent.	en nature évalués en argent.	en argent.	en nature évalués en argent.
TOTAUX partiels......									
TOTAUX par nature de secours..									
TOTAL GÉNÉRAL..................									

(*Modèle* n°. 12.)

Certifié par l'Agent Comptable,

(N°. **109.**) Arrêté du Conseil général des Hospices, *du 29 décembre 1824, qui admet à la retraite les ouvriers de la Boulangerie générale comme les autres employés de l'Administration* (1).

29 décem. 1824. « Les ouvriers de toutes classes employés dans la Boulangerie pourront
» être mis au repos dans les mêmes circonstances et aux mêmes conditions
» que les autres employés de l'Administration. »

----

(1) Voyez le *Code des Hôpitaux*, tome 2, N°. 2598 et suivans.

RÉGLEMENS

OMIS

DANS LE CODE DES HOPITAUX

ET

DANS LE PRÉSENT SUPPLÉMENT.

(N°. 110.) EXTRAIT DE L'ARRÊTÉ DU CONSEIL GÉNÉRAL DES HOSPICES , *du* 28 *octobre* 1801 (6 *brumaire an* 10), *sur le service des aliénées à l'Hospice de la Salpêtrière.*

Art. 3. « L'Agent et le premier Surveillant de la division des aliénées 28 octobre 1801.
» à l'Hospice de la Salpêtrière tiendront la main à ce que les Employés
» ne favorisent qui que ce soit d'une nourriture prise sur les portions
» des indigens, et à ce qu'on ne donne le bouillon des malades à d'autres
» qu'à ceux qui sont portés sur l'état pour l'avoir.

Art. 4. » Il est défendu de faire sortir de ladite division aucun aliment
» sous quelque prétexte que ce soit; d'y nourrir aucune personne étran-
» gère, ni de permettre que les folles et les filles de service vendent leur
» nourriture.

Art. 5. » Il est défendu d'élever et de nourrir des poules, lapins et
» autres animaux dans l'enceinte de la division; ils en seront tous
» expulsés dans la semaine.

Art. 6. » Il est expressément défendu à tout Employé quelconque
» de faire entrer dans la division des folles des personnes étrangères au
» service , sans le consentement de l'Agent de Surveillance, de l'Officier
» de santé ou du premier Surveillant.

3.   37

Art. 7. » Les sommes remises par les parens ou autres bienfaiteurs
» seront inscrites sur un livre déposé au Bureau d'entrée et distribuées
» selon leurs intentions.

Art. 8. » Les Surveillans et Sous-Surveillantes sont personnellement
» responsables de l'exécution des articles 3, 4, 5, 6 et 7 dudit réglement,
» qui seront affichés par l'Agent de Surveillance à la porte de ladite di-
» vision.

Art. 9. » La Commission fera délivrer au premier Surveillant des
» balances, poids, et quarts de litre, pour s'assurer de l'exactitude dans
» les distributions.

Art. 10. » La deuxième grille de l'entrée sera doublée en planches.

Art. 11. » La Commission prendra des mesures pour distribuer dans
» d'autres services de la maison les personnes raisonnables qui ont ob-
» tenu leur retraite dans la division des folles. »

(N°. 111.) **Motifs de l'arrêté du Conseil général des
Hospices**, *du 3 mars 1819, concernant la production des
certificats de vie par les titulaires de rentes viagères.*

3 mars 1819.

Le N°. 462 du *Code des Hôpitaux* rapporte le texte même de l'arrêté du 3 mars 1819; mais comme la disposition qu'il contient ne concerne que les personnes admises dans les Hospices, qui, aux termes de
l'arrêté du Conseil du 16 décembre 1818 (1), doivent abandonner à l'Administration des Hospices la portion de leur rente qui excède cent cinquante francs, il est nécessaire de faire connaître les motifs de l'arrêté du
3 mars qui sont consignés sur les Registres des arrêtés du Conseil.

« Vu les arrêtés du 16 décembre 1818, visés par M. le Préfet le
» 31 décembre suivant, ayant pour objet l'abandon et le mode de re-
» couvrement des arrérages de rentes appartenant aux personnes ad-

---

(1) Voyez le *Code des Hôpitaux*, tome 1, N°. 1859.

» mises dans les Hospices, soit moyennant un prix de pension , soit
» gratuitement ;
    » Considérant que quoique l'un des arrêtés ci-dessus visés impose
» aux admis titulaires de rentes viagères l'obligation de produire des
» certificats de vie pour le recouvrement des arrérages des rentes via-
» gères à eux appartenant, l'esprit de ces deux arrêtés semble cependant
» indiquer que l'Administration , en leur accordant une somme déter-
» minée sur ces arrérages de rentes, a voulu les faire jouir de l'intégra-
» lité de cette somme, et n'a pas entendu mettre à leur charge le coût des
» certificats de vie qu'ils doivent produire ;
    » Considérant en outre, d'une part, que le coût de ces certificats, qui
» n'est pour l'Administration qu'une charge légère, devient onéreux
» pour chaque admis en particulier, par la modicité du traitement dont
» il jouit ; et d'autre part que le remboursement à exiger des frais de ces
» certificats nécessiterait des écritures et un travail qui répondraient mal
» au peu d'importance de leur objet..... »

(N°. 112). Extrait de l'arrêté du Conseil général des
Hospices , *du 26 avril 1820 , concernant les écritures à
tenir pour la comptabilité des journées des aliénés ou
épileptiques traités dans les Hospices de Paris* (1).

Extrait de l'art. 1er. « Les écritures à faire pour régulariser le re-
» couvrement des sommes dues pour le traitement ou le séjour dans
» les Hospices de Paris des aliénés étrangers au département de la
» Seine , à partir dudit jour premier janvier 1819, seront passées con-
» formément aux dispositions contenues ci-après.
    Art. 6. » Le Membre de la Commission administrative chargé
» des Hospices fera porter sur des états de deux espèces différentes
» ceux des aliénés traités à partir du premier janvier 1819.

26 avril 1820.

____

(1) Voyez le *Code des Hôpitaux* , tome 1", N°. 2080.

37.

» Les états de première espèce comprendront, par département et par
» trimestre, les individus pour le paiement du traitement ou du séjour
» desquels il existe des engagemens, soit de la part des Préfets des
» communes ou des familles, soit de la part du Ministère.

» Les états de la deuxième espèce présenteront également par dé-
» partement et par trimestre, à partir du premier janvier 1819, tous
» les autres aliénés ou épileptiques actuellement existant dans les hos-
» pices, qui se trouvent dans le cas de recevoir l'application de la dé-
» cision du Ministre de l'intérieur du 6 novembre 1815 (1), et contien-
» dront sur chacun desdits admis les renseignemens exigés par la déci-
» sion du 27 juillet 1818.

Art. 7. » Le Membre de la Commission chargé de la première
» Division transmettra également les états de la première espèce à
» son collègue chargé des Domaines, qui fera délivrer bulletin de dé-
» charge de la totalité des sommes pour lesquelles il a été fait bulletins
» de recouvrement à l'exercice 1819, et depuis bulletins de recouvre-
» ment pour les sommes payées ou assurées seulement.

Art. 8. » Quant aux états de la deuxième espèce, c'est-à-dire ceux
» qui doivent comprendre les aliénés étrangers au département de la
» Seine, traités depuis le premier janvier 1819, le Membre de la Com-
» mission chargé de la première Division en transmettra des expédi-
» tions à MM. les Préfets, avec invitation de prendre sur chaque admis,
» dans le délai de deux mois, fixé par la décision du 27 juillet 1818,
» toutes les informations nécessaires pour reconnaître ceux des admis
» qui doivent rester à la charge des Communes ou des Départemens
» au compte desquels ils sont portés.

Art. 9. » Sur les réponses de MM. les Préfets, qui reconnaîtront que
» lesdits aliénés doivent être à la charge des Départemens ou Com-
» munes qu'ils administrent, un nouveau délai de deux mois sera
» indiqué à MM. les Préfets, pour assurer le paiement des sommes
» dont ils reconnaîtront le débet, avec déclaration que, ce délai passé,
» l'Administration fera reconduire dans leurs Départemens ceux des in-
» dividus pour lesquels il n'aura pas été donné d'assurance, le tout

____

(1) Voyez le *Code des Hôpitaux*, tome 1, N°. 2080.

» conformément, tant à la décision du 6 novembre 1815 qu'à celle
» du 27 juillet 1818 (1).

Art. 10. » Dans le cas où MM. les Préfets prétendraient que quelques-
» uns des individus compris dans les nouveaux états qui leur ont été
» envoyés par l'Administration ne doivent pas être à la charge de leurs
» départemens, le Membre de la Commission chargé des Hospices pren-
» dra auprès de la Police de nouveaux renseignemens sur les sujets ainsi
» rejetés, et toutes les fois que ceux-ci seront reconnus avoir eu leur der-
» nier domicile ou leur dernière résidence, ou avoir été atteints de la ma-
» ladie qui a donné lieu à leur admission aux Hospices de Paris, dans les
» départemens au compte desquels ils sont portés, il en sera référé à
» S. Exc. le Ministre de l'intérieur, afin d'obtenir l'autorisation d'exiger
» les frais de traitement ou de séjour de ces admis, ou de les faire trans-
» férer dans les départemens qui doivent, d'après les bases qui viennent
» d'être posées, pourvoir à leur entretien et à leur surveillance.

Art. 11. » Au fur et à mesure que le Membre de la Commission
» chargé des Hospices recevra des assurances de paiement pour les
» admis qui sont dans cette dernière classe, il en transmettra le tableau
» à son collègue chargé des Domaines, qui chargera le receveur de
» faire les recouvremens. »

(N°. 113.) ARRÊTÉ DU CONSEIL GÉNÉRAL DES HOSPICES, *du 4 décembre 1822, sur l'évacuation des vieillards infirmes des
Hôpitaux dans les divisions des aliénés aux Hospices.*

Art. 2. « Les Membres de la Commission administrative des pre-
» mière et deuxième Divisions sont chargés de prendre les mesures né-
» cessaires pour que les vieillards et infirmes existant dans les divers
» Hôpitaux ne soient plus à l'avenir évacués sur les divisions d'aliénés,
» à moins qu'ils ne soient affectés d'aliénation mentale bien caractérisée
» et susceptible de compromettre la tranquillité publique; ce qui devra
» être certifié par les Membres du Bureau central. »

4 décemb. 1822

---

(1) Voyez le *Code des Hôpitaux*, tome 1, N°. 2082.

TABLE GÉNÉRALE ET RAISONNEÉ

3. 38

C.

D.

E.

F.

I.

N.

O.

P.

PAIN. Prix de la manutention à Scipion pour les Bureaux de charité, 28. — *V.* INCURABLES (Hospices des), MÉNAGES (Hospice des).

PAUVRES. *V.* BUREAUX DE BIENFAISANCE, RENTES VIAGÈRES.

PENSIONS DE RETRAITE en faveur des employés des Hospices, retenues, liquidation, 107. — Les employés peuvent la réclamer après trente ans de service; âge ou infirmités pouvant exempter des trente ans; base pour la liquidation; fixation de la pension, 108. — Pensions et secours aux veuves et orphelins, 109. — Employés élevés dans les Hospices, 110. — Concurrence entre plusieurs réclamans, *ibid.* — Absence pour service militaire, *ibid.* — Les veuves qui en jouissent doivent justifier qu'elles n'ont pas contracté un nouveau mariage, 216. — *V.* AUMÔNIERS, BOULANGERIE GÉNÉRALE.

PENSIONS REPRÉSENTATIVES. Les indigens qui l'obtiendront ne pourront emporter les effets qu'ils auront apportés dans l'Hospice, conformément aux réglemens, 220.

PÈRES (RUE DES SAINTS-). *V.* CLINIQUES DE LA FACULTÉ DE MÉDECINE.

PÉRINE (INSTITUTION DE SAINTE-). Rente viagère représentant l'admission, 264.

PHARMACIE CENTRALE. Mode de livraison des médicamens, 26. — Livraison des médicamens aux Bureaux de Charité, *ibid.* — Ne fournira que les médicamens compris dans le *Codex* : s'il y a lieu à faire une exception, il en sera référé au membre du Conseil qui la surveille, 58. — Il est distribué des jetons de présence aux arbitres chargés de la réception des médicamens, 242. — *V.* SANGSUES.

PHARMACIENS. Leur nomination dans les Hôpitaux autres que ceux de Paris, 69. — Conditions pour leur conférer le titre d'honoraires, 202. — Les honoraires peuvent faire partie des jurys, *ibid.* — *V.* ACCOUCHEMENT (Maison d'), HOSPICES.

PITIÉ (HÔPITAL DE LA). Organisation du service de santé, 27, 273.

PLACEMENT. Les Hospices peuvent recevoir des fonds à titre viager, mais ne pas en fournir l'intérêt à plus de dix pour cent, 101.

PLANS. Rétribution aux architectes et inspecteurs chargés de les lever, 243. — Condition pour obtenir les rétributions, *ibid.*

POPULATION. Recensement des indigens, 24, 248. — Mutation des indigens, 25. — Modèles des mouvemens pour les Hôpitaux, Hospices, Enfans, etc., 158, 196.

PRÉFETS. Peuvent autoriser les dépenses en constructions ou réparations qui ne s'élèvent pas au-delà de vingt mille francs, 68. — *V*. Constructions, Réparations.

PRÉPOSÉS. *V*. Bureau des Nourrices.

PROCÈS. Les Conseils de préfecture doivent statuer, dans le mois, sur les demandes en autorisation de plaider, 200.

PROUVAIRES (Marché des). *V*. Marchés.

R.

RECENSEMENT. *V*. Indigens, Population.

RECEVEURS DES HOSPICES. Celui de Paris conservera les titres déposés par les comptables pour cautionnement, 64. — Sont responsables des payemens faits sans autorisation, 69. — Ont seuls qualité pour recevoir et payer, *ibid*. — Leur nomination et leur cautionnement, *ibid*. — Vérification des caisses, 70. — Comptes, 71. — Révocation des receveurs, *ibid*. — Leurs obligations contre les débiteurs en retard, 111. — Les revenus des hospices doivent être perçus dans chaque commune par un seul et même receveur, 112. — Leurs obligations et fonctions, 115. — Écritures et comptabilité, 117. — Ne peuvent, dans leurs paiemens, excéder les allocations portées au budget, 117. — Pièces à fournir à l'appui des mandats, 118. — Fonds d'avance mis à la disposition des Économes ou Sœurs supérieures pour les menues dépenses des établissemens, *ibid*. — Placement des fonds libres, *ibid*. — Mouvement de la caisse à adresser aux préfets, 119. — Tenue des registres, *ibid*. — Clôture des registres, le 31 décembre de chaque année, 120. — Doivent rendre le compte de leur gestion dans les six mois de chaque année pour l'exercice précédent, 121. — Ordre à suivre dans leur compte, 121, 122. — Vérification de leur compte, 123. — Sont soumis aux lois relatives aux comptables de deniers publics, 126. — Vérification de leurs registres, 127. — Vérification de leurs caisses, *ibid*. — Vérification de leur situation par les préfets, *ibid*. — Envoi des états de situation au Ministre de l'intérieur, *ibid*. — Vérification extraordinaire des caisses par les Inspecteurs des finances, *ibid*. — Rapports des vérificateurs des caisses, *ibid*. — Mesures contre les receveurs dont les caisses ne seraient pas en règle, 127, 128. — Modèle pour la vérification de leur caisse et leur comptabilité, 193. — Dans quel cas ils sont exempts de fournir un cautionnement, 216, 217, 236. — *V*. Comptes, Hospices.

RECONNAISSANCE DES ENFANS. *V*. Enfans abandonnés, Enfans trouvés.

RECONSTRUCTIONS. Les Préfets peuvent les autoriser lorsqu'elles ne dépassent pas vingt mille francs, 11, 16. — Mémoire expositif et détaillé à fournir

S.

V.

VACCINATION. Inoculation gratuite de vaccine dans les Hôpitaux, distribution
  d'alimens, 33.
VACCINE. Suppression du Comité central, et remise de ses fonctions à l'Académie
  royale de médecine, 218.
VERDURE (Marché a la). *V*. Marchés.
VÉRIFICATEURS DES TRAVAUX. Rétribution à leur payer pour la vérification
  des mémoires, 20.
VEUVES. *V*. Pensions de retraite.
VIANDE. Nouvelle clause à insérer dans le cahier des charges pour cette fourniture,
  263.
VIEILLARDS. Ne pourront cumuler le secours spécial comme vieillards et comme
  aveugles, 214. — *V*. Secours spéciaux.
VIEILLARDS ET AVEUGLES. Conditions pour recevoir le secours spécial et payement du secours, 51. — Emploi des fonds restans, 52. — Modèles d'état
  pour le payement des secours spéciaux, 53, 54, 55, 56. — Modèle des
  résultats du recensement de ceux appelés à recevoir le secours spécial, 57.
VIEILLESSE (hommes et femmes) (Hospices de la). Les fous, les imbécilles et les
  épileptiques qui y sont admis sont soumis, à leur arrivée, au traitement,
  243. — Nom donné aux hospices de Bicêtre et de la Salpêtrière, 209.
VINS. Approbation des mélanges qui se font à la cave générale pour le service des
  Hôpitaux et Hospices, 65.

FIN DE LA TABLE RAISONNÉE DES MATIÈRES.

ERRATA.

Page 247, ligne 9, *l'acception*, lisez : *l'acceptation.*
Page 252, ligne 7, effacez *et de timbre.*
Page 64, deuxième note marginale, 19 *janvier* 1823, lisez : 29 *janvier* 1823.